ヒューマン・セキュリティ

Human Security

――ヒューマン・ケアの視点から

松田ひとみ
大久保一郎
岩浅昌幸
柏木志保
【編集】

医学評論社

序──本書のねらい

　本書は，今世紀に求められる人間の安全保障（ヒューマン・セキュリティ）として，ケアリングの視点を融合させることによる意義を探求した論文集である。

　2011年3月11日発生の東日本大震災は世界中を震撼させたが，平和といわれる日本社会で暮らしてきたわれわれが，まさしくヒューマン・セキュリティを必要とする当事者となった。このときから2年を経過した2013年の今であるからこそ，あらためて苦しみの中にある人々を想い，これを支援する科学として，日本から諸外国に発信するヒューマン・セキュリティ＆ケアの成果と可能性を見出すことを課題とした。

　本書は，ヒューマン・セキュリティを人々により身近な視線で理論的・実践的に展開することをめざし，本来高度に専門的な学問領域である医学，看護学，保健社会学，法学，政治学等の学際的な連携を著す試みであり，主に2つのねらいがある。

　第一に，世界中のすべての人々がヒューマン・セキュリティの担い手になることを願い，その理論と実際をよりわかりやすく紹介し，課題を展望すること。

　第二に，ヒューマン・ケア科学の視点から人々の安寧を脅かす諸現象を多角的に捉え，ヒューマン・セキュリティの理論との学際的な融合性や活用可能性を探ること。

　第一のねらいは，ヒューマン・セキュリティの用語や概念が専門家だけのものではなく，人々に十分に理解しやすいように説明することである。これまでの数多くのヒューマン・セキュリティに関する著作では，国政や国家間の対立・紛争などのシビアな現象を取り上げているためか，きわめて政治的な枠組みで捉えられる傾向にあった。すなわち，専門家が登壇した舞台で一般の人々はわき役のように遠方に押しやられ，難解さのみが支配していたような印象があった。

また，ヒューマン・セキュリティは，当然のことながら自国内に限定したナショナル・セキュリティにとどまらず，国々の連携によってよりよく目的を達成していくと思われる。その目的は，人々の生命と暮らしを守り，世界平和を実現することである。したがって，世界中のすべての人々がヒューマン・セキュリティの主役であり，これを推進する担い手といえる。すべての人がヒューマン・セキュリティの理論を知り，自分や家族，地域社会，国家，世界のために活動するというように，どのスタンスからでも参画する準備ができるようにすることである。さらには，自らの生活を振り返り，育児や介護，家事や家族の健康管理などの普段の暮らし（日常性）の中にヒューマン・セキュリティが存在していることを知らせることである。

　第二のねらいは，ヒューマン・セキュリティを必要とする背景の貧困，病，災害や紛争などには，そこに心身ともに苦しみ傷ついている人々がいることを注視し，ケアを連動させていくということである。つまり，生命や人権を脅かされた人々は，ケアを求めているのであり，問題解決のプロセスを着実に歩むとしたらヒューマン・ケア科学の理念（哲学）と活動の視点は不可欠である。

　ちなみに，ケアについては1971年に出版されたミルトン・メイヤロフによる『ケアの本質』（*On Caring*）によって説明されることが多い。その一部を抜粋すると，「一人の人格をケアするとは，最も深い意味で，その人が成長すること，自己実現することをたすけることである」。「他の人々をケアすることをとおして，他の人々に役立つことによって，ケアする人は自身の生の真の意味を生きているのである」。同氏はニューヨーク州立大学の哲学の教授であったが，ケアに対して深い価値を付与するとともに，ケアの担い手にケアの成否を託したのである。

　このようにケアとは，担い手側に多くの試練を与え，自己の直接的な利益ではなく，他者のために尽くすことで自分の生きる意味に到達するという道程を歩まなければならない。これはイエス・キリストの「（自分は）仕えられるためではなく仕えるためにこの世に来た」という思想につながる。仕えることは，「空腹の者に食べさせ，渇いている者に飲ませ，旅人に宿を貸し，裸の者に着せ，病人を見舞い，獄にいる者を訪ねること」であるという。支援を必要とする他者のために，仕え，社会貢献によって，自己の生きる意味を見出すことがケア

の原点といえる．また，非常に興味深いことにケアの語源は古い英語とゴシック語からきている KARA（悲嘆）である．すなわち，ケアを必要とする人が主体となっていた．悲嘆から，現在認識されている愛や世話，あるいは関心などに変転したのである．つまり，ケアには2つの主体による意味が包含されていると想定され，安全性が脅かされ苦悩や悲嘆の中にある人と，これらの状況を捉えケアを提供する人との密接不離の関係性によって成立するといえよう．

このようなケアの構造や中心理念を踏まえると，ヒューマン・セキュリティの具体的な展開のために有用であることは明らかである．

以上のねらいのもとで，本書はヒューマン・セキュリティ＆ケアの視点から次のような3部構成となっている．

第Ⅰ部は，ヒューマン・セキュリティに関して国際的な活動実績がある福島安紀子氏と田瀬和夫氏の講演をもとにした内容であるが，時代により推移してきた理論の背景と紛争地の事例などを取り上げ，わかりやすく論じている．

第Ⅱ部は，現在，子どもや高齢者，労働者，難民と発展途上国の人々がさまざまな状況下でその心身の安寧を脅かされているが，これらを健康面や政策面から分析し，論じている．

第Ⅲ部は，環境面として，化学物質，電磁波が身体に及ぼす影響や食品バイオテロの諸国の対応とともに，予防原則という立場から，理論的にヒューマン・セキュリティの課題を展望している．

本書が，ヒューマン・セキュリティ＆ケアの理論と活動を相互に往来させることによって，その理念が具現化されることを提言した書となるとともに，世界平和のために貢献しうる人材が一人でも多く輩出される機会になれば幸甚である．

2013年2月

松田ひとみ

編著者紹介

① 所属（2013年2月現在）
　＊：筑波大学大学院人間総合科学研究科
　　　ヒューマン・ケア科学専攻
② 最終学歴
③ 主な研究テーマ
④ その他

● **編　者**

松田ひとみ
① 筑波大学医学医療系＊教授［ヒューマン・ケア科学専攻長］
② 北海学園大学大学院法学研究科修了
　 博士（ヒューマン・ケア科学）
③ 高齢者ケアリング学

大久保一郎
① 筑波大学医学医療系＊教授
② 筑波大学医学専門学群卒業，国立公衆衛生院専門課程修了
　 博士（医学），MPH
③ 保健医療政策学，臨床経済学

岩浅昌幸
① 筑波大学＊准教授
② 慶應義塾大学法学部卒業，
　 筑波大学大学院社会科学研究科博士課程単位取得退学
③ 人間の安全保障

柏木志保
① 筑波大学＊助教
② 筑波大学大学院社会科学研究科博士課程修了
　 博士（法学）
③ 国際政治学，人間の安全保障

● **執筆者**（執筆順）

福島安紀子
① 青山学院大学国際交流共同研究センター研究員
② 大阪大学大学院国際公共政策研究科博士課程後期修了，
　 School of Advanced International Studies, Johns Hopkins University
　 博士（国際公共政策）
③ 国際関係論，国際安全保障論

田瀬和夫
① 国際連合職員（イスラマバード国連広報センター所長代行），
　 大阪大学大学院国際公共政策研究科招聘教授
② 東京大学工学部卒業
③ 人間の安全保障

武田　文
① 筑波大学体育系＊教授
② 東京大学大学院医学系研究科博士課程修了
　 保健学博士
③ 健康社会学

編著者紹介

茨木尚子	① 明治学院大学社会学部社会福祉学科教授 ② 明治学院大学大学院社会学研究科社会福祉学専攻博士課程前期修了 ③ 障害者福祉
門間貴史	① 筑波大学大学院人間総合科学研究科博士前期課程2年生 ② 筑波大学第二学群人間学類卒業 ③ 健康社会学
市川政雄	① 筑波大学医学医療系*教授 ② University of Wales, College of Medicine 　MPH, 博士（保健学） ③ グローバルヘルス研究
筒井志保	① 特定非営利活動法人 難民支援協会難民研究フォーラム ② 武庫川女子大学短期大学部（建築）卒業 ③ 難民, 強制移住
森　恭子	① 文教大学人間科学部人間科学科准教授, 　特定非営利活動法人 難民支援協会顧問 ② University of Sydney, Sociology, Social Policy and Social Work 　MA ③ 地域福祉論, 国際社会福祉論
森谷康文	① 北海道教育大学教育学部人間地域科学課程准教授, 　特定非営利活動法人 難民支援協会顧問, 精神保健福祉士 ② University of Sydney, Sociology, Social Policy and Social Work 　MA ③ 精神保健福祉, 多文化ソーシャルワーク
森田展彰	① 筑波大学医学医療系*准教授 ② 筑波大学大学院医学研究科博士課程修了 　博士（医学） ③ 社会精神保健学
柏木志保	（編者）
松田ひとみ	（編者）
斉藤リカ	① 筑波大学大学院人間総合科学研究科博士後期課程2年生 ② 筑波大学大学院人間総合科学研究科修士課程修了 ③ 高齢者ケアリング学
岡本紀子	① 帝京科学大学医療科学部看護学科講師 ② 筑波大学大学院人間総合科学研究科博士課程修了 　博士（ヒューマン・ケア科学） ③ 高齢者ケアリング学, 感染予防
何　宗融	① 中國醫藥大學中醫學院准教授 ② 中國醫藥大學中醫學院修了 　醫學博士, Ph.D ③ 中醫
柳　久子	① 筑波大学医学医療系*准教授 ② 筑波大学大学院医学研究科博士課程修了 　医学博士 ③ 福祉医療学, 臨床遺伝学

田宮菜奈子　① 筑波大学医学医療系*教授
　　　　　② 東京大学大学院医学研究科博士課程修了，
　　　　　　 ハーバード公衆衛生大学院修士課程修了
　　　　　　 医学博士
　　　　　③ 公衆衛生，ヘルスサービスリサーチ
宮下裕美子　① 筑波大学医学医療系研究員
　　　　　② 東京大学大学院医学系研究科専門職学位課程修了
　　　　　　 MPH
　　　　　③ 公衆衛生，ヘルスサービスリサーチ
岩浅昌幸　（編者）
増茂正泰　① ライフクリニック医師
　　　　　② 東京大学薬学部薬学科卒業，東京大学医学部医学科卒業
　　　　　③ 総合内科，プライマリケア
松延洋平　① コーネル大学評議員（終身），首都大学東京大学院客員教授
　　　　　② 東京大学法学部卒業
　　　　　③ 食品安全，セキュリティに関わる国際経済法制
　　　　　④ 農林水産省種苗課長・消費経済課長・内閣広報審議官，国土庁官房審議官などを経て，食品産業センター専務理事，ジョージタウン大学法科大学院客員教授などを務める。著書に『食品・農業バイオテロへの警告─ボーダーレスの大規模犠牲者時代に備えて─』（日本食糧新聞社，2007）。

目　　次

序——本書のねらい………………………………………松田ひとみ… i
編著者紹介…………………………………………………………… v

第Ⅰ部　ヒューマン・セキュリティを考える

1. グローバル化する多様な脅威と「人間の安全保障」…… 福島安紀子… 1

   1.1　なぜ「人間の安全保障」なのか　　1
   1.2　「人間の安全保障」とは何か——定義論争　　3
   1.3　日本とカナダの「人間の安全保障」への取り組み　　4
   1.4　定義論争の収斂　　13
   1.5　問われる実践　　18
   1.6　「人間の安全保障」はこれからの時代に必要な理念なのか　　22

2. 「人間の安全保障」政策における国連と市民社会の連携の可能性
   ………………………………………………………田瀬和夫… 24

   2.1　ヒューマン・セキュリティとは何か　　24
   2.2　狭義の人間の安全保障と広義の人間の安全保障　　26
   2.3　人間の安全保障の付加価値と日本　　28
   2.4　人間の安全保障指標　　28
   2.5　エクササイズ——パキスタンの酸攻撃　　29
   2.6　人間の安全保障のスコープの広さ　　38

x 目次

第Ⅱ部　ヒューマン・セキュリティ――ヒューマン・ケア科学からのアプローチ

3．身体障害者ケアワーカーのウェルビーイングと労働
……………………………………武田　文・茨木尚子・門間貴史…*41*

3.1　障害者支援施設における安全で良質なサービス　*41*
3.2　旧身体障害者療護施設とは　*42*
3.3　職員の仕事満足感と労働に関する調査　*43*
3.4　分析対象者の属性と日常業務状況　*45*
3.5　仕事満足感に関わる要因　*47*
3.6　身体障害者ケアワーカーのウェルビーイングに向けて　*48*

4．在日難民の生活・医療・社会保障
………………………………市川政雄・筒井志保・森　恭子・森谷康文…*53*

4.1　難民の生活問題　*54*
4.2　難民の健康問題と医療　*57*
4.3　難民と地域社会　*60*

5．家庭内の暴力に関する安全保障――ドメスティックバイオレンスに対する包括的対応 ………………………………………森田展彰…*65*

5.1　ドメスティックバイオレンスの定義と現状　*66*
5.2　ドメスティックバイオレンスが被害者に与える影響　*67*
5.2　ドメスティックバイオレンス加害者の心理――なぜ繰り返すのか　*69*
5.4　援助・介入　*71*

6．フィリピンにおける労働者の健康とセキュリティ ………柏木志保…*83*

6.1　フィリピンの歴史と社会　*84*
6.2　フィリピンにおける医療保険制度の設立の経緯と内容　*88*

6.3 アンケート調査の内容　89
6.4 調査対象者の属性　91
6.5 調査対象者の職種とワークスタイル　92
6.6 調査対象者の健康状態・医療環境・健康意識　93
6.7 貧困層とそれ以外の人々との比較　96
6.8 フィリピンにおける労働者の医療問題と健康問題　96

7. アジアの高齢化および高齢者の自殺に関連する睡眠の質とうつ傾向
　　………… 松田ひとみ・斉藤リカ・岡本紀子・何　宗融・柳　久子…99

7.1 日本の「高齢者の自殺」概念　101
7.2 日本・台湾・フィリピンの高齢者にみられる健康問題　105
7.3 中国吉林省の高齢者にみられる健康問題　117

8. グローバルエイジング——アジアの一員として
　　…………………………………………… 田宮菜奈子・宮下裕美子…122

8.1 アジアの高齢化と今後——日本の役割を踏まえて　123
8.2 日本からの発信に当たって必要なこと　134

第Ⅲ部　ヒューマン・セキュリティと社会環境

9. 人権としてのヒューマン・セキュリティと予防原則
　　——放射能と電磁波の健康への影響を考える ………… 岩浅昌幸…137

9.1 ヒューマン・セキュリティの内実と人権　137
9.2 予防原則の活用　138
9.3 放射能汚染と健康　141
9.4 人工電磁波と健康　144

10. 化学物質・電磁波と疾病——疫学調査の限界と予防的政策の必要性
....増茂正泰…*158*

10.1 化学物質はヒトの疾病発症抑制機構を構造的に阻害する　*158*
10.2 世界を「ナウシカ」化させる化学物質汚染　*165*
10.3 環境汚染一般の健康への影響を調べる疫学調査の解釈には注意が必要である　*166*

11. バイオ・食セキュリティと人間安全保障——生命・生活を護るこれからの医・農・食・環境の戦略 ....松延洋平…*176*

11.1 いま，わが国の「人間安全保障」に求められる課題とは　*176*
11.2 多面化する「食糧安全保障」——低い自給率，食物の確保と「安全保障」のかかわり　*178*
11.3 わが国の食の安全を脅かすもの——遅れるわが国の食品防御　*183*
11.4 いま，世界で盛り上がる"one world, one health"への動き——問われるわが国の食・農と医療と環境保全への連帯　*187*
11.5 世界の中の「水資源」問題——これからの日本の戦略的資源：都市と農村格差是正・産業と環境・生活基盤整備の鍵　*189*
11.6 生物の種の壁を越えて，地域を越えて，国境を越えて拡大する感染症——バイオ・食テロの脅威，日本のセキュリティの構えは　*191*
11.7 わが国の「国家安全保障と人間安全保障論議」の政策課題　*195*

あとがき..大久保一郎…*197*

第Ⅰ部
ヒューマン・セキュリティを考える

1 グローバル化する多様な脅威と「人間の安全保障」

福島安紀子

本章では，5つの視点から「人間の安全保障」について考察をしていきます。第1点では，なぜ「人間の安全保障」という視点が生まれたのかをお話しします（1.1節）。第2点では，「人間の安全保障」とは一体何か，「恐怖からの自由」と「欠乏からの自由」を対比させた定義論争を取り上げます（1.2節）。第3点では，その論争を日本とカナダの「人間の安全保障」への取り組みの対比を通じてお話しします（1.3節）。第4点では，最近定義論争が収斂に向かっている状況をお話しします（1.4節）。第5点では，「人間の安全保障」において定義論争を越えて今問われているその実践を取り上げます（1.5節）。そして最後に，「人間の安全保障」という理念は今後どのように活用される可能性を有するかを申し上げて締めくくりといたします（1.6節）。

1.1　なぜ「人間の安全保障」なのか

なぜ，「人間の安全保障」という視座が生まれてきたのでしょうか。端的にいえば，① 冷戦の終焉と，② グローバル化の進展が国際安全保障の脅威を変えたことがその背景としてあげられます。

「人間の安全保障」は，「国家」ではなくて「人間」を安全保障の基本の単位

として考える理念です。しかし，「人間」を基本に安全保障を考える視座は決して新しいものではありません。遡れば1705年にドイツの哲学者ライプニッツ（Gottfried Wilhelm Leibniz）が「国家は国民に共通の安全保障を提供しなくてはならない」と述べており，また，フランスの哲学者モンテスキュー（Charles-Louis de Montesquieu）も「真の政治的な自由は人々が安全であるとき，初めて確保できる」と述べています。したがって，安全保障の対象＝客体が人間であるという考え方は，18世紀からありました。

しかし，人間の安全を確保する責任を担うもの＝主体は，冷戦終焉までは一義的に国家にあるとされてきました。たとえば，国際政治学者ブザン（Barry Buzan）も「安全保障の客体は人間である」とし，しかも「国家が人間の自由，安全，人権を損なうこともある」と認めつつも，冷戦中の安全保障の主体は国家であると論じてきました。冷戦中は安全保障の客体もまた国家であるとの認識が主流であり，領土保全がその軸となっていました。

しかしながら，冷戦の終焉とともに内戦型紛争が頻発し，国家が弱体化ないしは破綻する事例が増えるという状況に直面しました。時を同じくしてグローバル化の波が世界を席巻し，ヒト，モノ，カネが国境を越えて移動するとともに安全保障に対するさまざまな脅威も越境すると考えられるようになりました。ここに，越境課題，すなわち，地球規模の課題が増えているという認識が広がり，安全保障を従来どおりの主権国家中心の安全保障のみで考えることで十分なのかという疑問が生じました。すなわち，安全保障に対する脅威は戦争のみならず，テロ，温暖化を含む環境破壊，自然災害，貧困，感染症など，幅広い課題を含むと考えられるようになり，多様な脅威に対処する必要性が指摘されるようになりました。

これらの脅威の一つである感染症の例をみますと，SARSや新型インフルエンザの流行は記憶に新しいところだと思います。ウイルスはパスポートをもっていませんので，パスポートコントロールで感染を防止することは容易ではありません。したがって，脅威が越境する以上，対処策もトランスナショナルでなければなりません。これは一つの例ですが，このような過程を経て，「人間の安全保障」という視座が生まれてきました。

このような国際安全保障の認識の変容を受けて，1980年代から安全保障につ

いて新たな論考が発表されています。たとえば1982年にウルマン（Richard H. Ullman）は「安全保障を再定義する」（Redefining Security）という論文の中で、「安全保障の究極的な客体は人間である」と強調して、「軍事的な安全保障を中心とする考え方は誤っている」と主張しました。また、1989年にマシューズ（Jessica Mathews）は、「安全保障を再考する」という論文の中で、「国際安全保障の環境が変わってきているのだから、安全保障の定義は見直さなくてはならない。軍事的な安全保障だけではなくて、人々の脅威になりうる、資源、食糧、環境、人口、保健衛生、自然災害も含めなくてはならない」と論述しています。つまり、安全保障に対する脅威が多様化していることが指摘されるようになりました。「人間の安全保障」の概念は、このような国際安全保障環境の変容を背景に誕生した考え方です。

　それでは次に、「人間の安全保障」とは一体どういうものなのかを説明したいと思います。

1.2　「人間の安全保障」とは何か——定義論争

　「人間の安全保障」を定義したものとしては、1994年の国連開発計画（UNDP）の『人間開発報告書』が最初のものです。その中では開発と安全保障「平和が確保されていなければ開発は実現しないし、開発がなくては平和も成立しない」という前提のもと、7つの新しい安全保障——すなわち、経済安全保障、食糧安全保障、保健安全保障、環境安全保障、個人の安全保障、地域の安全保障、政治の安全保障があげられています。

　この報告書の概要には、「これは翌年開催されるコペンハーゲンの社会開発サミットに向けての報告書である」と書かれていました。しかし、このサミットの宣言には、「人間の安全保障」という言葉は入っていません。なぜでしょうか。同宣言に「人間の安全保障」という言葉を用いることに反対した国連加盟国があったからです。反対の理由はいろいろありましたが、1つだけあげると、南の国々は北の国々の価値観を押し付けられることを嫌ったのです。つまり「人間の安全保障」という名のもとに内政に干渉されることを懸念し、反対しました。しかし、このUNDPの報告書はその後、「人間の安全保障」の議論や研究に

おいては多く引用される文書となっています。

　それでは，「人間の安全保障」はどのように定義されてきたのでしょうか。人間の安全保障の定義を提言した人間の安全保障委員会（共同議長：緒方貞子，アマルティア・セン）は，その報告書"Human Security Now"の中で，「人間の生にとってかけがえのない中枢部分を守り，すべての人の自由と可能性を実現すること」としています[10]。人間の安全保障を政策として推進しているわが国の外務省は，「人間の安全保障は，人間の生存・生活・尊厳に対する広範かつ深刻な脅威から人々を守り，人々の豊かな可能性を実現できるよう，人間中心の視点に立った取り組みを実践する考え方である」としています。これらの定義をみると，人間の安全保障とは究極的な人間の自由と安全を守ることに主眼が置かれています。

　しかし，この定義については当初，「欠乏からの自由」（freedom from want）に軸足を置くか，「恐怖からの自由」（freedom from fear）に軸足を置くかをめぐって激しい議論の応酬があり，前者を広義の解釈，後者を狭義の解釈として論争が続いてきました[1]。すなわち，広義の立場は，暴力的な紛争や攻撃に脅威の対象を絞らず，恐怖からの自由も含めて貧困からの自由や尊厳をもって生きる自由も含めた考え方をとりました。日本が広義の立場をとる代表格であり，その後，国連の解釈もこの立場になってきています。一方，狭義の立場はあくまでも恐怖からの自由，特に武力を伴う紛争やテロなどに限定した解釈に立つもので，その代表格はカナダ，その他，ノルウェーなどの国々でした。この解釈をめぐる論争の争点は多岐に及びましたが，焦点は，恐怖からの自由に限定するのかあるいは幅広い脅威を含めて考えるのか，人間の安全保障の実現のために武力行使を含むか否か，人間の安全保障が国家安全保障を代替するのか否かの3点であったといえます。

　次は，この定義論争を，日本とカナダの人間の安全保障に対する取り組みを通じてお話しします。

1.3　日本とカナダの「人間の安全保障」への取り組み

　私がカナダのブリティッシュ・コロンビア大学客員教授として勤務しており

ました2001～2002年という時期は、カナダも「人間の安全保障」を熱心に推進し、政府、学会、NPO、NGOも活発に取り組んでいました。しかし、この時期には「人間の安全保障」の定義に関し、日本とカナダはいわば対立の構図にありました。狭義から「人間の安全保障」を解釈しようとするカナダの学者は、広義の解釈に対して「広義の解釈は開発援助とどこが違うのか」、「そういう多岐にわたる脅威を安全保障化することは、国際政治学上、分析に堪えないのではないか」と批判していたことを鮮明に記憶しています。このように、「人間の安全保障」の解釈をめぐって日本とカナダが対立し、本来トランスナショナルな協力が必要な課題に対して国際協力もできないとさえ揶揄されました。では一体、どういう違いが日加間にあったのでしょうか。まず、カナダの取り組みから申し上げたいと思います。

● a．カナダと人間の安全保障

　カナダは、国連平和維持活動（United Nations Peacekeeping Operations：PKO）に代わる外交政策の柱として人間の安全保障を取り上げたという経緯があります。また、カナダはPKOの発案者でもあり、冷戦中はほぼすべてのPKOミッションに軍人を派遣するなど、リーダーシップを発揮してきました。ところが冷戦終焉後、和平合意があっても平和ではない状況の中でPKOが展開されるなど、伝統的な停戦監視というPKOの役割が変容しました。つまりカナダは、ボスニア戦争やソマリアの紛争において、維持する平和がない状態でPKOを派遣する状況に遭遇することになったのです。カナダがPKOへの取り組みを考え直さなくてはならなくなった直接のきっかけは、アフリカのルワンダ紛争でした。

　ルワンダでは、フツ族とツチ族の熾烈な民族紛争が展開されていました。そこに国連ルワンダ支援団（United Nations Assistance Mission for Rwanda：UNAMIR）が派遣され、カナダは1994年に参加しました。国連安全保障理事会（安保理）からUNAMIRに与えられたミッションは、従来型のPKO、つまり平和を維持することでした。ところが現地では大量虐殺が行われており、とても平和が維持できるような状況ではありませんでした。つまり、維持する平和がないという状況でUNAMIRの活動が展開されたわけです。

そのときの司令官がカナダ人のダレール（Roméo A. Dallair）でした。彼は前線のルワンダから「このままではとても PKO のミッションは果たせないので，もう少しマンデートを変えてくれるか，増員してくれるか，撤退するかのいずれかだ」という報告をニューヨークの安保理に送り続けました。しかし，ダレールの進言は安保理で取り上げられず，UNAMIR の増強も許可しない一方，撤退の決定も下しませんでした。

その結果，ルワンダではなんと 80 万人を超える犠牲者が出るほどの大量虐殺が発生し，その中でダレールはなすすべもなく，次々と孤児が生まれ，女の子がレイプされる状況を目撃せざるをえなかったのです。後に彼は，「自分はルワンダの犠牲者だ。ルワンダ戦争で傷ついた将校だ」と述懐しています。

このルワンダ紛争での経験が，カナダに新しいカナダらしい安全保障への貢献の道，すなわち，軍事力では大国にはなれないが，カナダらしい国際貢献の道を模索させたといっても過言ではないでしょう。このような時期に 1996 年，自由党政権において外務大臣に着任したのがアクスワージー（Lloyd Axworthy）でした。彼は新しいカナダの外交を隙間（ニッチ）外交と位置づけ，カナダの NGO が当時積極的に取り組んでいた人間の安全保障に注目しました。アクスワージーは，プリンストン大学博士課程在籍中に人道問題に関心をもち，野党の国会議員として NGO とともに中米で開発援助に携わった経験があり，そのときにニカラグアで戦争の影響に苦しむ人々を目の当たりにして，冷戦後の紛争の犠牲者の多くが無辜の市民であることを痛感したそうです。この個人的な経験と NGO とのつながり，それにカナダ政府の冷戦後の PKO における辛酸とが相まって，カナダ政府が恐怖からの自由を中心とした人間の安全保障を外交政策の柱とするようになっていきました。

アクスワージーが「人間の安全保障」をスピーチで最初に取り上げたのは，1996 年 9 月の国連総会での演説でした。このときに彼は，「持続可能な人間の安全保障」という表現を用いていました。この演説の中で，グローバル化のマイナスの影響にも着目し，尊厳をもって生きる自由にも言及し，人間の安全保障の解釈の中には紛争のみならず経済，食糧，保健衛生も含めました。つまり，カナダも当初は人間の安全保障を「恐怖からの自由」に限定していませんでしたが，その後カナダは「恐怖からの自由」に特化し，開発と人間の安全保障は

相互補完関係にあるが，人間の安全保障は開発とは次元の異なる理念であるとの整理を示したのです。そして 2003 年に外務国際貿易省から発表された『恐怖からの自由：カナダの人間の安全保障のための外交政策』というパンフレットには，「恐怖からの自由」に力点を置くことが明示されました。

　カナダの人間安全保障への取り組みの特色は，まずルールをつくり，そのルールを条約や制度へと具現化し，実践するというアプローチです。カナダの人間の安全保障の実践例としてまずあげられるのが，対人地雷全面禁止条約の締結です。対人地雷は廉価な兵器でありながら，多大な被害を与えます。戦闘が終わった後も埋設されている対人地雷が除去されない限り，人が誤って踏んでしまうと手足や場合によっては命を失うこともあります。このような兵器をカナダは人道的に認められないと考え，積極的に全面禁止にイニシアティブをとりました。本来，軍縮は国連ジュネーブ軍縮会議の場で交渉されますが，同会議は全会一致を原則としており，対人地雷禁止についてはアメリカや中国，ロシアなどの地雷保有国の反対が予想されました。そこで地雷全面禁止に関心を示していたカナダやノルウェーが中心となり，国際地雷廃絶キャンペーン（ICBL）の働きかけを受けて，1996 年にオタワで国際会議が開催されました。この会議の閉会式で挨拶に立ったアクスワージーは，翌年 12 月に再度会議をオタワで開催し，対人地雷全面禁止条約の署名を行うと宣言し，参加者を驚かせます。会議からわずか 1 年後の 1997 年 12 月に条約が署名され，1999 年 3 月に発効されたのです。この交渉は，会議の開催地の名前をとってオタワプロセスと呼ばれていますが，対人地雷の軍縮というよりも非人道的な兵器を禁止するというキャンペーンが張られ，NGO が大きな役割を果たしたことに特色があるといえます。

　もう一つ，カナダの「人間の安全保障」の実践例であげられるのは，国際刑事裁判所（The International Criminal Court：ICC）の設立です。第二次世界大戦後，米ソの対立の中で戦争責任に関する裁判所の常設は実現せず，戦争の都度特別法廷が設けられてきました。しかし，冷戦終焉後，ルワンダ紛争あるいは旧ユーゴ戦争を経て，戦争責任に対する裁判所をやはり常設しなくてはならないという気運が高まりました。このときにカナダがノルウェーおよびドイツと協力して，この ICC 設立条約を 1998 年に締結するところまで漕ぎ着けまし

た。ICC の設立規定の取りまとめには，全体委員会の議長を務めたカナダ人の功績が評価されています。ICC は現在はオランダのハーグに設置されています。

　このようにカナダは，人間の安全保障のために規範づくりを中心に進めてきました。さらにカナダは，ノルウェーとともに 1999 年に人間の安全保障ネットワーク（Human Security Network：HSN）を立ち上げました。HSN では毎年閣僚級の会合を開催し，人権，人道法，小型武器，子供兵士，児童労働などの問題が協議されています。しかし，日本は HSN の発足には参加しませんでした。これをもって，日本とカナダの人間の安全保障をめぐる対立を象徴していると批判されました。日本が HSN への参加しなかった理由は，日本が「武力行使を伴う人道的介入が正当化されるためには安保理の武力行使容認決議が必要である」との立場であり，「人道的介入は人間の安全保障とは別の文脈で論じるべきである」との見解をもっていたためでした。その後，2003 年の HSN 閣僚会議に緒方貞子氏が人間の安全保障委員会の報告書をもってゲストとして参加して以降，日本の政府関係者がゲストとして HSN に参加するようになりました。

　このように，武力行使を伴う人道的介入が日本とカナダの人間の安全保障に関する立場を大きく分けた論点であったわけですが，この人道的介入について，旧ユーゴ戦争での空爆などをめぐって是非が議論されていたことを背景として，どのような場合に介入が正当化されるのか基準を設けようと，1999 年 9 月の国連総会においてアナン（Kofi Annan）国連事務総長が呼びかけました。これに対してボスニアとルワンダにおける PKO の経験をもつカナダが応え，どのような場合に主権国家に対して国際社会の介入が許されるかを議論するため，2000 年 9 月に「介入と国家主権に関する国際委員会」（International Commission on Intervention and State Sovereignty：ICISS）を設立しました。この委員会では元オーストラリアの外務大臣でインターナショナル・クライシス・グループ（International Crisis Group）の理事長であったエバンス（Gareth Evans）と，アルジェリアの外交官で国連事務総長特別代表のサヌーン（Mohamed Sahnoun）が共同議長となり，1 年間をかけて人道的介入問題を検討しました。

　従来は人道的介入，つまり介入する権利が国際社会にあるか否かというスタンスで議論が進められていました。しかし，ICISS では "Responsibility to

Protect"（保護する責任，略して"R2P"（アールツーピー））という表現を用いて報告書がまとめられました。つまり「介入する権利」というよりは，「保護する責任」といったほうが受け入れられやすいだろうという発想がそこにはありました。ICISSでは「本来は市民の保護というのは主権国家の責任であるが，主権国家が破たんしているか，何らかの理由によって人々の安全を守る能力をもっていないときには，代わって国際社会が介入する，あるいは保護する」という論理の整理がなされたわけです。また，同報告書では，保護には予防，対処，再建といった3段階の取り組みがあるとし，対処する責任のみではなく，予防する責任と再建する責任を強調したことが特徴的です。このR2Pの考え方は，2005年の国連サミットの成果文書において，人間の安全保障とは別項目で盛り込まれています。

　このようにして，カナダはさまざまな「規範」をつくることにより「人間の安全保障」を推進してきました。このアプローチをカナダの国際政治学者でブリティッシュ・コロンビア大学教授のジョブ（Brian Job）は規範推進者（norm entrepreneurs）としての活動という表現で説明をしています。

　カナダ政府はこのように積極的に「人間の安全保障」を推進していましたが，2006年1月に自由党と交代した保守党のハーパー（Stephen Joseph Harper）政権では，「人間の安全保障」は用いられていません。「人間の安全保障」はアクスワージー色が強すぎる，前政権が使用していた外交政策の用語であるという理由からといわれています。カナダの外交政策の演説の中からは「人間の安全保障」という言葉は消えています。また，カナダの外務省に設置された「人間の安全保障ユニット」も解体されています。

　しかし，カナダ政府の関係者は，「人間の安全保障」という言葉は使わなくなったが，その中に入っている要素はいずれも取り上げて取り組んでいると説明しています。カナダの学者に聞いても同じ答えが返ってきますし，「人間の安全保障」に関する研究は，現在も続いています。

● b．日本と人間の安全保障

　これに対して，日本政府は「人間の安全保障」に関する活動をどのように展開してきたのでしょうか。日本において最初に「人間の安全保障」が外交政策

として用いられたのは，1998年5月，当時外務大臣を務めていた小渕恵三氏のシンガポール演説でした。その後，小渕氏は総理大臣となり，同年の12月に2回，東京において日本国際交流センター主催の「アジアの明日を創る知的対話」とベトナムで開催された ASEAN プラス3の首脳会議に出席した際にハノイのベトナム国際関係学院で外交政策に関する演説をした際，この両方の演説において「人間の安全保障」を推進する立場を表明しています。この2つの演説が日本政府の人間の安全保障への取り組みの出発点となっており，その内容は広義の解釈によるものになっています。

　この背景には前年の1997年の夏にアジアで金融危機が起きたことがあります。その金融危機に対して日本政府は支援を求められていましたが，小渕総理は同支援を社会的な弱者に対する支援とし，これを日本の「人間の安全保障」政策と位置づけたわけです。このときに日本政府が5億円を拠出して国連に「人間の安全保障基金」を創設することも発表されました。これが日本の「人間の安全保障」推進の大きな柱の一つになっています。小渕総理が亡くなった後も歴代の日本の総理大臣は外交政策の文脈の中で「人間の安全保障」を取り上げています。たとえば森総理は「人間の安全保障」の理念を深めるために「人間の安全保障委員会」を設立しています。そして外交青書においても小渕総理の演説を受けて1999年版から人間の安全保障が取り上げられており，2007年度版からは経済協力のコンテクストで継続的に取り上げられています。

　最近の事例をご紹介すると，野田総理も2012年1月のダボス会議のサイドイベントの「ジャパンナイト」(Japan Night) において，「人間の安全保障」を推進すると発言しています。演説の中で野田総理は，「グローバル化の加速により，その他さまざまな分野で地球規模の課題が生じ，人間の安全保障を根底から脅かしています。日本としては，経済成長と環境が両立するグリーン経済への移行および人間一人ひとりが活躍できる人間の安全保障の実現を通じ，光り輝く未来を創造していきたいと考えます」と言及しました。

　また，同年の9月に開催された国連総会における野田総理の一般討論演説では，「明日への責任・3つの叡智」と題して演説されました。中国との尖閣諸島領有権問題が発生しているときでしたので，メディアは尖閣諸島のことだけを報道していました。しかし，実際そのスピーチを読むと，野田総理は，「人間の

安全保障」を3つの叡智の一つと位置づけ,「かけがえのない地球を意識するとき,この星に息づく一つひとつの命のかけがえない尊さにも改めてあたたかなまなざしが向けられなければなりません。わが国が主導し,去る10日の国連総会で採択された人間の安全保障に関する総会決議は,女性や若者も含め,人間一人ひとりの視点から次世代の発展を構想する確かな指針となるものです。わが国は先の決議に記された人間の安全保障に関する共通理解も踏まえて,現行のミレニアム開発目標の達成の実現に貢献するとともに新たな開発目標の策定に向けて,各国の議論をリードして参ります」と述べています。この演説の中にも反映されているように,日本は,人間の安全保障の理念の整理と普及に小渕政権以来,一貫して取り組んでいるといえます。

一方,日本の外交青書の「人間の安全保障」に関する記述が少なくなったと指摘して,海外の学者の中には,日本の「人間の安全保障」への熱意の衰退という論述をする向きもありますが,これは事実を正しく認識していないといわざるをえません。

では,日本政府は具体的にどういう路線で「人間の安全保障」を推進してきたのでしょうか。日本の路線は2つあるといえます。一つは知的対話を通じて理念を深める普及活動,もう一つは開発援助などを通じた実践です。つまり,「人間の安全保障基金」や政府開発援助（Official Development Assistance：ODA）を通じて行われる「人間の安全保障」の実現のための支援です。

1つ目の路線の中には,先ほど触れた森総理の提唱によって2001年に設置された「人間の安全保障委員会」が代表的な例といえましょう。共同議長はセン（Amartya Sen）教授と緒方貞子元国連難民高等弁務官・前JICA理事長でした。この委員会は議論を重ねた結果,『安全保障の今日的課題』（*Human Security Now*）と題した報告書を2003年に提出しました[10]。同報告書では,多様な脅威に対して,人間の安全保障を実現するために,人々の保護とエンパワーメント（empowerment：能力強化）というトップダウンとボトムアップの両面のアプローチが提唱されています。

また,同報告書は,「人間の安全保障」を「欠乏からの自由」もしくは「恐怖からの自由」としてとらえるのではなく,包括的に取り上げるべきものであることを指摘しています。この報告書が前述のように日本政府の「人間の安全保

障」の考え方の基礎になっていますし，後に申し上げます理念の収斂過程においても「人間の安全保障」の解釈の基礎となっているといって過言ではなかろうと思います。

このように日本政府は，人間の安全保障委員会のほか，「人間の安全保障」の理念の普及に力を入れてきました。外務省は「人間の安全保障」に関する公開シンポジウムをシリーズで主催し，多くの参加者を得ています。

しかし，「人間の安全保障」の理念の普及は政府だけが力を入れているわけではありません。筑波大学も含めてさまざまな大学が，「人間の安全保障」についていろいろな切り口から学科を開設しているほか，シンポジウム，セミナーも開催しています。また，小渕総理が最初に国内において「人間の安全保障」に関する演説を行ったのは，日本国際交流センターという民間団体が主催した会議においてであり，同センターは，「人間の安全保障」の民間レベルでの対話を長年推進してきています。

さて，もう一つの路線である実践面ですが，日本政府は小渕総理の提案で国連に設置した「人間の安全保障基金」を通じて支援をしています。また，ODAを通じて「人間の安全保障」の視点が取り上げられています。2003年8月に改定されたODA大綱では，「個々の人間の尊厳を守ることは国際社会の安定と発展にとってもますます重要な課題となっている」との認識を示しました。その基本方針には，「紛争・災害や感染症など人間に対する直接的な脅威に対処するためには，グローバルな視点や地域・国レベルの視点とともに，個々の人間に着目した人間の安全保障の視点で考えることが重要である。……紛争時より，復興・開発に至るあらゆる段階において，尊厳のある人生を可能ならしめるよう，個人の保護と能力強化のための協力を行う」とされており，「人間の安全保障」の視座から開発援助を実施することが打ち出されました。このODA大綱の策定により，従来のODAでは手を伸ばさなかった領域にも援助が行われるようになりました。

また，国際協力機構（Japan International Cooperation Agency：JICA）の開発援助事業にも，「人間の安全保障」の考え方が反映されています。緒方貞子前理事長がリードしたこともあり，平和構築復興開発支援領域において「人間の安全保障」のフレームワークからの取り組みが行われています。ODA大綱，そ

してその後に発表されたODAの中期政策をみると，日本のODAは紛争地の平和の定着にも踏み込んで支援しており，「欠乏からの自由」だけではなくて「恐怖からの自由」も対象としていることがわかります。このようなことから，カナダ対日本の定義論争の対立，すなわち，日本は「欠乏からの自由」，カナダは「恐怖からの自由」を主眼として対立しているという構図はしだいに弱まり，両者の距離が狭まってきたといえます。

ところが前述のとおり，カナダは政権交代後，「人間の安全保障」という言葉を使わなくなりましたので，日本とカナダが「人間の安全保障」で協力をするという構図にはなっていません。むしろ日本は「人間の安全保障」を推進し，カナダは「保護する責任」を推進するという構図に受け取られています。このように「人間の安全保障」に関する定義は，激しい論争が展開されましたが，それは収斂に向かっていることを次に申し上げたいと思います。

1.4 定義論争の収斂

この定義論争の収斂のきっかけとなったのは，2005年の国連総会首脳会合成果文書の採択だったといえます。同文書の中に，「人間の安全保障」というパラグラフが「保護する責任」とは別のパラグラフとして入っています。これを成果文書の中に入れるまでには，いろいろな議論がありました。首脳会合に先立ってスタンレー財団がスイスで行った会議では，人間の安全保障を国連文書に入れることをめぐって，キューバが強硬に反対し，アメリカの共和党政権も留保するなど，かなり対立もありました。けれども最終的には以下のような形で盛り込まれました。

「われわれは，人々が自由に，かつ尊厳をもって，貧困と絶望から解き放たれて生きる権利を強調する。われわれは，すべての個人，特に脆弱な人々がすべての権利を享受し，人間としての潜在力を有していることを認識する。このため，われわれは総会において人間の安全保障の概念について，討議し，定義づけを行うことにコミットする。」[11]

国連総会文書に「人間の安全保障」という言葉がしっかりと入っており，かつ，これから国連の総会で「人間の安全保障」の定義を協議する旨が盛り込ま

れたということは，その後の国連におけるフォローアップを可能とし，私は非常に意味が大きかったと思います。

　この文書に盛り込まれた「人間の安全保障の概念について，討議し，定義づけを行うことにコミットする」という文言を実践すべく，日本政府は2006年10月に「人間の安全保障フレンズ会合」を創設しました。この会合は以来毎年開催され，そこでは各国，各機関の「人間の安全保障」に関する活動が紹介され，地球規模の課題と「人間の安全保障」の実現のための方策が議論されています。近年では定義づけにも踏み込み，人間の安全保障の共通理解（common understanding）を提案しています。第1回の会合においては日本が議長を務めましたが，2回目からはメキシコとの共同議長で進められています。この会議には「人間の安全保障」に賛同する国のみが参加するのではなく，反対の立場を表明する国も参加しています。つまり，フレンズ会合はオープンな議論の場なのです。

　「人間の安全保障フレンズ会合」の提案により，2008年5月に国連総会の非公式討論として，ケリム（Srgjan Kerim）国連総会議長主催の「人間の安全保障」に関する会合が開催されました。この会合では，「脅威は多様化している中で人間中心の統合的アプローチが必要だ」ということで意見が収斂したと伝えられています。このときのケリム議長が国連において「人間の安全保障」に関する公式討論を開催しようと提案し，それが後に実現しています。

　また，2009年6月の第6回のフレンズ会合において，「人間の安全保障」に関する国連事務総長報告の作成を要請する旨が合意されました。これに応えて，2010年には国連事務総長が「人間の安全保障」に関する報告を出しています[2]。この報告書のポイントとしては，パラグラフ4に示されているように「恐怖からの自由，欠乏からの自由，尊厳をもって生きる自由が人間の安全保障に含まれている」と明示されました。そして，パラグラフ16では人間の安全保障委員会の報告書が引用され，その広義の定義がフレンズ会合の作業用の定義になっていると位置づけられています。そしてかねてより一部の加盟国が懸念していた人間の安全保障のための武力行使については，パラグラフ23に「武力行使は人間の安全保障の理念を実施するにあたって想定されていない」と明記されました。

この国連事務総長報告を踏まえて，2010年の5月に初めて国連総会において「人間の安全保障」についての公式討論が開催されました。この討論に参加した国の半分以上は「人間の安全保障」の理念に支持を表明しましたが，総会決議を採択しようとした際には，概念が固まっていないために決議には時期尚早と躊躇する国が多かったと伝えられているように，決議は採択されたのですが，決議文[3]をみていただくとわかるとおり，決議の内容は概念的な中身には入らず事務総長に総会への報告を求め，人間の安全保障の概念について継続的に審議していくという手続き的なものになっています。

　この決議を受けて提出されたのが，2012年4月の国連総長による「人間の安全保障」の報告書です[4]。前回の報告書と比較していただくと，違いがよくわかると思います。2012年に出された報告書の最大の特徴は，「人間の安全保障」についての共通理解が提案されたことです。

　報告書のポイントを申し上げると，次のように要約することができます。

　① 第1回の報告書と同じように紛争，自然災害，貧困などの脅威の多様化が指摘され，「恐怖からの自由」，「欠乏からの自由」，「尊厳をもって生きる自由」の3つの自由が人間の安全保障の要素として示されていること。

　② 「人間の安全保障」と国家安全保障の関係は代替するものではなく，相互依存関係，相互補完関係にあること。

　③ 内政干渉を懸念する加盟国の立場を勘案して，「人間の安全保障」は武力による威嚇，武力行使を想定しないことが明記されていること。

　④ 第1回目の報告書以上にはっきりと「人間の安全保障」と「保護する責任」は異なるものだと峻別されていること。

　⑤ 「人間の安全保障」は政策フレームワークとして効用をもっていること。

　⑥ 「人間の安全保障」はいろいろな政策をインテグレートするものであること。

　⑦ 「人間の安全保障」には保護と能力強化の両方が必要なこと。

　⑧ 「人間の安全保障」の有用性がある分野として4分野があげられており，その中に保健衛生が入っていること。

　この報告書ではこれまでの解釈論争で争点となってきた問題が網羅されています。そして，この報告書に基づいて2012年6月には国連総会で再び人間の安

全保障に関する討論が行われ,新たな国連総会決議が同年9月に採択されました。そこには,前述の決議とは異なり,「人間の安全保障」の共通理解として,次のような具体的な内容が盛り込まれました[5]。

・人々が自由と尊厳のうちに生存し,貧困と絶望から免れて生きる権利。すべての人々,特に脆弱な人々は,すべての権利を享受し,彼らのもつ人間としての可能性を開花させる機会を平等に有し,恐怖からの自由と欠乏からの自由を享受する権利を有すること。

・人間の安全保障は,すべての人々およびコミュニティの保護と能力強化に資する,人間中心の,包括的で,文脈に応じた,予防的な対応を求めるものであること。

・人間の安全保障は,平和,開発および人権の相互連関性を認識し,市民的,政治的,経済的,社会的および文化的権利を等しく考慮に入れるものであること。

・人間の安全保障の概念は,保護する責任およびその履行とは異なること。

・人間の安全保障は,武力による威嚇もしくは武力行使または強制措置を求めるものではないこと。人間の安全保障は,国家の安全保障を代替するものではないこと（中略）。

・人間の安全保障は,政府,国際機関および地域機関ならびに市民社会のさらなる協調とパートナーシップを求めていること。

・人間の安全保障は,国家主権の尊重,領土保全および本質上国家の国内管轄権内にある事項への不干渉といった国連憲章の目的と理念を尊重して実践されなければならないこと。

このように決議の中で,これまで曖昧だといわれてきた「人間の安全保障」の解釈を明確にしようという努力が行われていることがわかります。また,今回の決議ではこのように具体的な中身が盛り込まれたことで,さらなる国連事務総長報告が求められています。

一方,学者の議論の内容も変化しています。定義論争に関連して,紙幅の関係でここでは2人の研究者について言及したいと思います。一人は「人間の安全保障」をEU部隊の展開のドクトリンとして提案したロンドン・スクール・オブ・エコノミックスのカルドー（Mary Kaldor）教授です。カルドーは狭義の

解釈，つまり「恐怖からの自由」に軸足を置き，人権を守るためには「人間の安全保障」部隊を展開すべきであると主張した人です。カルドーは，欧州連合（EU）のソラナ（Javier Solana）上級代表が発表した欧州安全保障戦略（ESS）を実践するEUの安全保障ドクトリンの作成を依頼され，ヨーロッパの新しい安全保障能力に関する研究グループを立ち上げました。このグループは，2004年にヨーロッパの人間の安全保障ドクトリン報告書（通称：バルセロナ報告書）を発表し，EUが人権を擁護するために，平和維持活動と軍事的介入の中間的な性格の，15000人から成る人間の安全保障対応部隊（Human Security Response Force）を結成することを提案しました。この考え方では，人間の安全保障に武力行使と人権が含まれていました。しかし最近は，カルドーも経済を含めた「人間の安全保障」に路線を変更しており，近著『「人間の安全保障」論』[6]では，人間の安全保障は安全保障と開発の双方に対して新しいアプローチを提供できるとの論を展開し，開発援助を人間の安全保障の中に含めて考えるようになっています。

　もう一人は，『人間の安全保障報告書』プロジェクトを推進してきた，サイモン・フレーザー大学（カナダ）のマック（Andrew Mack）教授です。マックは私に対し，「安全保障の対象となる脅威を多様化するということはきわめて愚かな議論である。あくまでも安全保障は脅威と暴力に限定すべきである」と繰り返し強調していました。しかし，2012年版の同報告書をみると，暴力に限定せず経済の側面も含めた人間の安全保障への理解を示すようになっています。

　このように定義論争に収斂の兆しがみえてくると，問われるのは実践です。実践面では，特に政府と市民社会との間にパートナーシップを築き上げる重要性が強調されています。たとえば2011年1月のダボス会議では「人間の安全保障」のセッションが開催され，そこには企業の方が多数参加されました。同セッションでは，国連のみではない多様なアフターによる「人間の安全保障」の今後の実践が強調されています。

　そこで次に，人間の安全保障の実践の問題をさらに取り上げたいと思います。

1.5 問われる実践

● a．ヘルス・ケアの側面

「人間の安全保障」に関して，今後問われるのは実践です。

日本政府が積極的に「人間の安全保障」の実践として熱心に推進してきた分野の一つが保健衛生と医療です。その背景には，小渕総理への武見敬三議員の進言がありました。エイズがアフリカで多くの人々を蝕んでいることは世界共通の課題ですが，その他，エボラ出血熱の発生，耐性の強い結核菌の発見，SARS，鳥インフルエンザ，新型インフルエンザの流行が相次いだことから，感染症に対するトランスナショナルな対処の必要性が訴えられてきました。日本政府は，沖縄サミットのときに世界基金を設けて，三大感染症といわれるエイズ，結核，マラリアに対する対策を進める上で，リーダーシップを発揮しており，これは大きな貢献であったと思います。

しかし，こういう疾患別の垂直的なアプローチだけでは十分ではありません。やはりヘルス・ケアのシステムが充実していなければ，疾患別の支援をしても効果は上がりません。たとえば，マラリアが流行しているからといってワクチンをその国に届けても，その国にワクチンを接種する保健衛生システムができていなければ，港でワクチンがどんどん劣化し，接種期限が来てしまうということも少なくありません。したがって，水平的なアプローチ，いわゆる保健衛生システムを充実させることも必要だということが，最近とみに認識されています。

ちなみに世界における死因の三大疾患はなんでしょうか。脳卒中，癌，虚血性心疾患だと報告されています。私は，グローバル・ヘルス・ケア・ソリューションズのアプローチが必要だと思います。たとえば，高血圧の人に降圧剤だけを投与しても不十分で，減塩食を心がけてもらってこそ効果が上がるのではないでしょうか。やはり感染症対策にのみ注力するのではなく，水平的と垂直的両方のアプローチを立体的にとらなければ医療面での効果は上がらず，「人間の安全保障」をフレームワークとして考えることが肝要です。それができたときに社会は健康になり，強靭性（レジリエンス：resilience）をもってくるのではないかと思います。高齢化先進国の日本はこのアプローチを組み合わせる

ことにより，国内で健康な社会をつくり，国際社会にも健康な社会を創造することに貢献することができるのではないでしょうか。

● b．平和構築における文化的側面

さて，私が人間の安全保障の実践の中で注目してきたのは平和構築です。平和構築は経済も安全保障も政治も包括的に取り組まなければなりません。そのため，分野横断的な平和構築の枠組みとしての「人間の安全保障」が有効に作用します。しかし，これまでの実践の中でとかく欠けていた視点があります。その一つは文化的側面です。平和構築の報告書や提言では文化は単語としては含められながら，あまり注目されてきていません。

しかしながら，内戦型の紛争の場合は，宗教，民族，言語，文化，歴史の違いが紛争のきっかけに利用されることがあります。さらに国家間の紛争の場合と異なり，和平合意成立後国境を挟んで別々に暮らすというわけにはいかず，敵と味方が近隣のコミュニティ，あるいは同じコミュニティで生きていかなければならないことが少なくありません。このような場合，かつて対立した敵を許すことができなければ平和は定着しません。したがって，対立していた人たちの間の融和，そして寛容，究極的な和解への道を構築していかなければなりません。

これと合わせて，紛争を経験した人自身の心のケアをすることも重要です。紛争中には爆撃を受けたり，自宅を追われたり，親兄弟を目の前で殺されるなどの体験をし，心に大きな傷を負ってしまいます。そしてそのような経験を通じて，紛争前にもっていたアイデンティティは瓦解したり，歪曲したり，あるいは他人に対して先鋭化してしまうため，元のアイデンティティに戻すことは難しく，これを新しいものに昇華させていかねばなりません。また，そのような心の傷をそのままに放置するとトラウマ化してしまいます。このような傷のケア，いわば「心の平和構築」が，紛争中に対立した人々の共生，協働，共創には必要です。

このような平和構築への取り組みに当たっては，拙著『紛争と文化外交』の中で詳述したように，文化活動が有用な役割を果たします（図1.1)[7]。

紙幅の関係で具体例を2例のみご紹介しておきます。まず，ボスニア・ヘル

20　1．グローバル化する多様な脅威と「人間の安全保障」

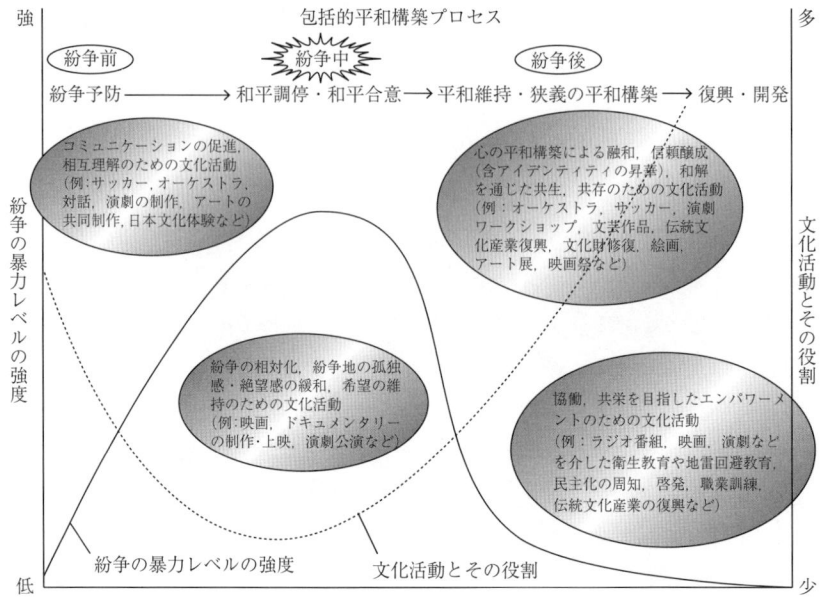

図 1.1　紛争サイクルにおける文化活動の役割[1]

ツェゴビナの首都サラエボで，ボスニア人とセルビア人の子どもたちが 1 つのチームでサッカーをしている例があります。これはボスニア戦争後，民族の対立が激しく，民族分断教育を実施せざるをえなくなった中で，日本人がイニシアティブをとって民族混成のサッカーチームをつくった例です。最初は保護者の理解が得られないなど多くの困難に遭遇したものの，サッカー強豪国でサッカーをしたい，うまくなりたいという子どもたちの熱意に負けて，ついには大人もコーチを買って出るようになり，スポーツが融和の触媒となっている例です。また，同じくサッカーが独立に揺れた東ティモールにおいて東部地区と西部地区の間の対立の融和に役立った例が，映画「裸足の夢」で紹介されています。サッカーは公式のボールではなくとも，ありあわせの布を巻きつけてつくった手製のボールでもありさえすればすぐにプレーできますので，平和構築の現場では活用されています[8]。この例は図 1.1 の「相互理解のための文化活動」および「心の平和構築」の部分に該当します。

　また，音楽が相互理解とエンパワーメント（能力強化），さらにアイデンティ

ティの昇華に役立っている例があります。指揮者バレンボイム（Daniel Barenboim）と文学研究者サイード（Edward Said）（故人）が中心になってイスラエルとパレスチナを含むアラブの若手音楽家によるオーケストラを結成し，毎年スペインで合宿し，各地で演奏会を開いています。オーケストラは小宇宙のようなもので，お互いにコミュニケーションしなければ一緒に演奏をすることはままなりません。オーケストラが平和そのものをつくることはできませんが，そこに参加する人たちの相互理解を生み，また，メンバーのアイデンティティも，練習を重ねる中で，民族による峻別から，オーケストラのパートによるものに変化していきます。さらに，著名な音楽家の指導を受ける機会を得ることで優秀な音楽家が育っています。そして，紛争地で音楽会が開催されることは，紛争中，音楽を楽しむ機会を奪われていた人々の目に輝きを取り戻し，紛争を相対化することにもつながります[9]。聴衆からは，「紛争後はまるで動物にエサを与えるように援助を受けたが，コンサートに来て初めて人間として扱ってもらった」という感想が寄せられています。

　文化は贅沢品だから，脇役だから後回し，という考え方ではなく，紛争のきっかけになるといわれることもあるからこそ，人間の安全保障を目指すのであれば文化的側面も含めた立体的な平和構築を考えていくことが必要といえましょう。

●c．欠けていた国内政策の視点

　今までお話ししてきたことから歴然としているように，「人間の安全保障」は主に外交政策の理念として使われてきました。しかし，先進国，発展途上国を問わず，国内には自然災害も含めて，人間の安全保障上のさまざまな問題があります。それらにも取り組まなければ，「人間の安全保障」に取り組んでいるとはいえないでしょう。

　少子高齢化問題を抱える日本は，先述の医療，保健衛生も含めて多くの社会問題に他国に先んじて直面しています。これらに対して，東日本大震災後の復興，さらには将来の防災や減災問題も含めて，対策を包括的にとっていくことが急務の課題となっています。このような国内の人間の安全保障問題にも取り組み，成果を上げたときに，「人間の安全保障」は北が考えた価値観で，それを

押し付けられるのはかなわないと反発する発展途上国や国内問題への介入を懸念する国々の反対を越えて，人間の安全保障を国際社会において主流化することができるのではないかと考えます．

1.6　「人間の安全保障」はこれからの時代に必要な理念なのか

　最後に，人間の安全保障という理念はこれだけ疑義を挟まれ，定義論争が戦わされている中で，はたして今後有用なのかという問題に触れて，話を終わりたいと思います．

　「人間の安全保障」は，国連加盟国が公式文書に入れることに反対した用語であった段階から，総会決議で共通の理解が提案されるところまで歩んできています．これは，私たちがますます複雑に多様化する脅威に対処するに当たり，包括的かつ分野横断的な政策や実践のフレームワークとして受け入れられてきているということではないでしょうか．そして，人々が安全で個人の潜在能力が発揮できるような社会をつくることが人間の安全保障の究極的な目標だと考えるならばこれこそが普遍的な価値観になるのではないかと思います．

　私の実体験を通じて申し上げるならば，定義論争は苦い思い（animosity）を残します．今，国連で進んでいる人間の安全保障の共通の理解を構築しようとする動きが成果を上げ，国連や各国政府のみならず，市民社会のさまざまなアクターが連携して協力する政策のフレームワークになるポテンシャルがあると考えます．日本は 2011 年の東日本大震災を経験して，人間の安全保障とは何かを身をもって体験しました．そこから自然災害と人間の安全保障の研究がなされ，実践されています．この経験を国連での議論にも生かしていきたいものです．そして人間の安全保障が市民社会によって実践されるようになったときに真価を発揮すると信じます．

　本章の内容は，「グローバル化する多様な脅威と「人間の安全保障」」という演題で 2012 年 10 月 29 日に筑波大学で筆者が行った講演をもとにしている．

［編集協力者：柏木志保］

文　献

1) 福島安紀子：人間の安全保障, 千倉書房, 2010, pp. 31-51.
2) 国際連合：A/64/701.
3) 国際連合：A/64/L.61.
4) 国際連合：A/66/763.
5) 国際連合：A/66/L.55/Rev. 1.
6) メアリー・カルドー（山本武彦, 宮脇　昇, 野崎孝弘訳）：「人間の安全保障」論, 法政大学出版局, 2011.
7) 福島安紀子：紛争と文化外交, 慶應義塾大学出版会, 2012, p. 227.
8) 同上, pp. 61-91.
9) 同上, pp. 97-119.
10) Commission on Human Security：*Human Security Now*, 2003；人間の安全保障委員会：安全保障の今日的課題―人間の安全保障委員会報告書―, 朝日新聞社, 2003.
11) 2005年世界サミット成果文書（仮訳）(http://www.mofa.go.jp/mofaj/gaiko/unsokai/pdfs/050916_seika.pdf).

2 「人間の安全保障」政策における国連と市民社会の連携の可能性

田瀬和夫

2.1 ヒューマン・セキュリティとは何か

　まず最初に，ヒューマン・セキュリティとは何か，を考えてみたいと思います。定義のようなことですが，それを考えるときに一番重要だと思う点は，次のようなものです。ヒューマン・セキュリティの定義は，学術的には第1章にもあるように，いろいろあって難しいのですが，本章では1点だけに絞ります。「人間の安全保障」と日本語ではいいますが，英語ではヒューマン・セキュリティ（human security）です。英語で"security"といった場合にどういう次元（dimension）をもっているか，ご存知でしょうか。

　「人間の安全保障」という訳語は，1994年に国際連合開発計画（United Nations Development Programme：UNDP）の人間開発に関する報告書が出たときに訳されたものです。英語のsecurityにはどういう訳語があるでしょうか。私は，人間の安全保障という概念に関しては3つの階層があると思っています。

　① いわゆる「ナショナル・セキュリティ」（national security）。「国家防衛」という意味のナショナル・ディフェンス（national defense）に近いようなセキュリティの階層。

　② 「セイフティ」（safety）という次元。身体的な「安全」という意味の次元。

　③ 最も重要な訳語であると私が思うのは，「安心」，「安寧」。これだと思います。心の状態，セキュア（secure）であること。

　ヒューマン・セキュリティというのは，この点がうまい概念だと思います。これまで国連でいうセキュリティという言葉は，基本的にはナショナル・ディ

フェンスか，あるいは治安，身の安全などといった物理的な安全のことでした。しかし，このヒューマン・セキュリティに関しては，心の安寧，心の安心という次元を含みうるのです。これが非常に大きなことで，人々が，身体も安全だけれども，心も安心であること。これが人間の安全保障が目指すものだと思っています。

では，心が安寧であり，安心であるためには，何が必要でしょうか。どういう条件が必要だと思いますか。身体的に安全だということはもちろん必要なのですが，ここから，次の細かい段階に入ってきます。

心が安心であるために必要な条件の一つは，第1章で触れられているように，アイデンティティだと思います。

自分がどういう人間であって，どこから来たか。それは単一のアイデンティティではありません。いろいろなアイデンティティが複合してその人を形成しています。女性であること，日本人であること，テニスクラブの会員であること，少数民族であること，等々。そういう複合多重なアイデンティティをもった上で，そのアイデンティティに自信がもてるかどうか，それが第1点です。

第2点は，自分で自分の将来について意思決定ができるか，ということだと思います。どうすれば安寧になるかというと，このような意味で自分自身をもつ，あるいは能力が強化されることによって——これをエンパワーメント（empowerment）といいます——，自分の足で立ち，自分の周りのパラメータ，変数を自分で変えることができ，最終的に，自分の将来について，いくつかのオプションの中から自ら選ぶことができること。これが，人の心の安寧につながるのではないかと思います。

これまで開発支援とか，人道支援といった国際社会の枠組みの中で，このような面を真剣に理論的に要素化した概念というものは，私が知る限りではこれが初めてです。これが，人間の安全保障の一番重要なところです。後ほど改めて説明しますが，この価値をわかるかどうかです。今までの国際社会の枠組みは，第1章で説明されたように，基本的には「規範化」でした。すなわち，ルールを作ること。ルールを作る，あるいはルールの上に乗った制度を作ることにより，それがコミュニティの村々の人たちにまで落ちてくるという仮定がありました。しかし，緒方貞子やセン（Amartya Sen）などの偉大な人々が着目した

のは，そういう点ではありません。そのような制度も必要なのですが，もっと，実際に現場にいる人，実際にわれわれが助けようとする難民，あるいは暴力を受けている人たち，この人たちがどう感じているのか。自信があるのかないのか，この人たちの希望は何なのか，それがどういうふうに関連しているのか。そういうことを考える必要があるということです。ヒューマン・センタード（human centered）と一言でいいますが，それは単に一人一人を大切にするということではなく，一人一人が心理的にどういう状態であり，その人たちが独り立ちするにはどうしたらいいのかと考え，エンパワーするという視点なのだと思います。

規範化というトップダウンの方法と，エンパワーメントというボトムアップの方法は，完全に一つの論理で一貫してつながっていなくてはならないのです。これが人間の安全保障だと私は思っています。

難しいことは国連の決議にも書いてありますが，このように考えれば比較的わかりやすいと思います。一人一人の人間が世界をみるときの視点と，主権国家とか世界が個人をみる視点が一つの論理でつながっていなければならない。それが人間の安全保障であると定義しておきます。

2.2 狭義の人間の安全保障と広義の人間の安全保障

2点目は，狭義の人間の安全保障と広義の人間の安全保障についてです。特にR2P（responsibility to protect），「保護する責任」です。何か事態が起きたときには武力で介入しないと最終的には多くの人の命が失われてしまうのではないかということです。国連の事務総長報告[1]のパラグラフ23。

23. As agreed in paragraph 143 of the World Summit Outcome, the purpose of human security is to enable all individuals to be free from fear and want, and to enjoy all their rights and fully develop their human potential. The use of force is not envisaged in the application of the human security concept. The focus of human security is on fostering Government and local capacities and strengthening the resilience of both to emerging challenges in ways that are mutually reinforcing, preventive and comprehensive.

人間の安全保障にかかる最初の事務総長報告です。この報告は私が担当課長でしたので，執筆は何人かで行いましたが，事務総長室との調整，特に「保護

する責任」の担当グループとの調整をしました。その後，各国との調整もいたしました。パラグラフ 23 は，この第 1 回の事務総長報告の肝になっています。ほかにも重要なことがたくさん書いてありますが，"The use of force is not envisaged in the application of the human security concept."（人間の安全保障は武力の行使を想定しない）。この一文が，このレポートの中でも最も重要な要素の一つです。つまり，国連の中では「人間の安全保障」と「保護する責任」を明確に区別した，という点が重要なのです。なぜかというと，R2P（保護する責任）も少し前は「人道的介入」という概念に含まれていました。人道的介入という概念は，安全保障理事会が機能しない場合には，国連憲章を越えて第三者（NATO や多国籍軍など）が介入しても人の命を救うべきだ，という主張だったのです。したがって，みんなが "No" といったのです。2003 年，2005 年以降の R2P は，国連憲章の範囲内で考えましょうということになっています。国連憲章の範囲内で，安全保障理事会が動かないのだったら機能させようじゃないか。これが R2P の修正版（revised version）の考え方なのです。それで受け入れられたということがあり，しかしその中でも究極的には，安全保障理事会が平和への脅威や破壊，侵略行為を認めたときにとれる行動を定めた第 7 章を発効させて，武力の行使の可能性があるということを，今の R2P はいっています。それに対して人間の安全保障は，武力の行使は考えない，武力の行使は考えないところで人間の安全保障があるという形で，これらの概念を明確に区別することとしたのです。

　ここで申し上げたいのは，特に「人間の安全保障」を研究する場合のスタンスです。国連の枠内ではこのようにすべての文書で峻別されています。しかし，概念的には人間の安全保障というのはもっとオーヴァーアーチング（overarching）な，全体に関わる上位概念でありえます。国連憲章のすべてを実現するような概念でありうる。しかし現時点で国連総会で理解され支持されるためには，実務的に明確である必要がある。そのために，ある意味で概念の幅を規定する必要がありました。このような意味で，人間の安全保障を研究する場合には，R2P と並置した概念というよりは，人間の安全保障の方が上位概念であると考える人もいる，あるいはその可能性があるということを念頭に置いて研究するといいのではないかと思います。

2.3 人間の安全保障の付加価値と日本

3点目です．人間の安全保障の付加価値と日本ということについて説明します．第1章の最後でも触れられていますが，人間の安全保障はある意味，とても日本的なのではないかと思います．言葉を換えれば，日本国憲法に書いてあることがそのまま出ているのです．日本国憲法の前文には，恐怖からの自由，欠乏からの自由が書いてあります．また，たとえば第13条の「平和的生存権」に，人間の安全保障はかなり近い概念なのではないかと思います．ともに働く，人々の希望を支える，それを社会として実現する．このような現場の人々の視点を政策に生かす，制度に生かす，最終的には規範の中に組み込む．そういう日本的な精神が，人間の安全保障の中にはたくさん入っています．

それでは，なぜ，これまでこのような人間の安全保障的な考え方が国際社会の中で流行らなかったのでしょうか．これは比較的簡単で，定量化（quantify）ができていないからです．たとえば人権です．人権は定量化されませんが，現在の開発手法や，現在の国連の中で主流化されているいろいろな手法というのは，ほとんど定量化されています．定量化によって理論があり，分析があって，エビデンスがある（evidence based）ということになり，いろいろな政策の中に組み込まれている．それに対して日本がこれまでリードしてきた人間の安全保障は包括的（comprehensive）なものです．人々の視点である，人々の安寧である，という言葉は使わないかもしれませんが，人間中心の概念です．すべて漠然としているのです．それでもいいと思いますが．「人間の安全保障」はもちろん，総会での決議が出ているので認められています．しかし，技術的に，なぜ具体的な実践の中に人間の安全保障という視点が入ってこないのかというと，そこに対する切り込みが足りないからだと私は思います．

2.4 人間の安全保障指標

次に，人間の安全保障指標の問題があります．人間開発指標のように，人間の安全保障指標を作ろうという試みがたくさんなされています．しかし，少なくとも国連においては，緒方とセンの合同の意見ですが，2003年，2004年の段

階では，人間の安全保障指標を作るのは時期尚早である。なぜでしょうか。人間の安全保障に入ってくる要素はあまりに多いので，人間開発指標のように100点満点中何点という指標を設定するのは非常に難しいのでできないだろう。それならするべきでない，という意思決定だったのです。

人間開発指標を作ったのはハック（Mahbub ul Haq），パキスタン人です。彼がその指標を作ったときにセンに相談しています。この指標は正確ではない，正確ではないのだけれど，このように一つの指標でぱっと出してみて，国と国とを比べることによって得られる認識（awareness），これを俺は得たいが，どう思うか，とハックはいったそうです。これはギャンブルだといったのです。私が覚えているところでは。

センはうなずいて，確かに正確ではないけれどもやる意味はあるだろうといって，人間開発指標というものができたのです。そういう意味で，人間の安全保障指標もあっていいと思います。ただ，そのときに入れなくてはならないと思うのは，心の問題です。第1章の最後の方で，心の平和構築（図1.1参照）というのがあって，すごくいいなと思いました。人々の心理的状態，特にコミュニティにおける人々の集団的（collective）な心理的な状態，そのベクトルがどちらを向いているかということを，人間の安全保障を定量化するときには入れるべきだと私は思います。

この人間安全保障指標ということについて，一つモデルを出したいと思っています。特に本書の趣旨，課題として，学際的に今後の人間の安全保障を考えるということもあるので，一つ視点を提示しておきます。

日本が出している人間の安全保障というのは国際的に大いに付加価値のある，潜在的価値あるものだと思っています。今は国連の人間ですが，この点は全面的に日本を引き続きバックアップしたい，と思います。

2.5　エクササイズ——パキスタンの酸攻撃

ここからは具体的なテーマでエクササイズをしてみましょう。私は長く人間の安全保障課長を務め，人間の安全保障基金に携わって，180くらいのプロジェクトを世界中で進行させました。私自身はニューヨークでデスクワーク中心の

仕事だったのですが，それでも数十か国は現地に行きました。

　必ずしも人間の安全保障基金で取り上げている事案ではありませんが，まず背景を申し上げます。パキスタン，その他，中東諸国ないし南西アジア諸国で多い事例なのですが，酸攻撃（acid burning）というものがあります。女性に対する暴力の最悪の形態の一つとして，硫酸などの非常に危険なものを女性の顔面に浴びせるのです。いろいろな理由があって行われるのですが，たとえば奥さんが隣の男性と話していたから不貞だといって，男性の家族が酸をかける。あるいは，隣の13歳の女の子にプロポーズしたが，嫁にならないといわれたので酸をかける。そういう前近代的ともいえる事象が今でもパキスタン，あるいはその周辺ではたくさんあります。さらに，そのような行為をしても捕まらない。捕まっても，なんと民事で牛何頭とかで家族同士の間で解決されてしまい，警察が介入しないという問題もあります。もっと根底には，厳然とした男女の役割分担というか差別意識というか，あるいは社会の階級意識，そういうものもあると思います。

　具体的な問題点としては，まず酸の入手方法について規制がありません。また，刑罰化はされているかもしれませんが，法が執行されていない，ということもあります。マスコミに出てくるようなのは数十件ですが，年間1000件近く，こういう事例がパキスタンだけでもあるという状況です。

　この問題を人間の安全保障という面からどう扱うか，ということを考えてみたいと思います。ご自分の立場はなんでも結構です。パキスタン政府の職員でもいいし，国連女性機関（UN Women）の所長でもいい。UNDP（国連開発計画）のチーム主任でもいいし，世界銀行の職員でもかまいません。この問題を，「女性に対する暴力」という，もう少し大きく考えても結構です。酸攻撃だけでなく女性に対する暴力というパキスタンにおける問題。パキスタンでなくても結構です。この問題に対処するのに，あなただったら，何をしますか。これがこれから議論したいことです。

　できれば短期的なこと，中期的，長期的なこと，に分けて考えたいと思います。みなさんに意見を求めて，どんどん発言してもらいたいと思います。

田瀬：　ではいきましょう。短期でも，中期でも，長期でも結構です。あなた

なら何をしますか。

[教育——行動の変化をもたらすもの]
学生S（筑波大学ヒューマン・ケア科学専攻博士後期課程1年，以下，特記がない場合は，質問者の所属はすべて筑波大学）： ドメスティックバイオレンス（DV）の予防教育をしたくてこの専攻に入りました。ずっと中学校で教員をしていたのですが退職しました。DVに命がけで取り組みたいと思っています。今日も東京の中学校・高校で予防プログラムを行ってきました。女性に対する暴力というテーマは，やっと日本でも問題視されるようになってきました。10年前は日本ではDVといっても，DVD？ 何？ と馬鹿にされる感じでしたが，最近になってようやく教育にも入れられるようになりました。今日の授業では，中学生や高校生も興味をもってくれました。「実際に自分の家でもある」という発言も出てきたりして，手ごたえがあり，早く博士論文が書きたいなと思っています。

田瀬： 今日はちょうどよい発表の機会ですね。

S： 海外の国にも，翻訳してプログラムを展開したいと思っています。

田瀬： 具体的には？

S： パキスタンでは少し前，マララ（Malala Yousafzai）さんという人が，女性の教育を行って援助をしたいといったら，銃で撃たれましたね。あの国……。

田瀬： あの国です。

S： 許せないと思う反面，やはりすごく年月がかかると感じています。女性に対する暴力は，女性にだけでなく，子供に対する暴力と同時並行だと思います。10年，20年かかるでしょうが，草の根から，教育からやっていくべきではないでしょうか。

田瀬： 教育は，短期，中期，長期のすべてだと思うのですね。では長期に入れましょうか。教育の目的はなんですか。

S： 人権尊重。

田瀬： はい。私は，いろいろあると思いますが，最終的には「行動の変化」（behavior change）だと思います。人権を尊重するのもそうですが，当事者の男性と女性の振る舞いそのものを変えていかなければいけない。要するに

考え方（mind set）を変える。これは時間がかかると思います。本当にかかる。しかし，教育には，短期的，中期的なものもあります。たとえば，女性に対して自分の権利を知ってもらう，特に，被害者女性に自分の権利について知ってもらうというのは短期的な効果だと思います。それに対して社会全体の考え方を変える教育は，非常に長期的なものでしょう。

　最初に出てきましたが，最も重要なテーマではないでしょうか。私は，自分でこれを一つのプログラムにするのであれば，教育がコアであると思います。

[シェルター]

学生 S ii（看護学類4年）：　短期あるいは中期的な課題に入ると思いますが，まず被害を受けた女性がかけ込む，かけ込み寺のようなものを作るのが必要だと思います。

田瀬：　そのとおり，シェルターですね。短期です。肉体的なケアもそうなのですが，むしろ心理外傷（psychological trauma），これをどうやって治していくか。これも結構時間のかかる話だと思います。酸攻撃に関していうと，物理的には，たとえば顔面形成術のようなことを最近はNGOなどが行っています。ただ，より重要なのは，怖くて家に帰れないということです。そこで，犠牲者（victim）に対する支援が，短期的にまず絶対に必要だと思います。

[法の整備]

学生 S iii（国際総合学類3年）：　短期か中期に入ると思いますが，法整備が必要なのではないでしょうか。

田瀬：　そうですね。さらにいうと，法整備プラス，その法執行のための人材育成が必要です。法はもうある場合が多いのですが，法が執行されないケースが多い。さらに，法がいい加減なものも多い。したがって，法執行を含んだ法整備，あるいはそれに関係する人材育成ということが必要でしょう。

[意識の転換]

学生 K（国際総合学類2年）：　長期的な問題だと思いますが，意識の転換が大きいと私は考えます。女性に対する男性の意識，それから，女性の自分自身に対する意識，というものが大きいと思います。そのために，法律を守ら

なければいけないという意識, 女性のための教育がすごく必要だと思います。それから, 心理的なケア。シェルターだけではなく, もともとある伝統的なコミュニティを使った, 心理的なケアです。私が聞いた範囲では, アフリカには女性のためだけの会議というのがあるそうです。パキスタンでは地域が違いますが, そういうものを生かして女性へのケアができると思います。

田瀬： これは中長期的, 女性を含むコミュニティの関与ということにしましょう。

[精神的な弱さが暴力を生む]

福島安紀子（青山学院大学）： 質問してもいいですか, 酸攻撃ってどういうふうに始まったのでしょうか。昔からあるのですか。

田瀬： 相当以前からあるようです。

福島： 宗教的な背景があるものなのですか。

田瀬： 宗教的なものではありません。

福島： パキスタンだけにあるものなのでしょうか。

田瀬： イギリスにも実はあるそうです。インドでも相当あるそうです。

福島： 根源的になくすパスというのはないのですか。

田瀬： そのようなパスを考えたいのです。

福島： 発生した由来をみることで, とれる措置はないのでしょうか。

田瀬： どこからこういうことが始まったかはわかりません。これは全くの私見ですが, パキスタンの男性は, いえ, 一般的に, このような行為をする男性は, 精神的に不安 (insecure) なのだと思います。人がなぜ他人に暴力をふるうかを考えてみるとよいでしょう。一つの要因として, 自分より弱い人に力をふるうことで自分が強いと思いたいのではないでしょうか。そういう幻想を抱くわけです。これは本当は強くない人に顕著だと思います。本当に強い人は他人に暴力などふるいません。弱いから, 自分より弱い人を見つけてたたくのです。それによって安心 (secure) を得ようとするのです。そのような心理のあらわれではないかと思います。パキスタン社会には申し訳ありませんが, パキスタンの男性で, 芯から本当に強い男性というのはなかなかいません。どこでそうなってしまったかはわかりませんが, 封建制度の影響がすごく大きいのではないかと思います。教育の機会を与えられない, 経済的

な権利を与えられない，地主が全部おさえている．その中で男性が精神的に弱い，あるいは不安であるので，物理的にもっと脆弱（weak）である女性を攻撃するのではないか，というように私は分析します．酸攻撃という形態はどこから出てきたのかは私も知りません．少し調べてみたいと思います．おそらくここ数十年のことではないでしょうか．

　一つ付け加えたいことがあります．法整備の実行の話が出ましたが，その中で訴追，つまり実行犯をきちんと罰するということ，刑罰化を徹底的にやらないとだめだと思います．これは短期的に，今すぐにでもやらないといけません．こういう行為をすると罰せられるということをきちんと示さないと，免責（impunity）があるという意識ができてしまい，いくらでも行われてしまいます．したがって，法整備の中で特に重要なのは，刑罰化と，犯罪を行った人に対する訴追ということだと思います．

[宗教的なアプローチ]

学生 T（看護学類3年）：　パキスタンはムスリムの国ということがあります．決してムスリム反対というわけではありませんが，ムスリムのいい面と悪い面の中で，悪い面が強く働いてしまうことで，女性に対する暴力，家庭内での暴力が促進されてしまうのではないでしょうか．たとえば女性をあまりにも大切に扱うがゆえに，家の中から出したくないという家庭があるとも聞きます．そんな意味でどんどん隔離されてしまう．家の中での出来事なので，周りからなかなかわかりにくいのではないでしょうか．これは教育に入るのだと思います．宗教としての教育なので，モスクの中でのお祈りの場面などで教えることはなかなか難しいでしょうが，宗教という方向からのアプローチも有効なのではないでしょうか．

田瀬：　素晴らしい．具体的には，現場では，宗教指導者とどう対話するかということになります．イスラムにおいては，基本的に男女は平等と定義されています．ただ，コーランの一節に，誠実でない妻は打たれるという記述があり，そこから来ているところがあるようです．しかし，多くの良識的なイスラムの指導者たちは，だからといって暴力をふるっていいとは思っていません．タリバーンなどの主張の原理主義や過激主義は，このようなささいなところからそれを誇張してきています．したがって，おっしゃったとおり，

特に宗教指導者との継続的な粘り強い対話ということは非常に重要だと思います。

[法の執行]

学生F（国際総合学類4年）： 少しでも事件をなくしていくためには，商店で酸が売られないように法の執行（implementation）に取り組むのが早急な対策になるのではないかと思います。国家で作った法を執行するのは警察だと思うので，IDがなければ商店では販売しないということを，警察がきちんと取り締まるようにすればいいのではないでしょうか。

田瀬： 警察力の強化，手段の規制ということですね。

学生T ii（ヒューマン・ケア科学専攻博士課程3年）： 先ほど，民事では牛などで賠償してしまうとのことでしたが，刑事罰はどうなっているのでしょうか。

田瀬： 刑事罰とシャリア法が並立しています。近代的な刑法はあるのですが，宗教的なシャリア法を好んで適用しようとしています。パキスタンのような国では，法制度が未熟といってはなんですが，複雑に2つの法が並置して存在していて，都合のよい方をとるので，そういうことになります。

T ii： そのようなことであれば，日本も刑事，民事で別に裁判が行われますが，そのような整備が必要だと思います。

田瀬： 法整備が必要ですね。はい，ありがとうございます。

　私からも一つ視点を提出します。これは今の仕事でもあるのですが，メディアの活用です。メディアはすごく大きい存在です。特に，こういう国ではそうです。現在，パキスタンの識字率は58％です。つまり，40％以上の人は字が読めない。貧困農村の女性の識字率は5％を切っています。そこでたとえば何ができるかというと，ラジオが効くのです。たとえば国連が放送しているラジオも，そもそも国連とはいいません。ドラマにするのです。その中で，撃たれた人たちは，こういうふうにしてここに行けば助かるよとか，こういう情報があるよとか，パキスタンの法律ではこういうことはやっちゃいけないのだ，ということを知らしめる。情報はすごく重要です。これは短期的にできます。もちろん，教育にも入りますが，女性に対する暴力は悪であるという情報を速やかに流し，共有していく。このようなことが非常に重要なの

ではないかと思います。

　ほかに何かありますか。

[加害者の思いを受け止める]

H（ヒューマン・ケア科学専攻教員）：　すぐできることにしても，中期的なことにしても，加害者側の思いも受け止めるということがないといけないのではないでしょうか。恐怖と脅しのマネジメントというか，管理や規制のマネジメントでは，恨みや不満がたまるので，危害を加えている側に心の安寧が得られるとは決して思えません。被害者の方をどのように守るかという視点がすごく強いように思いますが，加害者は興奮しやすかったり，心の安寧がなかったりするので，その人たちをどのように守るかということを考えることも必要だと思います。

　たとえばハラスメントがあったときなど，ハラスメントする側がすごく成長する機会であると，話を聞いていていつも思います。加害者に共感し，その成長を支えるということが，個人レベル，組織レベル，あるいは国レベルでも行われることが必要なのではないでしょうか。

　それから，先進国と発展途上国とでは，たとえば人生の満足度というものを考えるとき，先進国では自分が自分にどのくらい満足したかということと相関が高いですが，発展途上国ではどうしても経済的な満足度の方が相関が高いですね。ということは，物質的な支援も非常に重要であるということです。

　また，私たちは宇宙環境とか自然環境ということからすごく影響を受けています。たとえば，自然環境が破壊されていると思っただけで，私たちもなんとなく元気にはなれないとすると，発展途上国のためにできることとして，自然環境を大切にするということも重要です。先進国にいる自分たちが変わり，あるいは，世界各国が学ぶという，そういう姿勢がないと，安心で安全とはいえません。地球上のあらゆる民族が共感しあえる状態を作ることが，長期的な目標だと思います。

田瀬：　素晴らしい。加害者に対する配慮というのは，私もこれまであまり考えたことがありませんでした。新しい視点として面白いと思います。長期目標としては，グローバルな課題としての取り組みでしょうか。

H： そうですね，共感しあえるかどうか，わかりあえるかどうか，というところがそうだと思います。

　教育は大事です。宗教教育もすごく大事だし，これまで指摘されたどの点も本当に大事だと思いますが，共感しあえることによって生まれるエネルギーというのはものすごいと思うのです。

田瀬： グローバルな共感としておきましょう。短い言葉にしてしまって申し訳ありません。

　話は変わりますが，政治というものがあります。政治家の意思。政治的な意思はすごく大きいと思います。政治的意思の関与ということが重要なのではないでしょうか。

[経済的なアプローチ]

E（社会工学類教員）： 経済学が私のバックグラウンドですので，経済の話をしたいと思います。お金の話があまり出てきませんでしたが，お金はすごく大事ではないかと思います。お金をもっているというのは自由があるということなので，逃げることもできます。しかし，お金を稼ぐためには市場の仕組みができていないといけません。財産権が保障されていないといけないし，民事上の取引もきっちり執行されないといけない。残念ながらこのようなことは社会的なインフラなので，市場を自由化したからすぐうまくいくというわけではありません。この点がすごく難しいと思います。女性が牛何頭かで交換されるというのは，裏返せば女性の労働力の価値がそれだけ低いということなのでしょう。

　ですから，どういうふうにすればよいのかはすごく難しい問題ですが，なんらかの形で市場原理，あるいは経済成長を促すような仕組みを導入して，働ける，そして財産をキープできるという仕組みを作っていくことがすごく大事だと思います。どうやったら経済発展できるかという問題で，これも議論が多く，何がいいのかは難しい問題です。貿易をした方がいいのではないかとか，経済学者はどうしてもそういうことばかりいう傾向にありますが，この視点は，民主主義や，政治制度が確立するのと同時並行で進むことだと思います。中長期的にはやっぱり働ける仕組みをどうやって作るかというのがすごく大事なのでしょう。

田瀬： 働ける仕組みと，前半の方を国連用語で言い換えると，女性の経済的エンパワーメント。

E： おそらく男性もそうだと思います。お金がないから，あるいは，おそらく，儲かる機会があるのならば，女性を働かせるのではないでしょうか。人を集めるためにはお金を配る仕組みが出てくるはずなので，女性の自立や，男性の啓蒙ということにつながると思います。

田瀬： そうですね。意識を変えようと思ってもなかなか変わらないのが，経済的なアプローチによって意識が変わっていくという面もあると思います。ありがとうございます。

2.6 人間の安全保障のスコープの広さ

最後になりますが，国連で何かものごとをやろうと思うときは，まず，どういう変化を起こしたいかというゴールなり目標（objective）なりを決めます。その変化を起こすために，何を達成したいかというアウトプット，成果（output, outcome）を決めます。さらにその成果を達成するためには，どういう行動（activity），どういう運用（operation）が必要かというふうに，演繹的に展開していきます。本章のテーマでいえば，いくつかゴールはあると思います。最終的には人々の振る舞いを変え，考え方を変え，行動を変化させる。それから，法整備を含めた制度的な構築を行う。いくつかのゴールがあって，いくつかの目標がある。最終的なゴールは，女性に対する暴力をなくすということです。そのために，目標が3つくらいあり，その下に成果があって，その下に行動がある。これを全部合わせて一つのプログラムなりプロジェクトにするという考え方をします。

ここで着目していただきたいのは，この人間の安全保障のスコープの広さです。今みなさんに考えていただいた中で，女性の意識改革から，経済的エンパワーメント，政治的意思，情報の共有，コミュニティの関与，人間の安全保障まで，一つの事象をとらえるのに，それに関連したすべてのことを考えようとするのです。多くの場合，それらがつながっているのです。最初に申し上げたように，こういう連関をその人たちの人間の視点から考える。人間の視点から

考えると同時に，制度的な規範的視点からも考える。それらが完全に一貫した論理でつながっているのが，人間の安全保障なのです。このように理解すると，なんとなく人間の安全保障がわかったような気になりませんか。

　本章のテーマ，タイトルは「国連とその市民社会の連携」ですが，これらは，国連だけでできるわけではありません。そもそも女性に対する暴力問題で，女性に語りかける。被害者女性もそうだし，加害者男性もそう，そこでコミュニケートできるのは，市民社会しかありえないのです。特に，ローカルの言葉を使うNGOとか市民組織がないと全く成り立ちません。メディアは市民社会です。経済も市民社会です。それから，パキスタンの例でいうと，法制度です。最近，セクハラ法も法律として成立したのですが，全部言い出したのは，市民の女性団体です。そこからあがってきて，政治的な圧力になって，法ができました。

　したがって，無理やり本章のタイトルに結び付けると，人間の安全保障のすべての側面において，市民社会はリーダーシップをとりうるし，とらなければならない。そうしなければ人間の安全保障は実現されないであろう。このように，最後に結論づけてみました。

　本章の内容は，「「人間の安全保障」政策における国連と市民社会の連携の可能性」という演題で2012年10月29日に筑波大学で筆者が行った講演をもとにしている。

[編集協力者：岩浅昌幸]

文　　献

1)　国際連合：A/64/701.

第 II 部
ヒューマン・セキュリティ
――ヒューマン・ケア科学からのアプローチ

3 身体障害者ケアワーカーのウェルビーイングと労働

武田　文・茨木尚子・門間貴史

3.1　障害者支援施設における安全で良質なサービス

　急速な高齢化に伴い，障害者の高齢化・重度化が急速に進み，身体障害と認知機能障害・精神障害等を併せ持つ[1]，いわゆる重複化も急増してきた。それに伴い，質・量ともに高い障害者ケアサービスが必要となり，サービスを提供する人材確保が喫緊の課題となっている。しかし一方で，障害者支援施設では慢性的な人材不足や職員の離職，それによるサービスの質の低下，さらには入所者の安全とウェルビーイングを根底から脅かす虐待事件（職員による身体的虐待，ネグレクト，心理的虐待，性的虐待，経済的虐待）など，多くの問題が山積している。
　こうした状況の下，2012 年 10 月に障害者虐待防止法（障害者虐待の防止，障害者の養護者に対する支援等に関する法律）が施行された。虐待防止法については，児童（2000 年）・配偶者（2001 年）・高齢者（2005 年）に関する法律がすでに制定されている。しかし，障害者虐待は特に施設内で発生することから[2]，本法では施設職員による虐待に関して全市町村・都道府県が調査に当たる具体的スキームが定められた。

障害者支援施設職員の離職やサービスの質の低下の原因については，介護・支援業務や労働環境の劣悪さから生じるストレスや健康阻害が指摘されている。施設内虐待についても同様に，その背景には介護や支援に関わるストレスや仕事に対する過剰感があり，職員が悩みを相談できる相談体制の整備，研修などを通じたケア知識や技術の向上が必要とされている[2]。こうした日常業務の状況をはじめとするさまざまな労働要因と職員の仕事満足感やメンタルヘルスとの関係について具体的に解明し，問題解決策を検討することが，職員の離職防止および安全で良質な施設ケアサービスの保障の上で不可欠である。

しかし，施設職員に関するこれまでの実証検討は，患者ケアに従事する病院看護職員や高齢者ケアに従事する老人保健福祉施設職員に関するものが多く，障害者ケアに従事する障害者支援施設の職員に関してはほとんど検討されていない。とりわけ身体障害者のケアに従事する施設職員に関する実証検討は皆無である。

そこで本章では，旧身体障害者療護施設職員（障害者自立支援法により，身体障害者・知的障害者・精神障害者いずれの入所施設も障害者支援施設と名称変更された）の調査から，仕事満足感がどのような労働要因と関連するのかを明らかにし，身体障害者ケアワーカーのウェルビーイング保持増進のあり方を考えてみたい。

3.2 旧身体障害者療護施設とは

旧身体障害者療護施設とは，身体上の著しい障害のために，常時介護を必要とする者，あるいは食事・排泄・入浴など日常生活の大半を他者の介助に頼らなければならない状態が継続する者が入所する施設である。入所の理由としては，重度障害や経済状況，家庭事情のため家族介護が困難というケースが多く[3]，入所待機者は増え続けている[4]。

障害の状況をみると，先天性脳性麻痺のほか，脳血管障害や脊髄損傷，頭部外傷といった中途障害が増加しており，また，高齢化による重度化，障害の重複化が進行している[3]。高齢化による重度化については，合併症のために痰の吸引，導尿，インシュリン注射，経管栄養（胃瘻，鼻腔），酸素吸入といった医

療的ケア[4]を必要とする者や，最重度または植物状態である遷延性意識障害の状態にある者（失禁状態，自力での移動困難，自力での摂取困難，有意味発語なし，意思疎通困難，視覚認識困難といった6つの臨床像を備えた者）[3]が増加している。障害の重複化については，身体障害のほか何らかの認知機能障害や精神障害など精神機能にも問題を抱える者が多く[1]，また，身体障害者の約9割がうつ症状を呈していることも報告されている[5]。

施設は基本的に大人数での集団生活で，かつ職員人数が少ない。入所者は，移動のために装具や車いすを使用する者が多く，褥瘡などの合併症を防ぐため定時の体位交換も必要であり[3]，したがって職員の業務の大半は移動動作や日常生活における介護である。最も介助を必要とする入浴をはじめ，体位交換や食事の介助など，多岐にわたる介護に加えて，機能訓練と生活指導の業務もある[3]。

また，全国調査によれば，9割以上の旧身体障害者療護施設で重度・重複障害者を受け入れており，それによる影響として「職員負担の増大」をあげる声が圧倒的に高い[6]。さらに入所者の高齢化，障害の重度化に伴い，起床，就寝，入浴，排泄といった日常生活動作（activity of daily living：ADL）部分の介護量に加えて，医療的ケアが増加している[4]。こうした介護量の増加にもかかわらず職員人数は限られるため，入所者の生活時間（起床，食事，入浴，就寝など）を画一的なスケジュールで管理し，システム化された介護体制をとらざるをえなくなっている[7]。重複障害者には不眠・食欲不振・うつ症状を訴える者が多く，職員は心のケアの必要性を認識しながらも，療護中心の業務を行わざるをえない現状にある[3]。

次節では，こうした旧身体障害者療護施設職員に関する調査結果から，日常業務ストレッサーをはじめとするさまざまな労働要因が，職員の仕事満足感とどのように関連するのかをみていくことにする。

3.3 職員の仕事満足感と労働に関する調査

米国国立職業安全保健研究所（National Institute for Occupational Safety and Health：NIOSH）が提唱したNIOSH職業性ストレスモデル[8]によれば，労働者

の心理的ストレス反応（抑うつ，仕事満足感など）は，ストレス要因である職業性ストレッサー，個人要因，緩衝要因（ソーシャルサポート）などの複合プロセスを経て発現に至る。本調査ではこのモデルに基づき，職業性ストレッサー（日常業務ストレッサー，量的負担，役割葛藤，役割曖昧），個人要因（年齢，性別，保有資格），ソーシャルサポートと，仕事満足感との関連性を検討した。

● a．調査対象と調査項目

調査対象は，旧身体障害者療護施設（通所サービス併設含む）東京都内5か所および神奈川県内4か所の職員457名である。無記名自記式質問紙を用いて調査を実施し，回収された調査票のうち完全な回答が得られた250名（有効回答率54.7%）を分析対象とした。

調査項目は，個人要因（年齢，性別，保有資格），仕事満足感，職業性ストレッサー（日常業務ストレッサー，量的負担，役割曖昧，役割葛藤），上司・同僚・家族や友人のソーシャルサポートである。各測定尺度は以下のとおりで，クロンバックのα係数は0.78〜0.90であった。

① 仕事満足感：　ケースワーカー調査[9]で用いられた「現在の仕事にやりがいを感じていますか」，「現在の仕事に満足していますか」，「今後もこの仕事を続けたいと思いますか」の3項目により測定した。得点範囲は3〜15点で，得点が高いほど現在の仕事に満足している状態であることを示す。

② 日常業務ストレッサー：　全国身体障害者施設協議会によるタイムスタディ調査[10]で用いられた業務内容から現場職員の意見を参考に，相談支援・ケアマネジメント業務（8項目），専門的生活介護業務（15項目），社会参加支援業務（6項目）の計29項目についてそれぞれストレスを感じるかをたずねた。「全く感じない」と「どちらかというと感じない」をストレスなし，「どちらかというと感じる」と「非常に強く感じる」をストレスあり，とした。

③ 量的負担：　「職業性ストレス簡易調査票」[11]の仕事のストレス要因に関する尺度のうち，「仕事の量的負担」3項目により測定した。得点範囲は3〜5点で，得点が高いほど量的な労働負荷を感じていることを表す。

④ 役割曖昧：　「働く女性の職場組織ストレッサー尺度」[12]の下位尺度である「職務・役割の曖昧さ」5項目により測定した。得点範囲は5〜30点で，得点

が高いほど役割曖昧を感じていることを表す.

⑤ 役割葛藤: 「教師の職業ストレッサー尺度」[13]のうち「役割葛藤」から9項目を取り上げ,「児童生徒」を「利用者」に,「教師」を「職員」に,「保護者」を「利用者の家族」に修正したものを用いて測定した.得点範囲は9〜36点で,得点が高いほど役割葛藤を感じていることを表す.

⑥ 職場の上司・職場の同僚・家族や友人のソーシャルサポート:「職業性ストレス簡易調査票」[11]の「上司からの支援」,「同僚からの支援」,「配偶者・家族・友人からの支援」の各項目により測定した.いずれも各3項目で構成されており,得点範囲は3〜12点で得点が高いほどソーシャルサポートを受けていることを表す.

● b．分析方法

日常業務の担当状況を全体および性別・年齢別に観察した.次に,仕事満足感と各変数(職業性ストレッサー(日常業務ストレッサー,量的負担,役割曖昧,役割葛藤),個人要因(年齢,性別,保有資格),上司・同僚・家族や友人らのソーシャルサポート)との関連性を,単変量解析および多変量解析(重回帰分析)により検討した.統計処理にはSPSS statistics 17.0J for Windowsを使用し,有意水準はいずれも5%とした.

3.4 分析対象者の属性と日常業務状況

分析対象者250名の属性は,以下のとおりである.性別内訳は男性(115名),女性(135名)で約半数ずつであった.平均年齢は35.7歳(最低20歳,最高60歳,中央値34歳)で,内訳は20歳代33.2%,30歳代34.8%,40歳代20.4%,50歳代以上11.6%と,20〜30歳代が約7割を占めている.保有資格は介護福祉士93名(37.2%),ヘルパー67名(26.8%),医師・看護師67名(26.8%)の順で,介護支援専門員や社会福祉士は1割程度である.複数の資格を保有する者が多く,資格を全くもたない者は49名(19.6%)であった.

職員が「担当している」と回答した日常業務をみてみると(表3.1),職員全体では,専門的生活介護業務の回答割合が最も高く,15項目中12項目におい

表 3.1 日常業務の担当状況

	総数 ($n=250$) n (%)	性別			年齢		
		女性 ($n=135$) n (%)	男性 ($n=115$) n (%)	検定	34歳以下 ($n=126$) n (%)	35歳以上 ($n=124$) n (%)	検定
相談・ケアマネジメント業務							
利用者に対する面談・面接・相談	190(76.0)	103(76.3)	87(75.7)		96(76.2)	94(75.8)	
苦情処理	179(71.6)	94(69.6)	85(73.9)		93(73.8)	86(69.4)	
家族に対する説明・指導・助言	200(80.0)	108(80.0)	92(80.0)		104(82.5)	96(77.4)	
職員間の連絡	229(91.6)	119(88.1)	110(95.7)	*	119(94.4)	110(88.7)	
外部・他機関との連絡	198(79.2)	99(73.3)	99(86.1)	*	99(78.6)	99(79.8)	
ケア関連会議	211(84.4)	111(82.2)	100(87.0)		109(86.5)	102(82.3)	
ケア関連記録の整理	213(85.2)	111(82.2)	102(88.7)		110(87.3)	103(83.1)	
個別援助計画の作成	202(80.8)	103(76.3)	99(86.1)		104(82.5)	98(79.0)	
専門的生活介護業務							
清潔・整容	232(92.8)	123(91.1)	109(94.8)		122(96.8)	110(88.7)	*
更衣	234(93.6)	124(91.9)	110(95.7)		122(96.8)	112(90.3)	*
入浴	232(92.8)	123(91.1)	109(94.8)		122(96.8)	110(88.7)	*
排泄	233(93.2)	123(91.1)	110(95.7)		121(96.0)	112(90.3)	
食事	234(93.6)	124(91.9)	110(95.7)		122(96.8)	112(90.3)	*
起居・体位交換	230(92.0)	120(88.9)	110(95.7)		122(96.8)	108(87.1)	**
移乗	236(94.4)	126(93.3)	110(95.7)		122(96.8)	114(91.9)	
移動	238(95.2)	126(93.3)	112(97.4)		122(96.8)	116(93.5)	
体位・姿勢保持	237(94.8)	127(94.1)	110(95.7)		122(96.8)	115(92.7)	
補助具・自助具の着脱	233(93.2)	123(91.1)	110(95.7)		121(96.0)	112(90.3)	
測定	209(83.6)	109(80.7)	100(87.0)		112(88.9)	97(78.2)	*
ナースコール対応	225(90.0)	119(88.1)	106(92.2)		118(93.7)	107(86.3)	
医療的ケア（痰の吸引・導尿など）	184(73.6)	101(74.8)	83(72.2)		98(77.8)	86(69.4)	
物品・金銭管理	222(88.8)	119(88.1)	103(89.6)		114(90.5)	108(87.1)	
コミュニケーション	242(96.8)	129(95.6)	113(98.3)		123(97.6)	119(96.0)	
社会参加支援業務							
趣味・レクリエーション活動（集団）	217(86.8)	111(82.2)	106(92.2)	*	117(92.9)	100(80.6)	**
趣味・レクリエーション活動（個別）	218(87.2)	110(81.5)	108(93.9)	**	115(91.3)	103(83.1)	
社会リハビリのための学習活動	169(67.6)	86(63.7)	83(72.2)		83(65.9)	86(69.4)	
外出（1日以内）	209(83.6)	110(81.5)	99(86.1)		111(88.1)	98(79.0)	
外泊・旅行（1泊以上）	134(53.6)	69(51.1)	65(56.5)		59(46.8)	75(60.5)	*
自治会・当事者活動への支援	162(64.8)	78(57.8)	84(73.0)	*	74(58.7)	88(71.0)	*

数値は各業務の担当人数（%）を示す。
検定はFisherの直接確率検定。
＊：$p<0.05$，＊＊：$p<0.01$。

て9割を超えており，うち「コミュニケーション」(96.8%) が最も高い。次いで，相談・ケアマネジメント業務の回答割合がいずれも7割以上あり，うち「職員間の連絡」(91.6%) が最も多い。社会参加支援業務6項目の回答割合は5〜6割程度が多いが，「趣味・レクリエーション活動（集団）」(86.8%)，「趣味・レクリエーション活動（個別）」は比較的高かった (87.2%)。

性別にみると，相談・ケアマネジメント業務の「職員間の連絡」，「外部・他機関との連絡」，社会参加支援業務の「趣味・レクリエーション活動（集団）」，「趣味・レクリエーション活動（個別）」，「自治会・当事者活動への支援」において，いずれも男性の担当割合が有意に高い。年齢別にみると，専門的生活介護業務の「清潔・整容」，「更衣」，「入浴」，「食事」，「起居・体位交換」と社会参加支援業務の「趣味・レクリエーション活動（集団）」において若年齢層の担当割合が有意に高く，逆に，社会参加支援業務の「外泊・旅行（1泊以上）」，「自治会・当事者活動への支援」において高年齢層の担当割合が有意に高かった。

以上のことから，身体障害者施設職員の業務は，内容別にみると専門的生活介護業務が多くの割合を占め，社会参加支援業務は比較的少なく，これまで指摘されているとおりであった。また，年齢や性別にみると，業務の中心である専門的生活介護業務は若年齢層の担当が多く，相談・ケアマネジメント業務は男性が，社会参加支援業務は男性と高年齢層が，比較的多く担当する傾向にあるといえよう。

3.5 仕事満足感に関わる要因

それでは，こうした各種の日常業務によるストレッサー，さらに量的負担，役割曖昧，役割葛藤といった職業性ストレッサー，周囲からのソーシャルサポートは，仕事満足感とどのように関係しているのだろうか。

まず，重回帰分析に投入する日常業務ストレッサー変数を検討したところ，「ケア関連記録の整理」，「コミュニケーション」が仕事満足感と有意な関連を認めたことから，この2変数を採用することにした (表3.2)。また，「量的負担」，「役割曖昧」，「役割葛藤」，3つのソーシャルサポートもそれぞれ仕事満足感と有意な関連を認めた (表3.3)。そこで重回帰分析では，モデル1で個人要因 (性

表 3.2 仕事満足感に関連する日常業務ストレッサー
（重回帰分析・ステップワイズ法）

	β	検定
ケア関連記録の整理 （ストレスなし=0, あり=1）	−0.162	*
コミュニケーション （ストレスなし=0, あり=1）	−0.216	**
R^2	0.091	
ΔR^2	0.083	

＊：$p<0.05$, ＊＊：$p<0.01$。

表 3.3 仕事満足感と量的負担・役割曖昧・役割葛藤・ソーシャルサポートとの関連
（Spearman の順位相関分析）

	量的負担	役割曖昧	役割葛藤	上司サポート	同僚サポート	家族・友人サポート
仕事満足感	−0.130*	−0.424**	−0.345**	0.354**	0.241**	0.156*

＊：$p<0.05$, ＊＊：$p<0.01$。

別，年齢，保有資格）と職業性ストレッサー5変数を投入し，モデル2で上司サポート，モデル3で同僚サポート，モデル4で家族・友人サポートをそれぞれ追加投入した。

その結果，要因相互の影響を調整した上でも仕事満足感と有意に関連する要因は，性別，ヘルパーの資格有無，コミュニケーションに関するストレッサー，役割曖昧，上司サポートであった。すなわち，女性，ヘルパー資格がある，コミュニケーションに関するストレッサーが少ない，役割曖昧感が少ない，上司からのサポートが多い，という状況にある者は仕事満足感が高いことがわかった（表3.4）。

3.6 身体障害者ケアワーカーのウェルビーイングに向けて

以上の調査結果から，身体障害者ケアワーカーの仕事満足感を向上させるための検討課題について，考えてみたい。

本調査では仕事満足感を，やりがいを感じる，満足している，今後も続けたい，といった内容でとらえたが，こうした仕事満足感はまず，男性，ヘルパー

3.6 身体障害者ケアワーカーのウェルビーイングに向けて

表 3.4 仕事満足感に関する階層的重回帰分析（強制投入法）

	モデル1 β	検定	モデル2 β	検定	モデル3 β	検定	モデル4 β	検定
属性								
性別（女性=0, 男性=1）	-0.136	*	-0.150	**	-0.138	*	-0.141	*
年齢	-0.011		0.040		0.014		0.006	
保有資格（なし=0, あり=1）								
社会福祉士	0.009		0.014		0.003		0.009	
介護福祉士	0.013		0.024		0.020		0.020	
介護支援専門員	0.080		0.062		0.079		0.080	
ヘルパー	0.131	*	0.120	*	0.133	*	0.135	*
医師・看護師	-0.027		-0.031		-0.028		-0.028	
職業性ストレッサー								
ケア関連記録の整理	-0.085		-0.081		-0.090		-0.091	
（ストレスなし=0, あり=1）								
コミュニケーション	-0.151	*	-0.150	*	-0.150	*	-0.139	*
（ストレスなし=0, あり=1）								
量的負担	-0.008		-0.026		-0.011		-0.010	
役割曖昧	-0.358	***	-0.281	***	-0.333	***	-0.351	***
役割葛藤	-0.114		-0.098		-0.102		-0.108	
ソーシャルサポート								
上司サポート			0.176	**				
同僚サポート					0.088			
家族・友人サポート							0.080	
R^2	0.289		0.309		0.295		0.294	
ΔR^2	0.253		0.271		0.256		0.255	

＊：$p<0.05$，＊＊：$p<0.01$，＊＊＊：$p<0.001$。
モデル1：属性（性別，年齢），保有資格，職業性ストレッサーを投入。
モデル2：属性，保有資格，職業性ストレッサー，上司サポートを投入。
モデル3：属性，保有資格，職業性ストレッサー，同僚サポートを投入。
モデル4：属性，保有資格，職業性ストレッサー，家族・友人サポートを投入。

資格をもたない者，役割曖昧を感じる者において低いことがわかった。

　対象者のうち，ヘルパー資格をもつ者は67名，もたない者は183名である。この183名の内訳をみると，介護福祉士が83名，医師・看護師が55名など，合わせて134名（73.2％）が何らかの福祉医療系資格を1つまたは複数保有しており，いずれの資格ももたない者は49名（26.8％）にとどまる。すなわち，ヘルパーより資格取得が難しい国家資格を保有する者において，仕事満足感が低い傾向にあるといえる。また，ヘルパー資格の有無には性差がないことから，

旧身体障害者療護施設職員の労働は，専門資格保有者あるいは男性にとって，その専門的技能を発揮しにくい，あるいはやりがいや満足を感じにくい状況にある可能性が示唆された。

また，役割曖昧とは，自分が誰に，あるいは誰が自分に命令・報告をするのか明確でない，職場の中での自分の役割や貢献がわからない，自分と他人の仕事の分担や境界がはっきりしていない，仕事上での権限が十分与えられていない，現在の職場での自分のキャリアの見通しがはっきりしない，といった状況である。表3.4の重回帰分析結果によれば，役割曖昧は，仕事満足感に対して全説明変数中で最も高い標準化偏回帰係数を示していることから，職場内における各自の役割分担や責任の所在，貢献が不明確である，キャリアの見通しを立てられない，といった状況が，仕事満足感を最も強く規定する要因であることが示唆された。

これらのことから，男性や専門資格保有者がやりがいを感じる，あるいはまた，仕事の役割分担や責任の所在，貢献，キャリアの見通しが明確になるような，職務のデザインや職場環境のあり方を検討することが重要といえよう。

さらに，職員の仕事満足感は，コミュニケーションにストレスを感じる者，上司サポートが少ない者において低かった。

近年，利用者主体の福祉サービスが強調されながらも，入所者の高齢化，障害の重度化・重複化による介護量の増加に伴い，施設職員は時間内でパターン化された介護に追われる現実にある。そのため，職員は入所者一人一人とゆっくりコミュニケーションをとることが難しく，よりよいサービスをしたいと願いながらそれを実現できないというジレンマがストレスとなっている[7]。また，言語機能などの障害特性から，言語コミュニケーション自体が困難な入所者が多いことも，ストレスとなっていると考えられる。本調査結果から日常業務の担当状況をみると，全項目中で「コミュニケーション」の回答割合が約97%と最も高く，ほとんどの職員が行っていることから，コミュニケーションのストレスを低減することが，職員の仕事満足感を向上させる重要なポイントと考えられる。

一方で入所者側からも，職員に余裕やゆとりがないため，ゆっくり話をすることができないという不満やストレスが聞かれている[7]。さらに，職員と入所

者の関わりについての認識には両者の間で乖離があり，入所者のほうがより改善を期待していることが報告されている[14]。施設内虐待や不適切な対応などの事件が後を絶たない背景には，職員のストレスのほかに，利用者が社会的弱者であるゆえ，職員と利用者が強者と弱者の関係性にあることも指摘されている[14]。入所者は何をするにも介助者がいなければ思うようにできず，施設生活は地域社会からの隔離・収容ともいえる状態で，外からの情報も少なく，テレビやラジオなどを見聞きするのみといっても過言ではない毎日である[15]。そうした中で入所者は，職員の態度やコール対応の早さ，排泄・入浴といった直接的な関わりを通して，自分に対する評価（その職員からどのように思われているのか）を感じ取り，それが孤独感の一つの要因となっている[16]。

したがって，職員と入所者がゆっくりコミュニケーションをとれる職務体制や人員配置，職場環境の整備が，双方にとっての問題解決，すなわち職員にとってストレス低減や良質なケアサービスの提供による仕事満足感の向上，入所者にとってストレスや孤独感の改善につながる重要な糸口といえる。しかしその実現には，職員の報酬単価や処遇の改善など，所得保障を含めた改革が必要である。2012年度障害福祉サービス報酬改定では，福祉・介護職員の処遇改善加算，介護職員による痰の吸引などに関する人員配置体制加算や医療連携加算などが行われたが，今後，さらに改革の推進が望まれる。

また，本調査結果によれば，上司からのサポートが少ない者，すなわち上司と気軽に話ができない，困ったときに頼りにできない，個人的な相談に乗ってもらえない，という状況にある者ほど仕事満足感が低かった。したがって上司が，コミュニケーションに関わるストレスをはじめとする職員の多様な悩みの相談に乗ったり，問題を共有して解決策を検討したりできるような組織風土の醸成が必要である。さらに，ケアやコミュニケーションなどに関する知識や技術の向上を目指した研修の実施など，職場での支援体制を整備することが重要と考えられる。

障害者支援施設入所者の安全とウェルビーイングの保障の上では，ケアサービスを提供する職員のウェルビーイングが大前提であり，職員が自己の仕事に満足感をもち生き生きと働き続けられることが不可欠である。本章では，旧身

体障害者療護施設職員の仕事満足感が，性別，資格保有状況，役割曖昧，コミュニケーションのストレス，上司のサポートといった要因と関連することを示した。これらの要因改善には，人員配置や職務デザインの改善，支援体制の整備といった労働環境へのアプローチが必要であり，その実現のためには，職員の報酬単価や処遇の改善など，職員の所得保障を含めた法制度の改革がさらに求められる。

本研究は，科学研究費「障害者ケアの包括的な保障のために―ケアワーカーのウェルビーイング支援システム開発」（研究代表者：武田　文，課題番号：24616001）の一部である。

文　　献

1) 齋藤　薫：身体障害者療護施設におけるメンタルヘルス．地域リハビリテーション，4(1)，58-59，2009．
2) 全国社会福祉協議会：障害者虐待防止の手引き，2011．
3) 赤木正典：身体障害者療護施設の現状と課題―制度と機能上の諸問題―．順正短期大学研究紀要，30，87-95，2001．
4) 樫本　修，小川泰治，川越聡一郎：身体障害者療護施設におけるリハビリテーション．総合リハビリテーション，32(11)，1043-1048，2004．
5) 笠原　陸，豊倉　稔：精神心理的問題．総合リハビリテーション，34，459-466，2006．
6) 小川　淳，小田芳幸，伊藤利之：障害者施設における重複障害者の調査．総合リハビリテーション，32(11)，1049-1053，2004．
7) 麦倉泰子：身体障害者療護施設におけるケアの質とディレンマ―利用者と職員へのインタビュー調査から―．関東学院大学文学部紀要，109，101-131，2006．
8) Hurrell, J. J., Mclaney, M. A.：Exposure to job stress—A new psychometric instrument. Scand. J. Work Environ. Health, 14, 27-28, 1988.
9) Takeda, F., Ibaraki, N., Yokoyama, E. et al.：The relationship of job type to burnout in social workers at social welfare offices. J. Occup. Health, 47, 119-125, 2005.
10) 全国身体障害者施設協議会：身体障害者療護施設「タイムスタディ調査」報告書，2005．
11) 下光輝一：平成14年～16年度厚生労働科学研究費補助金労働安全衛生総合研究「職場環境等の改善によるメンタルヘルス対策に関する研究」報告書，2005．
12) 朝倉隆司：働く女性の職業キャリアとストレス．日本労働研究雑誌，394，14-29，1992．
13) 高木　亮，田中宏二：教師の職業ストレッサーに関する研究―教師の職業ストレッサーとバーンアウトの関係を中心に―．教育心理学研究，52(1)，165-174，2003．
14) 渡辺修宏，森山哲美：利用者主体の福祉サービスに対する職員と利用者の認識の乖離．厚生の指標，55(6)，16-22，2008．
15) 畠山千春：身体障害者療護施設における「権利擁護」の現状と課題―「身体障害者療護施設居住者の生活と環境に関する2004年調査」と1992年調査との比較から―．共栄学園短期大学研究紀要，21，203-217，2005．
16) 村岡美幸，本名　靖：重度身体障害者の孤独感に関する研究―孤独感に対する社会福祉的援助の視点から―．厚生の指標，51(11)，17-23，2004．

4 在日難民の生活・医療・社会保障

市川政雄・筒井志保・森　恭子・森谷康文

「人種，宗教，国籍，政治的意見やまたは特定の社会集団に属するなどの理由で，自国にいると迫害を受けるかあるいは迫害を受けるおそれがあるために他国に逃れた」人々。これが難民の定義である。2010 年末時点の推計によると，この定義に該当する人は世界中で 1537 万人に上る。このほか，他国に逃れなくても，多数の人が強制的な移動を余儀なくされ，これらの人を含めると 4370 万人に達する。この数は過去 15 年間で最も多い。これは遠い国の話ではない。難民は私たちの隣人である。

日本では，1970 年代にインドシナ難民（ベトナム，ラオス，カンボジア出身者）を受け入れ始め，1981 年には難民条約に加入し，1990 年代からはインドシナ難民に代わり，新たな難民が流入・定着し始めている。そして，2010 年から 3 年間，難民キャンプから難民を受け入れる「第三国定住」を試行している。法務省入国管理局によると，2011 年に日本で難民認定を申請した人は 1867 人，過去 30 年で 11754 人を数える。この数は他の先進国と比べ，決して多くはないが，確実に増えている。

日本に逃れてきた近年の難民は，ミャンマー（ビルマ），トルコ，スリランカ，パキスタンなど，アジア諸国の出身者が多い。これらの国々からは，難民でない人も多数来日している。私たちが普段の生活の中で難民を意識したり特定したりすることはほとんどない。その一方，日本で暮らす難民は，母国でのトラウマ体験，家族との別離，異文化での生活，経済的困難，将来への不安など，私たちが計り知れないほど大きな苦悩を抱えている。

難民保護は，こうした切実な問題に向き合うことから始まる。そして，問題

解決の糸口を見出すためには，いうまでもなく難民が置かれている状況を理解しなくてはならない。

一例をあげよう。

難民は，自国で迫害のおそれがあるため日本に逃れたからといって，日本で即「難民」と認定されるわけではない。難民と認定されるためには，法務省に対して難民認定の申請をしなければならない。申請結果が出るまでの間はあくまでも申請者（難民申請者）である。難民申請者は，難民として認定された者，人道的な配慮から特別在留許可が付与された者（定住者）とは別の扱いを受ける。たとえば，在留資格がない難民申請者に就労は認められない。しかし，社会福祉制度は利用できず，政府から支給される生活困窮者に対する保護費は限定的なものである。そのため，生きていくためには不法に就労するしかない。ところが，これは取り締まりの対象になる。

私たちはこうした実態を踏まえ，より実質的な難民保護を求めていかなくてはならない。本章ではまず，難民が日本で生活する上でどのような問題に直面しているのか，生活支援の実務に基づき報告する。次に，在日難民の健康問題や医療が日本の社会保障制度の中でどのように扱われているのかを概観する。難民であることで健康を有する権利が奪われてはならないことは，世界保健機関（WHO）憲章で「到達しうる最高基準の健康を享有することは，人種，宗教，政治的信念又は経済的若しくは社会的条件の差別なしに万人の有する基本的権利の一つである」と謳われているとおりである。はたしてその権利を守る仕組みが日本にあるのだろうか。そして最後に，在日難民が地域社会でどのような関わりをもっているのか，地域社会で共生・社会統合していくにはどのような方策をとればよいのかを考えたい。

なお，本章では難民認定者（定住者）と申請者を区別しないときは，両者を合わせて「難民」と称する。

4.1 難民の生活問題

● a．入国間もない難民

難民が置かれている状況は，就労の許可，支援金の受給，家族の同伴，同国

籍・同民族コミュニティや日本人支援者の有無などによって大きく異なる。しかし，日本へ入国して間もない難民が置かれている状況は共通している。

まず，来日前に日本に関する情報を収集し，難民認定制度に精通している難民はほとんどいない。難民は住み慣れた土地を追われてきたのであり，「ビザ（査証）が一番早く下りたのが日本だった」から来日した，というケースは多い。したがって，頼るあてもなければ母語も通じない日本でどのように生活していくのかという計画を持ち合わせていない。そのため，所持金を使い果たし，公園などで野宿をする難民もいる。なんとか支援団体に辿り着いた難民は，そこでようやく日本で生活していく方法と手段を理解し，自ら道を切り開いていくことになる。これは誇張でもなんでもない。

現在の日本において，難民の生活や自立を支援する体制は官民ともに限定的で不十分である。たとえば，政府の難民申請者に対する保護措置として，難民申請者には保護費（生活支援金）が支給されているが，すべての難民申請者が受けられるわけではない。受けられても申請から2週間以上は待つことになり，それが数か月に及ぶこともある。また，生活費の日額はわずか1500円（12歳未満は半額）であり，生活保護費と比べても十分な金額とはいえない。一方，住居のない難民には緊急宿泊施設が用意されているが，これも毎年1000名を超える難民の需要に応えられる体制にはない。そのため近年では，たとえ支援団体に辿り着いても，野宿を強いられる難民もいる。

● b．就労の制限

日本で生活する難民にはさまざまな障壁が待ち受けている。その一つが，「在留資格」による就労の制限である。日本国籍をもたない外国人が日本に長期間滞在するためには，法務省入国管理局が定めた27種の在留資格のいずれかを原則的に満たさなければならない。この中には就労が認められない在留資格があり，その資格で滞在する難民，また，そもそも在留資格がない難民は少なくない。しかし，だからといって，必ずしも政府から保護費が支給されるわけではない。そこで，就労は認められず保護費も受けられない難民はどうするか。生きるため，法律に反しても就労するしかない。

就労に際する一番の課題は，日本語の語学力である。日本で働くには少なく

とも日本語での会話能力が不可欠である。しかし，語学力を向上させるために授業料を払って語学学校に通える難民はほとんどいない。独学で勉強するか，ボランティアによる日本語教育に頼るしかない。日本語ができなければ，たとえ母国では高学歴者であったとしても，就労できるのは清掃業や飲食店，工場での単純作業などの職種に限られてしまう。その上，労災保険などの社会保険に加入させてもらえないことが多々ある。

● c．住居の問題

　日本で生活していくのに住居は不可欠であるが，日本で住居を借りる場合には通常，敷金・礼金，身元（連帯）保証人が求められる。そのため，高額な敷金・礼金と保証人を確保できない難民にとって，住居を借りるのは至難の業である。敷金などが不要なゲストハウスを利用するという手段はあるが，その分，家賃が割高であるため，十分な収入がなければ利用できない。緊急宿泊施設が利用できたとしても，そこに長期間滞在することもできない。結局，多くの難民はなんとか知人を頼って住居を間借りし，生活している。

● d．収容される難民

　在留資格がない難民は，超過滞在者・不法滞在者として，収容（拘禁）の対象になる。収容後に難民認定の申請をするケースもあるが，その場合は収容された状態で結果を待たされる。迫害から逃れ保護を求めているにもかかわらず，逃れた国で拘禁施設に長期間収容されてしまう。これは難民にとって非常な苦痛であり，脅威でもある。

● e．難民の特殊性

　母国で迫害のおそれがなくなれば帰国したいと希望する難民は多い。しかし，帰国可能な状況にならない限り，どんな困難を抱えようとも難民に帰国という選択肢はない。また，母国での迫害から逃れてきた難民にとっては，大使館・領事館に助けを求めるという選択肢もない。身元が明らかになると，母国に残してきた家族や関係者に何らかの危害が加わるかもしれないからである。そのため，日本に住む同国出身者のコミュニティに対しても慎重にならざるをえな

い場合もある。こうして難民は孤立していく。

● f．日本人による支援
　難民が置かれている状況下で自立した生活を送るのは誰にとっても困難である。しかし，そうした厳しい現実の中においても，悩みや問題を共有し，相談できる知人・友人がいる場合，それは難民にとって大きな心の支えになる。
　難民の相談相手は同国籍の人が多いが，日本人の場合もある。日本人の支援者には，容易に理解できない日本の制度や仕組みをわかりやすく説明してもらうことができる。役所などで各種手続きをする際には，難民が置かれている状況を自分に代わって伝えてもらうことができる。それによって，調整や交渉がスムーズに進む。直面する問題の多い難民にとって，日本人支援者の存在は，単に問題を解決するだけでなく，精神的な支えにもなっている。難民支援において市民が果たせる役割は実に大きい。

4.2　難民の健康問題と医療

● a．難民の健康問題とその背景
　在日難民の健康問題は，母国での体験と日本に辿り着くまでの過程に加えて，難民が日本でどのように生活しているのか，日本社会が難民をどのように受け入れているのかということにも関係が深い。日本では，難民を対象とした疫学的な健康調査は行われていない。そのため，難民の健康実態や動向は十分把握されていないが，アドホックな調査から，切実な実態を垣間見ることができる。
　たとえば，2006年に特定非営利活動法人（NPO法人）難民支援協会で行われた調査によると，生活に関する相談の中で約2割が医療機関への受診援助を要し，そのうち約4割に胃潰瘍，十二指腸潰瘍，高血圧，糖尿病などの疾患が認められた。また，約2割には抑うつ症状，強い不安感，不眠などのメンタルヘルスの問題があり，中には躁うつ病や統合失調症と診断されるケースもあった。特に難民申請者は，抑うつ状態を呈することが少なくないが，認定されないまま日本での生活が続く中で将来への希望がみえず，母国に残した家族への心配や別れによる喪失感，さらには自分だけが逃げてきたという罪悪感などが背景

にある。欧米の研究では，難民の庇護希望国での生活環境がこれらの健康問題に寄与していることが示されている。

　今日，社会的な要因が健康に影響を及ぼすことは広く知られている。WHOはその要因として，社会格差，ストレス，幼少期，社会的排除，労働，失業，社会的支援，薬物依存，食品，交通の10項目が深く関係しているとし，社会的・経済的に不利な状態は一生を通じて健康に影響を及ぼすと指摘している。これらの項目の多くにおいて不利な状態に置かれる難民は少なくない。たとえば，ベトナム難民を対象にした調査では，対象者の約7割が製造業で働き，低賃金で厳しい労働環境に加えて，狭い住宅に共同で住んでいた。就労が許可されていても，ある程度の日本語が話せること，外国人に理解のある職場を探すことなど，難民が就労するにはいくつものハードルがある。難民申請者，特に在留資格がない者にとって，そのハードルはさらに高いものとなる。そして，就労できず安定した収入がなければ，適切な住居に住むことも，健康的な食生活を送ることもできない。また，交通費や余暇にかける費用が捻出できず，自室にひきこもりがちになる。そのため，運動不足になったり，生活リズムが乱れたりする。これらはすべて健康を損なう原因といえる。

　移民は，移住前・移動中・移住後の環境において健康を損なうリスクが高い。ことに難民は母国での迫害や拷問など，移住に先立つ体験によって，来日前から心身の健康に問題を抱える人が多い。移住後はそうした問題への対応がなされるべきであるが，来日後も厳しい生活を強いられる難民は，二重三重の健康リスクを背負わされている。

●b．難民の在留資格と医療保険

　一般的に日本で医療を受ける際には，国民健康保険をはじめとする公的医療保険を利用する。生活保護による医療扶助の場合もあるだろう。公的医療保険への加入や生活保護による医療扶助が受給できるのは，日本国内で難民と認定された者（条約難民），インドシナ難民，第三国定住プログラムによる難民など，「定住者」として日本に滞在する者である。難民とは認定されなかったが，人道的な配慮から「特別在留許可」が付与された者も，「定住者」とほぼ同じ処遇となる。

難民申請者は「定住者」ではないが，住民基本台帳の適用対象となる場合には，国民健康保険や後期高齢者医療の被保険者になることができる．住民基本台帳の適用対象となる難民申請者は，「特定活動」という在留資格を有する者，もしくは「仮滞在許可」が付与された者である．特定活動の在留資格が得られるのは，短期滞在査証（観光ビザ）などの有効期限内に難民認定を申請した者で，認定審査中は更新される．この資格は就労も許可されるため，就労の際に医療保険に加入することも考えられる．

在留資格がない者が難民認定を申請した場合，入国から6か月以内に申請を行うなど一定の要件を満たすと，「仮滞在許可」が付与される．しかし，就労は許可されない．正当な理由がなく入国後6か月を超えて難民認定を申請した場合や非正規の旅券で入国した場合は，「仮滞在許可」を得ることは難しい．この場合，公的医療保険に加入することも難しくなる．迫害から逃れるためにやむをえず非正規の旅券を使用した難民，日本で難民申請をすると強制送還されるといった誤った情報によって超過滞在となった難民もいるが，こうした状況はほとんど考慮されない．

● c．難民の受診を阻む壁

在日外国人が日本で医療機関を受診する際に直面する課題は，「異文化理解」，「言語・コミュニケーション」，「保健医療システムの違い」，「保険・経済的側面」の4つに大別できる．その中でも在日難民にとっては，「保険・経済的側面」が，医療を受ける上で大きなハードルになっている．「定住者」である難民は公的医療保険や生活保護制度が利用できること，在留資格のある難民申請者は公的医療保険に加入できることは前述のとおりである．しかし，保険に加入する資格があっても保険料を支払うことのできる収入を得るのは定住者であっても厳しく，難民申請者においてはなおさらである．

国民健康保険料の支払いが困難な場合には，保険料の減免申請や保険料の分割納付といった対処方法があるが，こうした方法を知らない難民は多い．一方，難民申請者で収入がなく生活に困窮する者には，政府の保護措置で医療費も保護費として支給されることになっている．ただし，医療費は原則的に償還払いのため，まずは食費などの生活費を削って医療費の全額を捻出しなくてはなら

ない。また，保護費による受診は自費診療となるため，医療機関によっては保険診療より高額となる。さらに，保護費が支給されるまでには数か月を要する。これらの負担は，すでに生活に困窮する者にとって非常に大きい。加えて，ここ数年は難民申請者が毎年1000名を超えているにもかかわらず，保護費が支給されたのは，2011年度でいうと576名（うち新規226名）にすぎず，そもそも保護措置が機能しているとはいえない。

　日本では難民の認知度は低く，不法入国・超過滞在といった誤ったイメージが先行しかねない。こうした誤解は，難民が医療機関を受診する際に言葉が通じなかったり，医療システムや文化の違いから生じる「すれ違い」とも相まって，難民の傷病の苦痛や生活不安の訴えを問題行動と見なすような偏見を招きかねない。制度上の問題を改善していく必要があることはいうまでもないが，医師，看護師，ソーシャルワーカー，福祉事務所のケースワーカー，保健師といった医療・保健・福祉の専門職には，在日難民が抱える問題に対するさらなる理解と支援が期待される。

4.3　難民と地域社会

● a．コミュニティをもつ人・もたない人

　難民は，同国・同族出身者でまとまって集住してコミュニティを形成しているグループと，そうしたエスニックコミュニティをもたない孤立したグループに大別される。比較的人数が多く，滞在が長期化しているビルマの各民族出身者やトルコのクルド民族は前者にあたり，コミュニティの中ではインフォーマルなソーシャルサポートを利用することができる。

　ソーシャルサポートには，一般的に「手段的サポート」（経済支援，物品供与，情報提供など）と「情緒的サポート」（本人の自尊心や情緒に働きかける支援）があり，同じ言語，文化的背景をもつ難民にとっては，不十分な公的サービスを補完するものにもなる。たとえば，ハローワークには外国人相談窓口があるが，その利用には日本語が十分に話せることが前提になっている。また，就労許可のない難民に就職支援は行われない。しかし，保護費を受給できない難民申請者は仕事をしなければ生活していけない。そこで，エスニックコミュニティ

のネットワークが頼りになる。

　エスニックコミュニティにおいては，支援団体が難民の自立やエンパワーメントを促進する取り組みを行っている。たとえば，NPO法人難民支援協会は，クルド難民の女性を対象に「オヤ」（クルドの伝統技術であるレース編み）の制作を支援し，コミュニティのつながりや支え合いを強化する活動を展開している。

　一方，エスニックコミュニティがない人や，同国出身者の対立などによりコミュニティがあってもその一員になれない人もいる。そうしたコミュニティのない難民は，支援団体に助けを求めるほかない。難民支援協会では，コミュニティのない難民を支援する場合が多く，料理教室・遠足などのイベントやグループワークを定期的に行っている。グループワークでは，収容・日常生活・健康面での不安，難民としてのジレンマなどが語られ，難民にとって体験や感情の共有の場となっている。

　そして，最後に見過ごしてはならないのは，支援団体につながっていない難民の存在である。しかし，その実態は明らかにされておらず，今後さらなるアウトリーチ活動が求められる。

● b．日本人とのつながり

　難民が日常的に日本人と関わり交流する機会はほとんどない。職場の同僚や雇用主，家主，地域の日本語ボランティア，教会の牧師など，一部の人とは多少の関わりがあっても，近隣の日本人とは挨拶する程度である。難民の中には，こうした地域社会での関わりの希薄さに寂しさや孤立感を抱いている人もいる。日本語が十分に話せる難民は，自分の子どもを通じて，日本人の子どもの親と知り合いになり，交流するようになることもある。しかし，それは日本語が上達し，コミュニケーションに自信がもてるようになってからのことである。また，たとえ日本語が十分に話せても，日本人の輪になかなか入れないという難民もいる。

　一方，日本人との関わりに助けられたという難民もいる。たとえば，クルド難民の男性が突然収容されたとき，その妻は妊娠中であった。まさに生活が窮地に追い込まれてしまったわけだが，それを知って手を差し伸べたのは地元の

市議会議員や市民であった。2人を救済するため署名活動が行われた。見知らぬ人が野菜や米を届けてくれたり，街頭では「がんばって」と声を掛けてくれたり，暖かい人ばかりだった，と彼女は当時を振り返る。また，介護施設でヘルパーとして働いているビルマ出身の女性は，ヘルパー2級の資格を取得できたのは専門学校の先生や生徒が手助けしてくれたおかげであり，今も同僚に恵まれているという。

ただし，こうした関わりばかりではない。たとえば，職場では名前を呼ばれずに不快なあだ名や「外人」という呼称で呼ばれたり，足で指図されたり，頭をほうきでたたかれたり，といった屈辱を味わっている人もいる。こうした差別や偏見は，難民の心の傷をさらに深いものにしている。

● c．つながりの構築に向けて

歴史的に多くの難民を受け入れてきた欧米諸国では，難民の社会統合に関する研究や実践が盛んに行われてきた。その中で近年注目されているのが，ソーシャルキャピタルである。ソーシャルキャピタルとは，端的には社会的つながり（信頼，規範，ネットワーク）を指す。これを重視する背景には，人々の協調行動が活発になると，社会の効率性が高まるという考えがある。この考えは，人種，民族，階級などが異なるすべての人々を結びつけ，共栄へと導くものであり，移民・難民の社会統合において非常に重要な概念といえる。これまで移民・難民の社会統合は「多文化共生」という枠組みで論じられてきた。しかし，これを積極的に進めていくためには，その先にあるソーシャルキャピタルの創出という視点が重要になってくる。

日本ではソーシャルキャピタルは「社会関係資本」と呼ばれ，幅広い学問領域で研究が行われるようになってきた。これらの研究は，孤立死・孤独死，虐待，自殺，貧困に代表される社会問題やその弊害を予防する一助になることが期待されているが，移民・難民の社会統合にも資するのではないかと考えられる。

ソーシャルキャピタルは地域福祉分野においても論じられるようになってきたが，あえてソーシャルキャピタルという概念を用いなくても，その概念に通じる「つながり」や「ネットワーク」の構築は，地域福祉の政策・実践・研究

レベルですでに根付いてきている。独居老人や子育て中の母親の孤立を防ぐ「見守りネットワーク」や「居場所づくり」（いきいきサロン，子育てサロン）が，各地で地域住民が主体となって展開されているのは，その一例である。しかし，そうした地域社会の支援体制に難民は包含されていない。

　これからは地域福祉に難民支援を組み込んだ，地域社会と難民をつなぐ方策が求められる。その方策の一つとして考えられるのが，「中間的就労」の要素を含むボランティア活動である。これは，厚生労働省が，増加する生活保護受給者や若者のフリーター・ニート対策として2012年に打ち出した「生活支援戦略」の中で推し進められているものであり，そのねらいは社会的孤立や経済的困窮からの脱却にある。具体的には一般就労へとつなぐ役割を果たすもので，インターンシップ，無償・有償ボランティア，軽作業などの多様な就労機会が考えられる。中間的就労は個人の能力を生かし，自立や社会参加を促すものであるが，社会の一員として能動的な役割を果たすことで自尊感情の回復にもつながると考えられる。

　こうした中間的就労の理念や実践を，難民支援に応用するのである。難民の中には，日本語が不自由で就労に結びつかない人や，在留資格がなく就労が許可されていない人がいる。そうした難民に地域でボランティア活動をする機会を提供し，中間的就労が意図する自立の促進，社会的孤立の予防，自尊感情の回復を図るというわけである。これは日本語の学習，日本の文化や習慣を知る機会にもなる。

　かつてのインドシナ難民の定住施策では，一般就労までわずか数か月しか日本語を学習する機会がなかった。これは，現在の第三国定住施策においても変わっていない。しかし，短期間で日本語を学び，日本の生活に慣れ，直ちに就労するのは，当事者にとって大きな負担である。日本での生活に無理なく段階的に慣れてもらうためにも，中間的就労としてのボランティア活動を難民支援に組み込む。そのような試みがあってもよいだろう。これは地域福祉の推進にもつながり，難民を受け入れる社会にとってもメリットがある。

　そこで活躍が期待されるのは，従来から地域福祉の担い手である社会福祉協議会や民生委員である。社会福祉協議会はボランティアを調整・支援する機関であり，民生委員は地域の実情に詳しく共助の推進役を担っている。難民も地

域住民であり，社会的孤立や排除のリスクが高い集団として地域福祉や生活困窮者に対する支援体制の対象にならなければならない。

「日本に来て20年が経ちました。日本は僕にとって「第2の故郷」です。だから，みなさんの力になりたくてボランティアしに来ました。」
——東日本大震災のボランティア活動に参加したビルマ出身の難民の言葉

本章は，難民支援の実務と研究に携わる4名で共同執筆した。なお，執筆に際しては，難民支援協会の一次資料を利用した。

文　献

1) 川上郁雄：越境する家族—在日ベトナム系住民の生活世界，明石書店，2001.
2) 岩田陽子：我が国の難民認定制度の現状と論点．調査と情報，**710**，1-11，2011.
3) 公益財団法人アジア福祉教育財団難民事業本部（特定非営利活動法人難民支援協会委託事業）：難民認定申請者等に対する生活状況実態調査，2001.
4) 公益財団法人アジア福祉教育財団難民事業本部（特定非営利活動法人難民支援協会委託事業）：難民申請者の住環境に関する状況調査，2002.
5) 公益財団法人アジア福祉教育財団：平成23年度事業報告書，2012.
6) 難民研究フォーラム：難民研究ジャーナル，1号，現代人文社，2011.
7) 難民研究フォーラム：難民研究ジャーナル，2号，現代人文社，2012.
8) 難民問題研究フォーラム：日本の難民認定手続き—改善への提言，現代人文社，1996.
9) 本間浩：支援者のための難民保護講座，現代人文社，2006.
10) 森恭子，特定非営利活動法人難民支援協会：外国人をめぐる生活と医療，現代人文社，2010.
11) 森谷康文：日本で生活する難民・庇護希望者の医療・健康問題．外務省NGO専門調査員調査・研究報告書，2006.

5 家庭内の暴力に関する安全保障
——ドメスティックバイオレンスに対する包括的対応

森田展彰

　安全保障のテーマとしては，戦争などの国や地域間の紛争という大きなコミュニティにおける葛藤が注目されるが，一方で，親子，夫婦，交際相手などの親しい関係性における暴力という小さなコミュニティにおける葛藤も重要である。本来は，こうした近しい関係性は，人間にとって安全感や安心感を支えてくれる関係であり，人間の生にとって高い価値をもつものであるが，これがうまくいかない場合の否定的な影響もまた，非常に大きなものとなってしまう。家族関係の中で起きた暴力の問題は，外からはみえにくく，また，中にいる人間にとっても近しい関係を維持しようとするために援助を求めにくいため，潜在しがちである。特に日本では，家族のことは家族が決めるべきで，司法や公的な介入は控えるべきであるという考え方が強く，さらに潜在化を助長していた。

　これが大きく変わったのは，女性や子どもに対する権利について国際的な動きに押される形で，「配偶者からの暴力の防止及び被害者の保護に関する法律」（以下，DV防止法）（2001年成立，2004年改正）や「児童虐待の防止等に関する法律」（以下，児童虐待防止法）（2000年成立，2004年改正）が成立してからである。これらの法律の成立により通報や介入の体制ができてから，ドメスティックバイオレンス（以下，DV）や児童虐待の通告は急増して，以前よりも問題に光が当たるようになったといえる。しかし，まだこれに対する対応方法が確立され，減らすことができるところまでは至っておらず，たとえばDVを背景にして女性が性的暴力や長期のストーカーなどの行為で死を含む大きなダメージを受ける事件がマスコミに取り上げられることも少なくない。

本章では，家庭内の暴力の中でも，特にDVに関する調査や実践を提示し，この問題に対する現状や課題の分析を行い，対応に関する検討を行う。

5.1 ドメスティックバイオレンスの定義と現状

まず，どういう行為が暴力にあたるのかを理解する必要がある。身体的暴力や性的暴力以外にも，言葉で相手を貶める，脅迫・威圧，孤立させる，子どもを利用するなどの心理的な虐待や，経済的な暴力などがある[5]（表5.1）。身体的な暴力の有無以上に，パートナーの自由や権利を奪い，支配することに本質がある。そうしたDV加害者の考え方には，社会全体にある男性優位な考え方や制度が影響している場合が多い。援助者として，暴力による支配や権力構造

表5.1 DVの種類と主な行為

種類	行為
身体的暴力	・平手で打つ ・足で蹴る ・身体を傷つける可能性のある物で殴る ・げんこつで殴る ・刃物などの凶器を身体に突き付ける ・髪を引っ張る ・首を絞める ・腕をねじる ・引きずり回す ・物を投げ付ける ・殴る素振りや物を投げる素振りをして脅かす
精神的暴力	・大声で怒鳴る ・「誰のおかげで生活できるんだ」，「かいしょうなし」などという ・実家や友人とつきあうことを制限したり，電話や手紙を細かくチェックしたりする ・何をいっても無視して口をきかない ・人の前で馬鹿にしたり，命令するような口調でものをいったりする ・大切な物をこわしたり，捨てたりする ・生活費を渡さない ・外で働くなといったり，仕事を辞めさせたりする ・子どもに危害を加えるといって脅す
性的暴力	・みたくないのにポルノビデオやポルノ雑誌をみせる ・中絶を強要する ・避妊に協力しない

文献[1]を参考に作成。

にアンテナが働くようになるためには，被害者の話を聞く経験などを通して，そのつらさを実感することが重要である．なお，DV 防止法でいう配偶者には事実婚や離婚後の配偶者も含まれるとされ，男女を問わない．DV の犠牲者には，子どもも含まれる．子どものいる DV 家庭の半数以上で直接的な身体的児童虐待を伴うことが指摘されているが，これがなくとも DV の目撃のみでも心理的虐待にあたることが児童虐待防止法に明記されている[1]．

被害者の状況についての調査は，内閣府「男女間における暴力に関する調査」（2011 年）によると，これまでに結婚したことのある人（2328 人）のうち，配偶者（事実婚や別居中の夫婦，元配偶者も含む）から「身体に対する暴行」，「精神的な嫌がらせや恐怖を感じるような脅迫」，「性的な行為の強要」のいずれかについて，「何度もあった」という人は女性 10.6％・男性 3.3％，「1～2 度あった」という人は女性 22.6％・男性 14.8％，「1 度でも受けたことがある」という人は女性 22.9％・男性 18.3％となっており，決して珍しいことではないことが示されている．配偶者暴力相談センターへの相談件数も年々増加しており，2011 年度の相談件数は，82099 件に上っている．

5.2　ドメスティックバイオレンスが被害者に与える影響

●a．パートナーへの心身のダメージ

暴力がパートナーに及ぼす影響については，以下のものが指摘されている．

① 心的外傷後ストレス障害（posttraumatic stress disorder：PTSD）：　暴力を受けた場面を繰り返し思い出す「再体験」や，そうした体験を思い出すような場面に近づけなくなる「回避」，過敏性やいらいらや不眠などの「過覚醒」を生じる．シェルターに保護された DV 被害者において 35～45％が PTSD を生じていたことが報告されている[2]．

② 抑うつ：　憂うつ気分，エネルギーの低下，過度な罪悪感，注意の低下を生じる．シェルターに保護された被害者の 30％がうつ病の診断基準を満たしていたことが報告されている[2]．

③ 自尊心の低下：　身体的暴力以上に言語的暴力，性的暴力，経済的支配，孤立化，無視などさまざまな支配が，被害者の自己効力感を低下させる．それ

が仕事などの活動を制限するため，さらに自尊心の低下を促進する。

④ 物質依存： DV被害を契機に，アルコールや薬物の乱用を生じやすい。Starkら[3]は，DV被害者の16%がアルコール問題を呈していたと報告している。精神科の処方薬への依存を生じてしまう場合も指摘されている。

⑤ 自殺： DVを受けた女性はそうでない女性に比べ，高い確率で希死念慮や自殺企図をもつとされる。Abbottら[4]による救急外来を受診した女性648人の調査では，自殺企図歴のある女性の81%がDVを受けたことがあるとしたのに対して，自殺企図歴がない女性では19%のみであった。

⑥ 身体的な健康問題： DVによる手足や肋骨の骨折，内出血，脳損傷などの深刻な外傷や，心理的な問題から来る身体症状（例：食欲低下，胃腸障害，呼吸困難，動悸，めまい，頭痛，倦怠感，睡眠障害，婦人科な問題など）を生じることが多い。妊娠中にはDVを受ける場合が多く，これは低出生体重児の出産にも関連している。

● b．子どもや母子関係に与える影響

DVは，その目撃が児童虐待にあたるとされているが，それ以外にも母親としての女性の機能や家族全体に影響を与え，それが子どもにとって大きなダメージとなる[5-7]。特に重要なのはDVによる母親機能の低下であり，これはDVが母親に精神・身体の問題を生じることや，DV加害男性が子どもの前で母親をさげすむことなどにより生じる。つまり，DVは子どもに直接の衝撃を与えるとともに，安心感を与えてくれるはずの母子関係を破壊してしまうという多重のダメージを与えているといえる（図5.1）。母子関係のダメージが重度である場合，結果的に母親の養育もネグレクト（育児放棄）や虐待的な性格をもつに至る場合もある。DV被害女性の受ける母親としてのダメージを表5.2にまとめた[5]。

また，父親が母子両方を虐待しているという狭義のDVと児童虐待の重複も少なくない。Strausら[8]は，全米国家族の調査の結果をもとに，DV加害男性の53～70%が，子どもを繰り返し虐待していたことを報告している。シェルターのDV被害女性の調査では，その45～70%が同居時に男性が児童虐待も生じていたと答えている[9]。

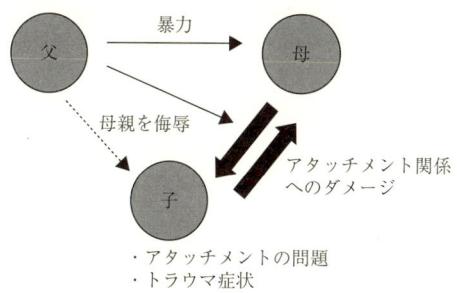

図5.1　DVが母子に与えるダメージ
母親と子どもへの直接影響のみでなく，母子関係，家族関係を壊すことで子どもに多重のダメージを及ぼす。

　以上のような多重のダメージにさらされた子どもは日常的に，恐怖，不安，苦痛，自責の念，怒り，悲しみ，困惑，恥を感じさせられ，家族が安全で自分を守ってくれるものであるという感覚が損なわれる。多くの児童が，再体験，回避・麻痺，過覚醒などのトラウマ反応・PTSD，感情調節の障害，自尊心の低下，感情表現の抑制などを示す[5,6]。また，家庭という本来は安全感や自尊心を育んでくれる場で，暴力的な関係にさらされ続けることで，自分や他者に関する考え方に大きな影響を与えてしまう。また，「自分は悪い子だから，こういう状況に置かれるんだ」，「自分のせいでパパとママがけんかして別れた」という自責的・自己否定的な考えをもちやすい。他者に対しても信頼できないと感じる。さらには「暴力がふるわれるのは，被害者が悪いからだ」，「男は支配権を握り，女は服従すべき」などの暴力に関する歪んだ考えが伝わる。長期的には，男子だと加害者側に同一化して，他の子どもや大人に破壊的な行動をとる場合が多く，女子の場合は危険な相手に近づき，再被害化を生じる場合が多い。

5.3　ドメスティックバイオレンス加害者の心理——なぜ繰り返すのか

　DV加害者は，自分にとって大事な人であるパートナーに繰り返しダメージを与えながらも，これを暴力として認めなかったり，その原因を被害者の態度やストレスや飲酒などのせいにしがちである[10]。そうした行動が継続する主な

表5.2 DVが被害女性の母親機能に与えるダメージ

被害女性	背景など
自分は親として不適格だと思う	加害男性から，母親失格であること，子どもの問題はおまえが原因だといわれている場合が多く，家の中に一貫したルールを作ることを加害男性にじゃまされる。子どもはDVの影響により問題行動を学校・近隣で起こしがちで，結果的に自分はだめな親だという考えが強くなる。
子どもたち全員あるいは一部の子もの尊敬を失う	子どもは，加害男性の言葉を受けて，母親のことを虐待されても当然の人間だと考え，母親の権威を無視し，彼女が決めたきまりに従わない様子をみせる。
加害男性が自分の行動を正当化するための言い逃れやこじつけを正しいと信じる	女性は，虐待は自分の責任だと思い，子どもへの影響を思って罪の意識にかられ，自分を責める。男性や男子は，家庭内で女性より多くの特権と権力をもって当然だと思う。
加害男性のやり方に子育ての仕方を合わせ，自分の方針を変える	加害男性の権威主義的な育児を受け入れ，女性自身も，子どもに権威主義的な態度で接したり，加害男性をイライラさせないために，年齢に合わない無理な要求を子どもにすることもある。逆に，子の苦痛を考え，必要なときに叱るなどのしつけができない場合もある。
経済的・心理的な余裕を奪われて，子どものニーズを満たすことができなくなる	抑うつ，不安，不眠や経済的な虐待により，子どもの日々のニーズを満たすことができなくなる。見通しをもった方法がとれなくなり，その場に合わせる受け身的子育てを生じる。
有害なサバイバル戦術を使う可能性がある	アルコールや薬物の乱用に陥ることや，母親自身が子どもにつらくあたって，身体的な言語的暴力を行うこともある。自分が休息をとろうとして，子どもを不適切な人に預けてしまったり，家から居ないようにするようになる。
子どもとの絆が弱まる	子どもは，母親が自分たちを保護せず加害男性を追い出さないので，母親に怒りをもつ可能性がある。苦しむ子どもを慰めることが，加害男性の存在によってできない。母親に代わって1人の子どもが家族の世話役割を引き受ける。子どもは，母親が追い出されたり，家を去るかもしれないと思って，不安，喪失への恐怖を生じる。
子どもの忠誠心獲得競争に巻き込まれる	加害男性は，自分はよい人で母親は悪い人であるというイメージを子どもにもたせようとする。また，別居の後の親権争いで，自分の家は素晴らしい生活を約束するといい，子どもたちの支持をとりつけようとする。

文献[5,6]をもとに作成。

要因は，「男が女より優位である」，「パートナーは自分の思いどおりになるべきだ」，「暴力をふるうことは悪いことではない」などの偏った信念にあるとされる。こうした考え方は，社会全体がもつ男性中心の価値観が影響しており，そ

の是正には，社会レベルでの意識改革も必要であるとされる。そのほかに，多くの加害者が，生育時にDVなどの暴力にさらされてきた体験をもっており，それが偏った信念の形成に関わっている場合も多い。加害者の一部では，暴力の後にこれを埋め合わせるような行動をとる時期と再び暴力が生じる時期を繰り返す「暴力のサイクル」を示す。これは，加害者が一時的に反省しているとようにみえても，基本的な考え方が変わらない限り，暴力が反復することを示している。

5.4 援助・介入

● a．DV被害者を援助する上でのポイント

DV被害者を援助する上でのポイントを以下に示す。

① 家庭における母親の暴力被害やトラウマの問題を見逃さないこと： 児童の問題において，子どもに向けられた直接の虐待のみでなく，夫婦間の関係や暴力の可能性を検討することがまずは重要である。加害者や被害母子が実際には暴力を生じていても，それを「暴力」として認識できていない場合が多い。身体的暴力でなくても，心理的暴力，性的暴力，ネグレクト，経済的暴力も「暴力」に入ることを示す必要がある。

② 安心感を助け，エンパワーメントを行い，援助継続を図ること： 暴力被害によるトラウマをもつ場合には，傷つきやすく，援助を自分から求めることが難しい。そこで，その援助においては安全感・安心感を保証し，大変な中を頑張ってきた本人の力をエンパワーメントすることが重要である。暴力が本人のせいであるかのような表現をしたり，不用意に細かく質問をする言葉かけは，被害者を傷つけて，二次被害を起こしてしまう可能性がある。

③ 具体的な支援を受けることを助けるケースワーク： DVの被害がある場合には，その援助機関への通報や保護についても考慮する必要がある[1,2,11]。DV防止法で，DVを受けている者を発見した者は，配偶者暴力相談支援センターまたは警察官に通報するように努めなければならないこととされ，この通報は守秘義務違反にならないことが保証されている。ただし，こうした通報は，被害者の意向を判断した上で行うことも求められている。保護としては，被害

者が加害者を引き離してほしいと望む場合，裁判所による保護命令（接近禁止を6か月間，加害者の退去を2か月間強制的に行える）や刑事手続き（傷害や暴行として警察に届け出ること，ストーカー防止法の利用）や民事手続き（接近禁止などの仮処分の申請，調停離婚，裁判離婚）などがとられる。また，被害者の方がとりあえず逃げることを望む場合には，一時的に身を寄せる場所として，婦人相談所の一時保護所，民間のシェルターなどがある。さらに長期的な自立支援としては，住居や経済的支援や就労支援や，子育て支援などの制度・施設を，各事例のニーズに合わせて紹介する。

● b．被害者が加害者から離れる上での困難とこれに対する対応

　DV 被害者を援助する場合に，最も難しい点の一つは，被害を受けている女性がなかなか加害男性から離れることができないことである。被害女性が逃げられない心理を以下にあげる[1,11]。

・加害者に対する恐怖心：　特に被害者が離れるときには，加害者はいわゆる「見捨てられ不安」が強くなり，被害者をさらに脅すなどの方法で支配しようとするので，被害者はこれに強い恐怖心を感じることになりやすい。

・学習性無力感，自尊心の低下：　繰り返し暴力・支配を受ける結果，自尊心が低下し，自己決定の力を失ってしまう。

・親しい関係の中で起きる加害者への複雑な感情：　加害者への愛情を捨てきれなかったり，加害者の考えに巻き込まれることで，加害者は「本当はいい人」，「私が面倒をみてあげなければ」と考えてしまう。

・固定的な性別役割に関する問題：　「夫は妻に支配的に振る舞うもの」という性別役割に関する社会通念や，「暴力をふるわれていることを他人にいうのは恥ずかしい」，「離婚は世間体が悪い」というスティグマに縛られている。

・生活基盤を失うことへの不安：　経済的な自立や生活基盤全部を失うことへの不安。

・子どもに対する不安や罪悪感：　「子どもの学校を変えたくない」などの子どもへの気遣いや罪悪感。

　こうしたバリアを越えて，被害者を援助するためには，被害者がDVというものを正しく捉え，自分が被害者であり，援助を求めてもよいのだという認識

をもてるように情報提供や啓蒙が必要である。さらに，援助を求めたときに，確実に安全な場所に保護され，離婚や親権や保護命令などの法的な手続きもスムーズに行われることが望ましいが，現段階ではまだ十分とはいえないとされる。たとえば，こうした手続きをする上でさまざまな行政や司法の窓口に行かなくてはならないなどの場合があり，心身にダメージを受けている被害者にとっては大きな困難を伴い，北米で行われているような「ワンストップサービス」（1つの場所で多くの対応をまとめて行うことができるサービス）などの体制づくりを行う必要があるとされている。

さらに，DV被害者と一口にいっても事例によって異なる特徴をもち，それに合わせた対応が必要である。表5.3は，筆者らが被害者の調査データをもと

表5.3 DV被害者の3類型の特徴

群	受けている暴力	暴力に対する許容	暴力の責任の認識	相談
機会的暴力群	心理的暴力や身体的暴力が時折起きる。性的暴力や経済的暴力はほとんど目立たない。	暴力行動は許容する考えはないが，頻度が低いので，一時的なものととらえている。	暴力は，被害者にも責任があると考える場合がある。	していない。
暴力巻き込まれ群	男性が支配する関係性の中で，心理的な暴力に加え，身体的暴力や性的暴力，経済的暴力がエスカレートしていくが，被害女性が明確に暴力であると意識できていない面がある。	暴力行動を許容してしまっている面が強い。叩かれていてもそれが暴力だと意識しない場合もある。	暴力は，被害者にも責任があるとする考えの者が多い。	家族・友人にのみしている。
重度暴力群	高い頻度の暴力を受けているとする。性的暴力や経済的暴力も多い。	暴力行動に明確に拒否感をもっており，許容的なものとは考えない。しかし，恐怖も強く逆らうことが難しい。	暴力は，加害者の責任と考えており，その点についての混乱は少ないが，そこから逃れることへの恐怖や無力感がある。有職者が少なく，金銭的な問題も強い。	他の群よりは援助機関にも相談しているが，高い割合とはいえない。

にした分類研究によって見出した3類型である。各類型に関する対応のポイントを以下に示す。

　①機会的暴力群：　暴力が時折で機会的な発生であるために，これが相談や対処が必要な暴力であると認識できない場合が多い。しかし，この状態が長く続く中で，暴力の責任を被害者にもあると考えるなど，そうした状態に慣らされてしまう傾向がある。暴力に対する啓蒙をすることで，今後の深刻化の予防や必要に応じた援助要求ができるようにする必要があるといえる。

　②暴力巻き込まれ群：　暴力は深刻化しているが，暴力への否認や許容的態度が強く，自分自身を責めるなどの認識の問題が大きいために，相談などができないままでいるという特徴がある。加害者の考えに巻き込まれていたり，トラウマの影響などでバランスの悪い認知が援助希求行動を妨げている。ケースワークを急いで分離しようとすると，まだ迷いが強いためにかえって援助から離れてしまう可能性がある。カウンセリングや心理療法が必要であると思われる。家族・友人への相談は比較的できており，そうした身近な人に援助機関につないでもらうことが役立つ。

　③重度暴力群：　暴力の頻度や内容は深刻である一方で，そうした体験を通じて暴力や加害者の問題性を正しく認識できている。しかし，有職者が少ないなどの外的な問題があって，相談などが十分できない場合が多い。暴力の危険は切迫しており，離れたい気持ちは固まってきている。お金や生活の問題など具体的な援助の提供を示し，具体的な援助計画の段取りを組んでいくケースワークが中心になる。

　特に，暴力巻き込まれ群のケースでは，援助する側の働きかけに対して，被害者が迷いがちであり，ある瞬間には加害男性の考えに従ってしまう場合がある点に注意が必要である。こうした被害者の態度をもどかしく感じて，責めるような態度を示してしまうと，援助関係が切れてしまうことも多い。被害者が加害者の考えに縛られてしまう心理について知っておいて，これを少しずつ変えていくことが必要である。

● c．子どもや母子関係への援助

　子どものいるケースに関しては，DVによって生じた子どもや母子関係への

ダメージを修復することが重要になってくる。以下に，援助のポイントについて述べる。

① 児童の問題を考慮した DV 被害への介入： 現在の日本における DV の相談においては，加害男性から離れることにポイントが置かれているが，同居中や分離後も，DV による母親としての機能低下や子どもへの影響について伝えた上で，その影響の評価や回復に向けてのアドバイスをすることが重要である。

母子がシェルターなどで保護された後においても，母親，子どもおよび母子関係のダメージの評価と援助が必要になる。子どものトラウマ反応などが強い場合には，意見書などで加害男性と児童の接触について慎重な配慮を求めることも二次的な被害を防ぐのに役に立つ。分離後における子どもをもつ被害女性へのサポートとしては，(1) 経済・生活上のサポートや (2) 精神的，情緒的サポートを優先し，その後に (3) 母親業，育児のサポートに焦点を絞るべきである。(3) からスタートすると，女性には過剰な負担を感じさせる可能性がある。「安全な住まい」があってこそ，育児のことが考えられる。

② 分離後の被害母子の回復に対する心理的な援助： 加害者との分離後における被害母子への具体的心理的援助について述べる。母親に対して必要な働きかけを下記に示す。

・DV や虐待の基本的な理解。
・加害男性が「母親業」に与える影響や，加害男性が示してきた自己中心的で悪い役割モデルの影響を知り，男性への対処を検討する。
・母親自身の個人的ケアを進める必要を示し，回復の方法（セルフケアの方法や専門的な治療）を提示する。
・親業についての必要事項を学ばせる。
・各発達段階にある子どもへの影響を理解する。
・子どもが DV をどのように考え，対処しているかについて知る。
・より長期的な問題への対応（暴力的に振る舞う子どもにいかに対処するか，母親自身や子どものための，より専門的な支援をどこで得るかなど）。

母親自身の回復と，子どもや母子関係の回復をバランスよく進めていくことが重要である。母親と子どもの互いのダメージが重い場合には，母子それぞれ

に個人療法を行うことが有用である。あるいは，Child-Parent Psychotherapy[12]やParent-Child Interaction Therapy[13]は，母子の相互作用に介入することで，回復を図る方法である。また，グループ療法も用いられ，その中には自助グループ的な手法や心理教育，キャンプなどの活動療法が含まれている。

その一つに，カナダのオンタリオ州ロンドン市で開発された母子に対する同時並行グループ[14,15]がある。この手法はDV被害母子に必要な働きかけを網羅した内容となっている。筆者はDVへの介入・治療を研究する団体として設立されたNPO法人 Respectful Relationship Program 研究会（代表：信田さよ子）[注(1)]の一員として，武蔵野大学心理臨床センターのスタッフの協力をもとに，このプログラムの日本版を作成し，2007〜2008年に実際に日本の事例に試行した[16]。

以下に，その概略を示す。

[対象]
DV男性から逃れてきた母と子（4〜16歳）。

[形式]
母と子それぞれに対し週1回1時間半，全12回のクローズドグループを並行して施行。

[目的]
DVにさらされて育った子どもに対して，暴力とその影響（自責的な認知や家族の喪失）から離れ，安心感・自尊心・他者への信頼を取り戻すことを，小集団によるプレイや心理教育により援助すること。母親に対しても子どもと並行した内容を教えるグループプログラムを行い，子どもの回復を援助するために必要なことを学ばせながら，母親自身の回復も促進する。

[プログラム内容]
親子グループの各回のテーマは，表5.4に示すとおり。

[実際に行った様子]
・子どもグループ：　プレイの中で，多動，攻撃的な態度や抑制的な態度がみられ，当初は子ども同士で遊べなかったが，しだいに子ども同士での交流が盛んになった。子ども同士で暴力の影響や喪失，家族へ思いについて話すことで，そうした問題が自分だけでないことを知り，気持ちの整理を行えていた。

表5.4 母子に対するコンカレントグループプログラムの各回のテーマ

回	母親グループ	子どもグループ
1	つながりをつくる	お互いを知る
2	沈黙を破る	家族の中で起きた暴力について話す
3	多くの感情を大切にする	たくさんの気持ちを理解する
4	女性虐待にさらされた影響を知る	子どもが経験した暴力について話す
5	母子の安全計画	私の安全計画
6	責任を理解する	責任を理解する
7	怒りを理解し，健全に表現するのを助ける	怒りの理解と表現
8	葛藤について理解し，問題解決を図る	問題解決のスキル
9	喪失を悼み，選択と変化を肯定的に評価する	家族のよい変化や喪失を話す
10	サポートを得てつながり続ける	性的虐待の防止，セッション
11	母親と子どものセルフケアの重要性	自尊心
12	ここまで来たことを祝福する	お別れ

・母親グループ： 同様の体験をもつ者同士の場で気持ちを表現し，過度の自責感や怒りから離れ，自尊心の回復ができていた。多くの親が，当初心の傷つきのため，子どもへの配慮があまりできない状況であったが，ワークなどにより自己の経験を再度捉え直し，しだいに子どもの援助ができるようになった。

[有効性の検証]

プログラム前後の調査により，親のトラウマ症状の低下，90％近くの母親が子どもに対するグループの有用性を肯定し，6割以上の事例で子どもの変化があったと回答した。子どもの症状について，ACBL-R（Abused Children Behavior Checklist-Revised：虐待を受けた子どもの行動チェックリスト）という質問紙で希死念慮/自傷性の平均得点の低下を認めた。子どもの感想としては，「両親のけんかについて自分が悪いのではないことがわかった」，「他の子と遊んだり，いろいろ話せたことがよかった」などが認められた。こうしたプログラムは分離後もその苦しい気持ちを十分に表現したり，整理できずにいた親子に回復のプロセスを再開できる場や知識を提供する効果があったと思われる。

● d．加害者への働きかけ

最終的にDVを減らすには，分離のみでなく，加害者を変えることが必要で

あると考えられる。その一つの手法として，欧米では裁判所の命令などでDV加害者に対する心理教育的なプログラムが施行されており，一定の成果を上げている。筆者は内閣府の委託により，日本における加害者プログラムの開発・試行のプロジェクトに携わった。結局，被害者支援体制の充実の方が急務であるなどの理由で，公的な加害者プログラムの実施は見送られたが，その後もそのプロジェクトに関わった同僚とともに，前述のNPO法人 Respectful Relationship Program 研究会でプログラムを継続している。

以下に，その概要を紹介する。

① 加害者更生プログラムの基本的な狙い： 加害者プログラムの目的には，「被害者の安全が保つこと」，「加害者が自らの責任をとること」，「加害者の行動変容」の3つがあり，そのうち特に被害者の安全が最も重要である。

② 加害者プログラムの実際： 筆者らが行っているプログラムでは，クローズド形式の小グループ（3～6人程度）で，男女1名ずつのファシリテーターが進行を行う。12回1クール（反復可能）であり，任意参加であるが，基本的には全回に出席することを求めている[注(2)]。

・加害者責任の自覚への働きかけ： まず，どういう行為が暴力にあたるのかを理解させる。身体的暴力のみではなく，被害者を貶める言葉，脅迫・威圧，経済的制約，孤立させる，子どもの利用，性行為の強制など，パートナーの自由や権利を制限・支配することすべてが暴力に含まれることを示す。暴力の責任に関して，飲酒やストレスや被害者の態度が暴力の理由付けに用いられるが，それらのことがあっても暴力を用いない人も多いこと，あくまでそうした方法を選択しているのは加害者の側であることを示し，暴力を選択した責任は100％加害者にあることを示す[注(3)]。暴力を受ける側のつらさを実感させるためにさまざまなワークが用いられる。たとえば，自分の妻が茂みから飛び出してきた暴漢に襲われた場合について，被害者に生じる心身の反応を想像させる。

プログラム導入時に，自分の暴力を認めていることや，暴力から離れて尊重し合う関係をつくることを目標にすることを参加条件として確認するが，実際にプログラムを始めると，否認や矮小化や合理化はしばしばみられる。その場合，直面化してもとの目標に立ち戻らせることが必要であるが，その一方で，自分を変える努力には敬意を示し，動機付けを高めることも重要である。

・加害者の認知行動の変容： 認知行動療法のモデル（A：action＝出来事，B：belief＝信念，C：consequence＝感情，D：decision＝行動の決定，E：effect＝影響）を用い，自分の暴力の過程を分析させる。こうした分析はすぐにはできないが，具体的な場面をていねいに取り上げていくことで，しだいにできるようになる。最も重要だが難しいのは，暴力や男性優位を肯定する信念を取り出させることである。たとえば「お金の使い方」に関する意見の相違から言葉の暴力をふるった場面では，「妻は自分に合わせるべきだ」，「相手を貶めてもかまわない」などの信念がその背景にあることに気がつかせることが必要である。さらに，こうした暴力につながる認知に代わる適応的な信念やスキルを学ばせる。また，暴力の再発の危険に対する緊急時の対処法についても取り上げる[注(4)]。

・被害者の安全の確保： 最終的な目標は被害者の安全であり，可能な限り被害者の援助者などと連絡をとり合ったり，このプログラムの内容や目標や限界を被害者の方に知らせる場を設ける。暴力の再発や継続がある場合には，仕切り直しなどの対応が必要である。本来は欧米で行っているような保護監査との連携などが望ましいが，日本ではそうした枠組みがない。

③ 加害者プログラムの有効性と課題： 加害者プログラムの効果について無作為対照試験が行われた結果，劇的とはいえないものの有効であると結論付けられている。しかし，「心理的虐待への効果が十分でない」，「中途脱落者が多い」，「加害者がプログラム受講を再統合のアピールに用いる」などの問題も指摘されている。こうした問題への対策として重視されているのは，司法機関や被害者援助や地域社会サービスと加害者プログラムの密接な連関である。このようなアプローチは，「統合された共同体応答」（coordinated community response：CCR）といわれている（図5.2）。こうした連携の下では，加害者がプログラムから脱落したり，成果を上げられない場合には，加害者への介入が行われ，被害者の安全という目標を確実なものにできる。今後，日本でもCCRのような体制を組んでいくことにより，被害者援助の一環としての加害者プログラムの意義や効果が確かなものにできると思われる。

家族や交際相手というミクロなレベルのコミュニティにおける問題でも，戦

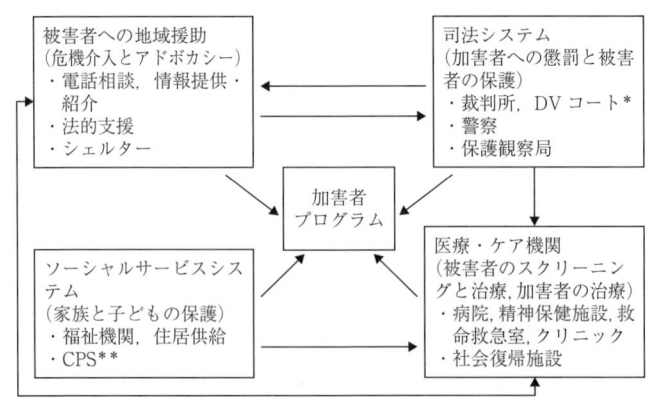

図 5.2 加害者プログラムを中心に関連機関を連携する CCR モデル
すべての関係機関が加害者に自己責任をもたせ，同一のメッセージを送り続けることにより，加害者の行動の変化を促す。
*：注(5)を参照。**：child protective services（日本でいう児童相談所）。

争などとも同様に個人の命や健康あるいは保証されるべき人権に深刻な影響を及ぼすことを示し，重要な安全保障のテーマであることが理解していただけたと思う。むしろ，ミクロであるがゆえに，外からはみえにくい部分があり，社会レベルの法制度や援助体制がどのようにその評価・介入を行うのかが難しい面がある。しかし，こうした関係に苦しんでいる被害者に対してきちんと援助を求められる体制を社会が整えることは，個人の権利を保証してくれる社会に対する信頼感をもつ上で大きなことである。また，加害者更生にも触れたが，社会が加害行為を許さない姿勢のみでなく，そこから立ち直る道を示すことも重要である。日本ではまだ被害者支援の仕組みも発展途上であり，加害者への取り組みは始まったばかりである。海外では，こうした被害者支援と加害者対応を包括的に行う CCR や DV コート[注(5)]などの仕組みが用いられており，今後そうした仕組みをきちんと作り上げていくことが，家族レベルの安全保障として重要であると考えられる。

注

(1) 2004年度に内閣府の委嘱事業として東京都が試行した「DV 加害者更生プログラム」の開発・実践に関わった臨床家を中心とした研究団体で，2007年12月に NPO 法人として認証されている。詳しい活動状況は，ホームページ (http://www.rrpken.jp/contents1.html) を参照のこと。

(2) これは，欧米のプログラムでは治療命令による強制参加のプログラムがより長期に行われることと比べると，緩やかな枠組みになっており，その点では被害者の安全の確保や，加害者の参加意欲の維持が課題といえる。
(3) 加害者自身が生育時に受けた児童虐待やDVの目撃による被害体験やトラウマ症状が存在することがあるが，これが自らの暴力の理由にはならないことを示す必要がある。そうした背景をもっていても多くの人は自ら暴力はふるわないでやっていけており，被害体験が価値観や感情の問題と関連していてもそれをもとにどう行動するかはあくまで本人の責任であると考えられる。
(4) たとえば，正しいタイムアウトの方法（その場を離れて，クールダウンしてから話し合うやり方，捨て台詞をいって相手を不安にさせる方法とは違う）を取り上げる。
(5) DV事件について専門的に扱う裁判所。刑事裁判と民事裁判の要素を合わせ持ち，DV加害者に対する刑事罰，保護命令，子どもの監護権，養育費請求，面接交渉権などについて統合的に扱うことで，DV抑止に対する有効性を高めている。

文　献

1) 内閣府男女共同参画局：配偶者からの暴力相談の手引き［改訂版］―配偶者からの暴力の特性の理解と被害者への適切な対応のために，内閣府男女共同参画局，2005.
2) 石井朝子：DV被害者の精神保健．治療，**87**(12)，3233-3238，2005.
3) Stark, E., Flitcraft, A. : Violence among intimates ; an epidemiologic review. *In* ; van Hasselt, V. B. et al. (eds), *Handbook of Family Violence*, Plenum, New York, 1988.
4) Abbott, J., Johnson, R., Korizol-McLain, J., Lowenstein, S. R. : Domestic violence against women ; incidence and prevalence in an emergency department population. *J. Am. Med. Assoc.*, **273**, 1763-1767, 1995.
5) Baker, L. L., Cunningham, A. J. : *Helping Children Thrive ; Supporting Woman Abuse Survivors as Mothers*, Center for Children & Families in the Justice System, 2004.
6) Bancroft, L., Silverman, J. G. : *The Batterer as Parent ; Addressing the Impact of Domestic Violence on Family Dynamics*, Sage, 2002；ランディ・バンクロフト，ジェイ・G. シルバーマン（幾島幸子訳）：DVにさらされる子どもたち―加害者としての親が家族機能に及ぼす影響，金剛出版，2004.
7) 森田展彰：ドメスティックバイオレンスと児童虐待―被害を受けた母子と加害男性に対する包括的介入―．臨床精神医学，**39**(3)，327-337，2010.
8) Straus, M. A., Gelles, R. J. : *Physical Violence in American Families*, Transaction Publishers, New Brunswick, NJ, 1990.
9) Meichenbaum, D. : *A Clinical Handbook/Practical Therapist Manual for Assessing and Treating Adults with Post-traumatic Stress Disorder*, Institute Press, Ontario, Canada, 1994.
10) 森田展彰：加害者更生の立場から―DV被害者援助の一環としての加害者プログラムは有効に機能するか？―．犯罪学雑誌，**75**，65-70，2009.
11) 平川和子：DVの早期発見と的確な対応．治療，**87**(12)，3227-3232，2005.
12) Lieberman, A. F., van Horn, P. : *Don't Hit My Mommy ; A Manual for Child-Parent Psychotherapy with Young Witnesses of Family Violence*, ZERO TO THREE Press, Washington, D. C., 2005.
13) 正木智子，柳田多美，金　吉晴，加茂登志子：PCIT（Parent-Child Interaction Therapy）―親子のための相互交流療法について―．トラウマティックストレス，**5**(1)，67-73，2007.
14) Loosley, S. : *Groupwork with Children Exposed to Women Abuse ; A Concurrent Group Program for Children and Their Mothers―Children's Program Manual*, MacTop Publishing, 2006；The Children's Aid Society of London and Middlesex（CAS）ホームページ（http://www.caslondon.on.ca/）.

15) Paddon, M.：*Groupwork with Children Exposed to Women Abuse：A Concurrent Group Program for Children and Their Mothers—Mothers' Program Manual*, MacTop Publishing, 2006；The Children's Aid Society of London and Middlesex（CAS）ホームページ（http://www.caslondon.on.ca/）.
16) 森田展彰, 春原由紀, 古市志麻, 信田さよ子, 妹尾栄一, 大原美知子, 高橋郁絵, 古賀絵子, 宮川千春, 上原由紀, 高梨朋美, 谷部陽子, 丹羽健太郎：ドメスティック・バイオレンスに曝された母子に対する同時平行グループプログラムの試み（その1）．日本子ども虐待防止学会学術雑誌 子どもの虐待とネグレクト, 11(1), 90-97, 2009.
17) リスペクトフルリレーションシップ研究会編：プログラム前後に行う参加者の評価とその評価に基づく有効性の検証について．コンカレントプログラムマニュアル—日本におけるDV被害母子同時並行プログラム実践報告—, 能登出版, 2010.

6 フィリピンにおける労働者の健康とセキュリティ

柏木志保

　東南アジアに位置するフィリピンは，日本の領土の8割弱に相当する299404 km^{2}の国土を有する共和国である。フィリピン海，南シナ海，セレベス海に囲まれたフィリピンの領土内には，7107の島々が点在する。2010年のフィリピンの人口は約9400万であった。この時点では日本の人口よりも少ないが，フィリピン国家統計局（National Statistical Coordination Board：NSCB）の推計によると，2030年ごろには日本の人口1億2800万（2010年）に追いつき，2040年には1億4000万を上回ると予想されている[1]。

　1960年代中葉以降の東アジア諸国および東南アジア諸国における経済成長により，アジアは世界的に注目を集める地域となった。同地域を対象とした研究においては，経済成長の要因を分析する研究とともに[2-5]，人々の健康や生活を守る社会保障に関する研究が展開されてきた。

　それらの研究においては主に，国民皆保険の確立に焦点が当てられてきた[6]。しかし，医療保険の内容や保障される対象は各国により異なるのが現状である。たとえば，台湾の医療保険は，外来サービス，入院サービス，漢方医療，薬，予防医学など広範な医療サービスを対象としている[7]。また，韓国における医療保険制度においても，入院，外来などにおいて一定の患者負担率が定められている[8]。しかし，中国は医療保険の保障内容が限定的であり，かつ地域により医療サービスへのアクセスが不平等であるといった問題を抱えている[9]。本章において対象国として取り上げたフィリピンも国民皆保険制度の成立を目指しているものの，中国と同様に医療保険の対象が限定的であり，医療サービスへのアクセスが不平等であるといった問題を抱える。

2011年の世界保健機関（WHO）の国別報告書によると，2010年に発足したアキノ政権においては貧困者に対する医療保険の普及政策により医療保険加入率は上昇したが，医療サービスへのアクセスの不平等性があることが指摘された[10]。そこで，本章においては，フィリピン労働者を対象として，労働者の健康状態および医療環境を踏まえた上で，貧困ライン以下で生活を営む労働者とそれ以外の労働者の生活環境および医療環境を比較検討することにより，フィリピンにおける医療および健康問題を明らかにすることを目的とする。

フィリピン社会における不平等性に関する既存の研究では，政治文化に着目したものが発表されている。そこで，まずはフィリピンにおける歴史と政治文化を概説した上で，国際社会との比較からフィリピンの現状を，経済，教育，健康という視点から位置付ける。次に，フィリピンにおける医療保険制度の内容を考察する。これらの議論を踏まえた上で，マニラ首都圏において実施したアンケート調査の結果を考察することにより，フィリピン労働者の医療問題および健康問題を検討する。なお，金額に関する表記は「円」を用いた。また，2012年12月の為替レート1ペソ＝2.01円を使用している。

6.1 フィリピンの歴史と社会

フィリピンは16世紀にスペインの植民地となり，19世紀には米国の植民地支配下に置かれた歴史をもつ。スペインの植民地支配が開始される以前のフィリピンには，王国や国家は存在せず，各村にダトゥ（dato）と呼ばれる村長が村人を守るリーダーとして存在するにすぎなかった。フィリピンを統治したスペイン人は，7000以上もある島国を合理的に支配するために，ダトゥとその親族を統治構造に組み入れた。各地方のダトゥとその親族を各地方の土着人を支配するスペイン側の統治者と仕立て上げることにより，各地方の反乱を抑えようと考えたのである。植民地支配の統治構造に組み込まれたダトゥとその親族は，領地内における反乱を制御する見返りとして，政治的および経済的な特権を与えられた。このような植民地支配期の統治構造は，フィリピン社会を，富を持つ者と持たざる者に二分化した。米国の植民地支配期においても，同様の統治構造が継続され，1946年の政治的独立以降もフィリピン社会の政治風土として

定着した[11-13]。

フィリピン社会の二分化構造は，専門機関が公表するさまざまなデータに表れている。たとえば，世界銀行は1国における所得の配分状況を分析するために所得者を5段階に分類し，上位20％に入る高所得者が全所得に占める割合を公表している。マレーシア，インドネシア，ヴェトナムが45％前後であるのに対し，フィリピンの同割合は50.4％である[14]。また，貧富の格差を示すジニ係数も先述の諸国は0.38ポイント前後であるのに対し，フィリピンの同値は0.46ポイントである[15]。

上述のデータはフィリピン社会の貧富の格差を示しているが，以下ではフィリピンの基礎データを参考にし，国際社会の中におけるフィリピン社会の位置づけを試みる。表6.1は，フィリピンの社会，経済，教育，および人間の安全保障に関する指標を示したものである。2010年のフィリピンの人口は世界12位であり，人口増加率は2％（2007年），合計特殊出生率は3.1％（2010年）である。2011年の日本の出生率は1.39であった。他のアジア諸国の同値は，タイ1.81，ヴェトナム2.08，インドネシア2.19，ミャンマー2.32[16]であるので，他

表6.1 フィリピンの基礎データ

事項	年	値	事項	年	値
人口（人）	2010	9400万（世界12位）	経済成長率（％）	2010	7.6
			対外債務（100万US$）	2008	54808
人口増加率（％）	2007	2	生産業（％）	2009	29.93
合計特殊出生率（％）	2010	3.1	農業（％）	2009	14.92
人口1000あたり死亡率（%）	2005	5.1	サービス業（％）	2009	55.15
平均寿命（歳）（男性）	2012	67	ジニ係数	2006	0.46
（女性）	2012	73	雇用率（％）	2009	92.4
人口に占める60歳以上の割合（％）	2010	6	失業率（％）	2010	7.3
			世帯所得（円/月）	2006	60876
識字率（％）	2010	95	HDI	2011	0.644
1人あたりGNI（US$）	2010	2050			（世界112位）

GNI：国民総所得，HDI：人間開発指数．
下記データにより作成．
National Statistics Office's（NSO）2000 National Census.
National Statistical Coordination Board（NSCB）：Philippines in Figures 2009.
NSO：United Nations Data Retrieval System, 2010.
http://www.mofa.go.jp/mofaj/area/philippines/index.html

の東南アジア諸国と比較してもフィリピンの出生率の高さがわかる。

　フィリピンにおける平均寿命は男性67歳，女性73歳（2012年）であり，女性の平均寿命の方が男性のそれよりも高い。同年の日本の平均寿命は男性が80歳，女性が86歳であった。フィリピン男性の平均寿命はインドネシア，タイ，ウズベキスタンと同じであり，女性の平均寿命はエジプトおよびフィジーと同じであった。フィリピンの総人口における60歳以上の人口の割合は，2010年で6％であった。日本の同値は約30％であったので，フィリピン社会における高齢者の割合は，日本と比べるとかなり低いといえる。しかし，国連の人口統計によると，2026～2028年の間にフィリピンの高齢化率は7％を迎え，2044～2050年の間に高齢化率は14％になるという。総人口に占める高齢者の割合が上昇するのはフィリピンだけではなく，他の東南アジア諸国も同様に高齢化社会を迎えるという予測が出されている[17]。

　2010年におけるフィリピン成人の識字率は95％であった。日本の同値は100％である。他の東南アジア諸国をみると，タイ94％，ヴェトナム93％，インドネシア92％，ラオス72％であり，フィリピンと同様に他の東南アジア諸国の識字率も高い[18]。

　フィリピンにおける1人あたりの国民総所得（Gross National Income：GNI）は2050USドル（2010年）であった。日本の同値は42150USドル，シンガポール40920USドル，タイ4210USドル，インドネシア2580USドル，ヴェトナム1100USドル，カンボジア760USドルであり，フィリピンの経済規模は中位であることがわかる。

　フィリピンの国内総生産（Gross Domestic Product：GDP）実質成長率は7.6％（2010年）であった。日本の同値は4.4％，シンガポール14.5％，タイ7.8％，ヴェトナム6.8％，インドネシア6.1％であった。日本をはじめ先進諸国のGDP成長率（米国3.0％，イギリス1.8％，ドイツ3.7％）が低迷しているのに対し，アジア諸国の成長は高い伸び率を示していることがわかる。

　人間開発指数（Human Development Index：HDI）は，1国における発展の度合いや生活の質の向上を示すことを目的として，経済学者ハック（Mahbub ul Haq）により考案されたものである。HDIは各国の平均余命指数，教育指数，成人識字指数，総就学指数，GDP指数を指標として算出される。フィリピンの

HDI は 0.644 で世界 112 位である。2011 年の HDI 1 位はノルウェーで，日本は 0.901 で 12 位であった。フィリピンと同値であったのは，エジプトであった。フィリピンの 1 ポイント上にモンゴルがあり，その 3 ポイント下にはウズベキスタンが位置している。

表 6.2 は 2006 年におけるフィリピンの死因，表 6.3 は 2009 年の日本における死因を記したものである。死因の 1 位は心疾患であった。両国における死因をみると，共通した死因として，心疾患，悪性新生物，血管疾患，肺炎，不慮

表 6.2 フィリピンにおける死因（2006 年）

順位	疾患名	人口10万対
1	心疾患	95.5
2	血管疾患	63.8
3	悪性新生物	49.5
4	不慮の事故	41.6
5	肺炎	40.2
6	結核	29.7
7	呼吸器疾患	24.4
8	糖尿病	23.3
9	周産期に発生した病態	14.2
10	腎不全	13.8

http://www.doh.gov.ph/statistics.html により作成。

表 6.3 日本における死因（2009 年）

順位	疾患名	(%)*
1	悪性新生物	30.1
2	心疾患	15.8
3	脳血管疾患	10.7
4	肺炎	9.8
5	老衰	3.4
6	不慮の事故	3.3
7	自殺	2.7
8	腎不全	2
9	肝疾患	1.4
10	慢性閉塞性肺疾患	1.3

＊：死亡総数に占める割合。
http://www.mhlw.go.jp/toukei/saikin/hw/jinkou/suii09/deth1.html により作成。

の事故,腎不全,呼吸器疾患をあげることができる。共通していない疾病としては,結核,糖尿病,周産期に発生した病態をフィリピンの事例としてあげることができる。また,老衰,自殺,肝疾患が日本の死因としてみられる。

　WHOは高所得国,中所得国,低所得国に区分し,それぞれの諸国の死因について分析した。それぞれに共通した死因は,心疾患,脳血管疾患,肺炎などの呼吸器感染症であった。フィリピンは中進国と位置付けられるので,中進国の死因と比較すると10項目中8項目が中進国特有の死因と共通していた。フィリピンの死因の9位に位置付けられている周産期に発生した病態は,低所得国の死因と共通している。また,腎不全は低所得国および高所得国の死因にはない。日本にみられる死因のうち,老衰,不慮の事故,自殺,腎不全,肝疾患が高所得国の死因としてみられなかった。

6.2　フィリピンにおける医療保険制度の設立の経緯と内容

　フィリピンにおける医療保険制度は,フィリピン共和国法No. 6111（通称：Philippine Medical Care Act of 1969）が1969年に成立されたことにより開始された。国民皆保険制度の確立を目指して導入された法である。

　同法は,2段階のプロセスを経て全フィリピン国民の医療保険への加入を目指した。フィリピンの社会保障としては,公務員を対象とした社会保障制度（Government Service Insurance System：GSIS）と民間の労働者を対象とした制度（Social Security System）があった。Philippine Medical Care Act of 1969の第1段階は,GSISとSSS加入者,その扶養家族,両制度の年金受給者とその扶養家族を対象として実施された。第2段階は,第1段階の対象者以外の者を対象とした。

　しかし,第2段階の実施が進まなかったため,1995年にフィリピン共和国法No. 7875（通称：National Health Insurance Act of 1995）が成立した。これも同様に,全フィリピン国民の医療保険への加入を目的として成立された法である。

　同法の成立に伴い,Philippine Health Insurance Corporation（通称：PhilHealth）が国有・国営企業として誕生した。1997年にGSIS,および1998年にSSSの医療保険分野はPhilhealthに移管された。また,Philhealthは2005年に

フィリピン以外の諸国で働く労働者も対象に含めた。つまり，フィリピンにおける医療保険の運用は，Philhealth が一括して請け負ったのである。

　Philhealth の使命は，すべてのフィリピン国民に対し質の高い医療サービスを平等に提供することにある。財源は，国および地方政府からの割り当て金および加入者からの医療保険代，協力民間企業による支援金により支えられている。加入対象者は，自営業者，公務員，民間企業の労働者，120 か月以上医療保険代を支払った退職者および年金生活者，フィリピン国外で働く労働者，貧困世帯である。

　Philhealth は基本的に外来を給付の対象としていない。給付の対象となるのは，主に入院に伴う給付である。入院給付は患者の病状と医療施設の区分により分類されている。病状は，A〜D の 4 区分により分類され，D が最も重症である。病院は一次医療施設（Primary Hospital），二次医療施設（Secondary Hospital），三次医療施設（Tertiary Hospital），救急施設により区分される。入院期間は 1 年間で 45 日までである。1 つの疾患に対して行われる処置は，1 年に 90 日を超えると対象にならない。Philhealth では 1 疾患あたりの治療の上限が定められている[19]。たとえば，病状が D ランク，利用医療施設が三次医療施設であった場合，1 疾患あたりの薬剤費と診療費の制限は約 71666 円（35655 ペソ）である。仮に 3 回治療した治療費と薬剤費が 12 万円であった場合，71666 円は医療保険でカバーされるが，残りの 48334 円は自己負担となる。

　上述のとおり，フィリピンにおける医療保険は給付金額に上限が設けられている点，また，外来診療などがカバーされていない点において，限定的な医療保険であるといえる。医療保険の給付対象が限定的なフィリピンにおいて，一般の人々の健康はどのように状況にあるのか。以下では，アンケート調査の内容からフィリピン労働者の健康と医療環境を明らかにし，どのような側面において不平等さが生じているのかを明確にする。

6.3　アンケート調査の内容

　調査は，マニラ首都圏で生活を営む労働者 300 名を対象に行った。2012 年 11 月に質問表を用いて対象者へ直接聞き取る方式で実施し，有効回答数は 299 で

あった。

　フィリピンの労働法では，15歳以上の者に労働が認められている。したがって，本調査の対象者は15歳以上の労働者とした。労働人口を年齢別にみると，15～24歳23%，25～34歳29%，35～44歳24%，45～54歳19%，55～64歳5%である。したがって，年齢別労働人口の割合を反映させ，調査を実施した。

　フィリピンの公用語は英語とタガログ語であるため，質問表は両言語で作成した。質問表は，個人の属性，健康状態，健康意識，医療環境から構成されている。

● a．属　　　性

　性別，教育歴，結婚歴，世帯人員数，身長，体重について質問を行い，対象者のボディマス指数（Body Mass Index：BMI）を算出した。

● b．職種とワークスタイル

　職種，1日の平均労働時間，1週間の平均勤務日数，1か月の平均収入，1か月の世帯平均収入，ワークスタイル，また，現在の仕事への満足度を「1．非常に不満」から「10．非常に満足」までの10件法で回答を求めた。

● c．健康状態・医療環境・健康意識

　健康状態については，現在の体調に関して，頭痛，咽頭痛，鼻炎，咳，腹痛，下痢，体の痛み，疾病の有無についてたずねた。体の痛みに対しては，あると回答した対象者に対し，痛みのある部位について質問を行った。また，疾病があると回答した対象者に対して，病名をたずねた。

　医療環境については，まず，病気に対する専門的な治療の有無を把握するために，上述の質問において疾病ありと回答した対象者に対して，専門的な治療の有無をたずねた。治療を受けていると回答した対象者に対しては，1回の治療でかかる診療費と薬代の平均を，また，これらの代金が高いと感じたことがあるかをたずねた。診療費および薬代に対する認識を問うために，対象者全員に対し，診療費および薬代が高いという理由から診療および薬の購入を断念した経験があるかをたずねた。

対象者の健康管理の状況を調べるために，健康診断の受診の有無を，また，健康診断を受けている対象者に対して，健康診断の結果から判明した健康上の問題点をたずねた。

家の近隣における医療施設の有無を把握するために，対象者全員に対して現在の住まいの近隣に医療施設があるかを，また，対象者個人の習慣を把握するために，体調不良時に専門的な施設において診療を受ける習慣があるかをたずねた。

医療保険の有無を明らかにするために，対象者全員に対して医療保険加入の有無をたずねた。加入している対象者に対しては，1か月における医療保険支払料金を，また，医療保険の支払料金を高いと感じたことがあるかをたずねた。加入していない対象者に対しては，その理由をたずねた。

健康意識に関しては，現在の健康状態に対して，また，1年前と現在の健康状態の比較に対して，「0．とてもわるい」から「4．とてもよい」の5件法で回答を求めた。

本章においては，このアンケート調査で得られた回答を集計し，フィリピン労働者の健康状態，医療環境，健康意識を分析するとともに，社会および医療環境へのアクセスの不平等性を検討するために，貧困ライン以下で生活を営む労働者とそれ以外の労働者に対象者を区分し，属性，職種・ワークスタイル，健康状態・医療環境・健康意識に対する比較を行うために，t検定を行った。なお，有意水準は5%以上とした。また，フィリピンにおける貧困ラインについては，年間の所得が33848.4円（16841ペソ）より下回る人々であるため，同額をもとに1か月の所得が2820.7円（1403.41ペソ）より下回る対象者を貧困ライン以下の生活者（以下，貧困層），同額以上の所得のある者を貧困ライン以外の者（以下，貧困層以外の層）と定めた。

6.4 調査対象者の属性

対象者の属性については，表6.4のとおりである。性別は男性が60.86%，平均年齢は34.42±10.88，平均教育年数は11.92±4.09であった。フィリピンの

表6.4 対象者の属性

項目		(％), Mean (SD)	最小値-最大値
性別（男性）		60.86	
年齢（歳）		34.42 (10.88)	[15-63]
教育年数（年）		11.92 (4.09)	[4-22]
婚姻歴（あり）		66.55	
世帯人員数（人）		2.69 (1.18)	[1-5]
身長 (cm)	（男性）	165.57 (6.05)	[152.4-175.26]
	（女性）	165.40 (6.40)	[152.4-175.26]
体重 (kg)	（男性）	57.18 (4.81)	[45.36-68.04]
	（女性）	57.24 (4.93)	[45.36-68.04]
BMI	（男性）	20.85 (1.38)	[18.79-24.21]
	（女性）	20.91 (6.40)	[18.79-24.21]

　教育システムは日本の教育システムと異なり，初等教育（6年間），中等教育（4年間），高等教育（4年間）となっている。したがって，対象となった労働者のほとんどは中等教育を修了したものと考察することができる。世帯人員数は平均で2.69±1.18であった。フィリピン保健省によると，フィリピンにおける平均世帯構成員数は5人（2000年）であるので[20]，今回の調査結果は平均より下回る結果となった。

　対象者の身長（cm）の平均は男性で165.57±6.05，女性で165.40±6.40であった。体重（kg）の平均は男性で57.18±4.81，女性で57.24±4.93であった。BMIの基準では，18.5未満を「低体重」，18.5以上25.0未満を「標準」，25.0以上30.0未満を「標準以上」，30.0以上を「肥満」と定めている。対象者の平均BMIは男性で20.85±1.38，女性で20.91±6.40であったので，対象者のBMIは「標準」であると評価することができる。

6.5　調査対象者の職種とワークスタイル

　対象者の職種とワークスタイルについては，表6.5のとおりである。職種では，専門職が30.76％と最も多く，次に非熟練労働者27.75％，農業10.03％となった。1日の労働時間は平均で8.31時間，勤務日数の週平均は6.04日であった。平均月収は36618.97円，世帯収入は月平均で63263.24円であった。マニ

表 6.5 対象者の職種とワークスタイル

項目	(%), Mean (SD)	最小値-最大値
職種		
雇用者（10人以下）	1.33	
専門職	30.76	
事務職	11.7	
管理者	5.66	
熟練労働者	8.01	
非熟練労働者	27.75	
農業	10.03	
公務員	4.67	
労働時間/日（時間）	8.31 (1.28)	[4-12]
勤務日数/週（日）	6.04 (0.50)	[5-7]
平均月収（円）	36618.97 (33484.81)	[1608-201000]
世帯収入/月（円）	63263.24 (65467.55)	[5025-502500]
ワークスタイル		
肉体労働	38.12	
立ち仕事	33.44	
デスクワーク	28.42	
仕事の満足度	7.04 (2.18)	[2-9]

ラ首都圏における平均世帯収入の平均は 60876 円（2006 年）であったので，対象者の世帯所得はマニラ首都圏の世帯収入の平均とほぼ同じであるといえる。ワークスタイルは肉体労働が最も多く 38.12％であり，次に立ち仕事 33.44％，デスクワーク 28.42％という結果となった。仕事に対する満足度は 10 段階でたずねたところ，平均が 7.04 であった。

6.6 調査対象者の健康状態・医療環境・健康意識

対象者の健康状態，医療環境，健康意識に関する結果は，表 6.6 のとおりである。健康状態をたずねたところ，頭痛（97.33％），咽頭痛（90.97％），鼻炎（94.99％），咳（99.67％），体の痛みがある（96.33％）と回答した対象者は 9 割を超えた。腹痛については 84.95％，また，下痢については 52.85％の対象者があると回答した。体の痛みの部位については，肩（35.45％），腰（35.45％），頭（29.43％）であることが明らかとなった。上述の結果をみると，大部分の労働者が体調不良を感じていることが明らかとなった。

表6.6 対象者の健康状態・医療環境・健康意識

	項目	(%), Mean (SD)	最小値-最大値
健康状態	頭痛（あり）	97.33	
	咽頭痛（あり）	90.97	
	鼻炎（あり）	94.99	
	咳（あり）	99.67	
	腹痛（あり）	84.95	
	下痢（あり）	52.85	
	体の痛み（あり）	96.33	
	肩	35.45	
	腰	35.45	
	頭	29.43	
	疾患の有無（あり）	21.73	
	高血圧	43.07	
	糖尿病	38.46	
	咳	15.38	
医療環境	病気に対する治療の有無（なし）	69.23	
	1回の平均治療費（円）	1809.00 (412.44)	[1005-2010]
	1回の平均薬代（円）	4723.50 (1267.04)	[3015-6030]
	治療費および薬代が高いと思うか（思う）	80.60	
	治療および薬の購入を断念した経験の有無（ある）	51.83	
	健康診断の受診（あり）	59.19	
	健康上の問題を指摘された経験の有無（あり）	28.81	
	病院またはクリニックの有無（なし）	29.76	
	体調不良時の医療施設における受診の習慣の有無（なし）	36.12	
	医療保険加入の有無（あり）	79.26	
	1か月の医療保険支払料金（円）	791.43 (2695.41)	[180.90-30150]
	1か月の医療保険支払料金を高いと思う（はい）	45.76	
	医療保険に加入しない理由		
	コストが高い	82.53	
健康意識	健康状態		
	よい	74.91	
	ふつう	20.40	
	健康状態の比較（1年前と現在）		
	よくなっている	44.81	
	かわらない	42.80	
	わるくなっている	12.37	

　対象者の現在の疾病の有無をたずねたところ，ありと回答した割合は21.73％で，それらの対象者に病名をたずねたところ，高血圧（43.07％），糖尿病（38.46％），咳（15.38％）であった．これらの疾病は，フィリピンにおける

死亡原因とも深く関わっているため，適切な治療が必要であると考えられる。

　医療環境に関する結果は次のとおりである。上記の疾病ありと回答した対象者に対して，専門的な診察を受けているかをたずねたところ，受けていないと回答した割合は 69.23%，適切な治療を受けていない労働者が約 7 割に達していた。疾病別にみると，糖尿病と回答した対象者のうち，治療を受けている割合は 25.92%，受けていないと回答した割合は 74.04% であった。糖尿病患者の平均年齢は 36.33 歳，平均収入は 37453 円であった。高血圧では，治療を受けていると回答した割合は 40.74%，受けていないと回答した割合は 59.25% であった。高血圧と回答した対象者の平均年齢は 39.25 歳，平均月収は 43215 円であった。

　治療費および薬代に対する平均支出額をたずねたところ，治療代が平均で 1809.00 円，薬代が 4723.50 円となった。治療費および薬代が高いと思うかという質問に対しては，80.60% の者がそう思うと回答した。また，その理由で治療や薬の購入を断念した経験があるかという問いに対しては，51.83% の者があると回答した。

　健康診断の受診に関しては 59.19% の対象者が受診していると回答した。それらの対象者に対し，健康診断の結果を受けて指摘された健康上の問題の有無をたずねると，指摘された経験がある対象者は 28.81% であった。

　自宅の近隣における医療施設の有無に関しては，なしと回答した者が 29.76% であった。また，体調不良時の医療施設における受診の習慣の有無については，なしと回答した者が 36.12% であった。

　医療保険の加入に関しては，79.26% の対象者が介入していると回答した。この結果は Philhealth の加入率とほぼ同じである。1 か月の平均医療保険料支払い額は，791.43 円であった。医療保険代が高いと思うかという質問に対しては，45.76% の対象者が高いと回答した。医療保険に加入していない者に対して，その理由をたずねたところ，コストが高いからと回答した者が 82.53% に達した。

　対象者の現在の健康状態については，よいと回答した者が 74.91%，ふつうと回答した者が 20.40% であった。また，1 年前と比較した健康状態をたずねたところ，よくなっていると回答した者が 44.81%，かわらないと回答した者が 42.80% であった。

6.7 貧困層とそれ以外の人々との比較

1か月の平均所得が2820.7円（1403.41ペソ）より下回る貧困層とそれ以外の層との比較分析を行った。対象となった労働者のうち貧困層と区分できる者は48名，それ以外の層は251名であった。ただし，「病気の治療」に関しては，病気があると回答した者を対象としたため，貧困層の者が10名，それ以外の層が55名であった。貧困層およびそれ以外の層の平均値，標準偏差，t検定の結果を表6.7に示す。

表6.7より，t検定の結果，教育歴（$t(299)=10.56$, $p<0.05$），世帯人員数（$t(299)=2.45$, $p<0.05$），鼻炎（$t(299)=3.81$, $p<0.05$），咳（$t(299)=2.59$, $p<0.05$），体の痛み（$t(299)=1.96$, $p<0.05$），病気の治療（$t(65)=2.35$, $p<0.05$），医療費の高さ（$t(299)=2.12$, $p<0.05$）では，体の痛みに関しては貧困層以外の方が貧困層に比べて有位に高い数値を示し，それ以外に関してはその逆となった。

6.8 フィリピンにおける労働者の医療問題と健康問題

貧困層とそれ以外の層との比較考察の結果，対象者を取り巻く社会環境として教育歴および世帯人員数，体調として鼻炎，咳，体の痛み，医療環境として病気の治療および医療費の高さにおいて有意な差が生じた。教育年数に関して

表6.7 貧困層とそれ以外の層の比較

	貧困層（$N=48$）		貧困層以外（$N=251$）		
	Mean	SD	Mean	SD	t値
教育歴	7.04	2.16	12.86	3.69	10.56**
世帯人員数	2.31	1.47	2.76	1.10	2.45**
鼻炎	1.85	0.98	1.43	0.63	3.81**
咳	2.10	0.97	1.85	0.5	2.59**
体の痛み	1.79	0.68	1.93	0.41	1.96**
病気の治療	0.0	0.0	0.35	0.48	2.35**
医療費の高さ	0.91	0.27	0.78	0.41	2.12**

**：$p<0.05$。

は，従来の研究において高所得なほど教育年数が長いことが指摘されている。本調査においても，貧困層以外のグループの教育年数が貧困層の教育歴よりも長く，既存の研究と同様の結果となった[21]。

世帯人員数をみると，貧困層において少なく，貧困層以外の方が多い結果となった。発展途上国における地方では，収入を求めて地方から都市へ出稼ぎに出る者が多いため，世帯の人数が減少する傾向がみられる。本調査はマニラ首都圏を調査対象地としたため，地方から都市への人の移動というよりは，地方から諸外国への人の動きがみられる可能性が高い。つまり，貧困世帯では，フィリピン国内における仕事を見つけることができず，諸外国へ仕事を求める人の動きがあるため，貧困層世帯における世帯人員数が減少する傾向があると考えられる。

体調に関しては，鼻炎，咳に関して貧困層の方が貧困層以外よりも症状を訴えるケースが多かった。表6.2においても示されているように呼吸器系の疾患はフィリピンにおける10大死因に入っている。鼻炎，咳といった症状に対して病状が出る初期の段階から適切な医療を施すことができれば，呼吸器系の疾病はフィリピンにおいて改善される可能性があると考えられる。

病気の治療に関しても，貧困層の方がそれ以外の層よりもその頻度が低いことが明らかとなった。特に，病気の治療に関する項目については，現在病気を患っている人を対象としているにもかかわらず，貧困層においてそれらの病気に対して専門的な治療を受けていないということは，医療サービスへの不平等性が明確に表れた結果といえる。

治療費の高さに関しても，貧困層の方が治療費を高いと感じている人が多い結果となった。治療費を高いと感じる人の多さが，結果的に病気を患っていても専門的な治療を受けないという結果に結び付いていると考えられる。

貧困層とそれ以外の層の比較以外にも，フィリピン労働者の健康状態を調査したが，フィリピン労働者は頭痛をはじめさまざまな体調の不良を感じながら日々の生活を送っていることが明らかとなった。フィリピンの貧困層を含め多くの労働者の健康と医療環境を改善する一歩として，医療保険の制限および適応の範囲を拡大することが重要であると考えられる。

文　献

1) National Statistical Coordination Board：Population Projections, Summary of Projected Population, by Five-Year Interval, Philippines：2000-2040（Medium Assumption）；http://www.nscb.gov.ph/secstat/d_popnProj.asp（2012年12月アクセス）
2) 渡辺利夫：アジア経済をどう捉えるか，日本放送出版協会，1989，pp.1-206.
3) 世界銀行：東アジアの奇跡─経済成長と政府の役割，東洋経済新報社，1994，pp.1-398.
4) Balassa, B.：The lesson of East Asian development：An overview. *Economic Development and Cultural Change*, **36**(3), 274-290, 1988.
5) Kwon, J.：The East Asian challenge to neoclassical orthodoxy. *World Development*, **22**(4), 635-644, 1994.
6) 広井良典，駒村康平：アジアの社会保障，東京大学出版会，2003，pp.11-12.
7) 鄭　文輝，朱　澤民（米山隆一訳）：台湾の医療保険制度．医療と社会，**18**(1), 143-188, 2008.
8) 岡本悦司：韓国の医療制度．医療と社会，**18**(1), 95-120, 2008.
9) 内村弘子：中国　動き出した保健医療制度改革─包含的制度構築に向けて．医療と社会，**18**(1), 73-94, 2008.
10) Kwon, S., Dodd, R.：The Philippines health system review. *Health Systems in Transition*, **1**(2), 37, 2011；http://www2.wpro.who.int/asia_pacific_observatory/resources/Philippines_Health_System_Review.pdf#search='The＋Philippines＋Health＋System＋Review＋Health＋Systems＋in＋Transition'（2012年12月アクセス）
11) Hollesteiner, M. R.：*The Dynamics of Power in a Philippine Municipality*, University of the Philippine Press, 1963, pp.86-110.
12) Lande, C. H.：*Leaders, Fanctions, and Parties*：*the Structure of Philippine Politics*, Yale University Press, 1965, pp.10-11.
13) Thompson, M. R.：Philippine democratization in comparative perspective. *Comparative Politics*, **3**(1), 179-205, 1996.
14) The World Bank：World Development Indicators, Income share held by highest 20%；http://data.worldbank.org/indicator/SI.DST.05TH.20（2012年12月アクセス）
15) The World Bank：World Development Indicators, GINI Index；http://search.worldbank.org/data?qterm=Gini&language=EN（2012年12月アクセス）
16) United Nations：Population Reference Bureau 2008 World Population；http://www.prb.org/pdf08/08WPDS_Eng.pdf（2012年12月アクセス）
17) 大泉啓一郎：老いてゆくアジア，中公新書，2007，p.37.
18) UNICEF：世界子供白書2012, 表1 基本統計；http://www.unicef.or.jp/library/toukei_2012/m_dat01.pdf#search='％E8％AD％98％E5％AD％97％E7％8E％87＋％E3％83％A6％E3％83％8B％E3％82％BB％E3％83％95'（2012年12月アクセス）
19) 河原和夫：フィリピン共和国の保健医療事情と医療保険システム．医療と社会，**18**(1), 189-204, 2008.
20) Republic of the Philippines, Department of Health：Demographic Indicator；http://www.doh.gov.ph/kp/statistics/demographic_indicator.html（2012年12月アクセス）
21) 橘木俊詔：日本の教育格差，岩波新書，2010，pp.1-256.

7 アジアの高齢化および高齢者の自殺に関連する睡眠の質とうつ傾向

松田ひとみ・斉藤リカ・岡本紀子・何　宗融・柳　久子

　国連人口基金（UNFPA）の報告書である『21世紀の高齢化』によると，2050年には世界の60歳以上の人口が20億人を超えることや，それが15歳未満の人口を上回る，との予測が明らかになった（2012年10月1日）。このような高齢化の速度は，発展途上国においても増加している。

　特にアジアでは，将来の高齢者人口が2050年には12億5000万人になるという。60歳以上が30％を超える国は，日本をはじめとして急速に高齢化が進行している台湾，韓国やタイを含む65か国に増える見込みである。同報告書では，「現在は高齢者の3人のうち2人が発展途上国で暮らしているが，2050年には高齢者の5人のうち4人近くが発展途上国で暮らすようになる」と指摘している。

　以上のようなアジアの急激な高齢化の波に先んじて超高齢社会となった日本が，どのようなモデルを示すことができるのだろうか。

　日本の高齢者は健康長寿を誇っているが，この状態は自立した高齢者が圧倒的に要介護者数を上回っていることからも説明することができる。総務省が2012年9月17日に発表した推計では，高齢者人口3074万に対して，介護保険制度下において要支援・要介護者として認定された高齢者は519.7万人である。つまり，介護を必要とせず日常生活を維持している高齢者数が，全高齢者のおおよそ5/6に及ぶことがわかる。

　しかし，その一方で長寿を吉事としては捉えられない深刻な現状として，高齢者の自殺率の高さが浮き彫りにされてきた。1998年以降，年間の自殺者数が3万人を超えており，60歳以上の自殺者数は，2007年以降，12000人前後で推

移している（内閣府，2012）。警察庁の2011年度中における自殺の状況をみると，2011年の自殺者数は36051人で，そのうち60歳以上は11661人（32.3％），年代別では60歳代が最も多く，5547人（18.1％）に上る（警察庁，2012）。80歳以上の高齢者では8565人に対して，自殺者数は2429人にも上っている（警察庁，2011）。平均寿命に達する高齢者が，なぜ，自らの身体を傷つけ生命活動を終結させるのか。また，日本の高齢者ほど，戦前から戦後にかけて価値の変転に適応してきた国民はないといわれるが，その前半の人生と晩年の自殺行為はどのように関連するのであろうか。「高齢者の自殺」の理由に着目すると，その多くは病苦によるものと報告されている[1]。地域別にみても，健康上の理由が主な原因であり，その内容は，循環器疾患や歩行障害が契機となり，精神的なうつ症状から自殺に至る経緯で捉えられる[2]。身体的な問題が高齢者を精神的に追い詰め自殺を選択することについて，これを個人的な事情として取り扱うことが妥当とはいえない。すでに，19世紀の半ばにデュルケーム（E. Durkheim）は，自殺現象について「自殺者のとる行動は一見したところ，彼の個人的気質しか表現していないようにみえるが，事実，それは，ある社会状態の帰結である」とした[3]。日本の自殺実態解析プロジェクトチームにおいても，「自殺は個人的な問題。しかし，社会的な問題であり，社会構造的な問題でもある」という[4]。自殺の現象について，行為者の個人的な過程だけではなく，社会構造的な問題として捉えていく必要性が示されている。特に，健康長寿では世界一の日本において，一方では天寿を全うすることができない高齢者が多数存在するのであれば，国民は幸福な社会を構築していないことになる。ポッジ（G. Poggi）は，自殺を社会の道徳的構成と関連させたが，福祉を実現しうる国民性が育まれているのかが問われている[5]。幸いにも，医療・福祉の専門家などが関心を示し，支援の手をさしのべることにより自殺を防止したという報告がある。支援者の存在が高齢者の生きる力になるとしたら，反対に自殺を回避することができない要因として，高齢者自身だけではなく，他者の態度や関係性の分析は不可欠である。

　このような日本の高齢者の長寿とその対極にある自殺という特異な現象は，わが国に限定されるものではない。高齢者の自殺率の1位は韓国であり，2位が台湾，そして3位が中国である。ちなみに日本は18位であるが，これらの国々

の共通点は，高齢化の急激な進行，少子化と経済力の発展である．変化し続ける社会の中で，生命の危機とともに心身の安寧が脅かされているアジアの高齢者の実態を捉え，第一に自殺予防策を探ることが喫緊の課題である．日本とアジアの国々と比較し論じることが，高齢者への自殺予防策のみならず高齢社会を支援するための連携と各国の実情に応じた独自のシステムの構築に寄与すると考えられた．

本章においては，まず日本の高齢者の自殺の概念を整理し，次いで自殺予防の観点から高齢化率，社会体制，経済や文化の異なる日本，台湾，フィリピンの高齢者を対象として自殺の背景にあるうつ症状や不眠の実態を比較し検討した内容を報告したい．また，同様の項目について，中国吉林省の朝鮮民族と漢民族の差異を紹介したい．

これらのアジアを代表とする国々の高齢者の背景を概観した上で，本章で提示する自殺の前兆ともされるうつ症状や不眠の実態を反映したデータは，現状にとどまらず将来を見据えた各国の連携可能性と具体策を見出すために有用であろう．

7.1 日本の「高齢者の自殺」概念

松田は以前,「高齢者ケアリング学研究会誌」において「高齢者の自殺」の概念分析を行ったが，これを本書用に一部抜粋，改編し，ご紹介したい[6]．

● a. 定　　義

現代日本を特徴づける現象の「高齢者の自殺」について，その背景の解明と防止対策が急がれているにもかかわらず，特定の用語に対する共通の認識はこれまで示されていなかった．

まず，主要な辞典から自殺の定義をみると，「自らの生命を絶つこと」[7-12]という行為の結果のほかに，「死が自らの意思であること」[8-10]を明記している．また，「当人がその結果を予知していたと判断されるとき」[11]と「人間固有の行動」[9]としている．法律学小辞典では，自殺が「犯罪の構成要件に該当しない」ことと，犯罪が成立する場合は「教唆」と「幇助」であることが示されているが，ここ

で初めて他者の関与が出現した[12]。これらは自殺行為を成立させる普遍的な要件であるが，個人的な道程として自殺が描き出される傾向が強く，「高齢者の自殺」の総体を説明するには不十分である。

また，「高齢者の自殺」によって，どのような意味を見出すことができるのか。これを概念構成上の帰結の段階とすると，自殺により導かれる負債と成果についても言及する必要がある。すなわち，「高齢者の自殺」によって当事者は生命と有形・無形の財産を失うが，その代償として得るものは何か。また，近親者や地域社会が受ける得失は何か。現状では事案ごとの情報提供は少ないが，高齢者の体験してきたことと自殺を決意するまでの過程および帰結の内容を周辺の関連要因を含めて捉えなければならない。

以上のように，日本の「高齢者の自殺」の概念は，少なくとも高齢者の個人的な側面と社会との関係の両面から論じられるべきである。さらに，道徳的な価値の形成を視野に入れるならば，医学，看護学，社会学などの各専門家がきわめて人間的な関心をもち，学際的に連携してこそ解決できるテーマであろう。

●b．概念分析の手法

現代日本の「高齢者の自殺」に焦点を絞った概念分析は，「概念は開発されるものであり，時間の経過の中で使われ，適用され，再評価され，洗練される」とするロジャース（B. L. Rodgers）の手法を用いた[13]。

① 日本の「高齢者の自殺」について，一般的に現代で用いられている「自殺」と「高齢者」，「家族関係」，「うつ」，「虐待」，「予防」と「看護」をキーワーズとして，J-Dream Ⅱ（1981-2010）と医学中央雑誌の和文献データベース（1983-2010）を対象として文献を収集した。これらのデータベースから得られた文献のうち，重複したものを除き合計415件を収集し，さらに分析のために有用な和文献として34件を抽出した。

② 和文献34件から「高齢者の自殺」の特徴と構成を明らかにするために，コーディングシートを作成して分析を行い，特性，定義，先行要件と帰結および関連する概念を抽出した。ちなみに先行要件とは，「高齢者の自殺」に至る前に「どのようなことが起こっているのか」ということであり，原因，動機や理由が該当する。帰結とは，「高齢者の自殺」によって「どのようなことが生じる

のか」ということである。
　③概念の典型的な例を提示し，上記のコーディングの適合性を検討した。

●c．概念の構造と関連する「喪失」

　分析の結果，表7.1のように「高齢者の自殺」の特性と定義，先行要件，帰結が導き出された。さらに「高齢者の自殺」について収集した文献の分析により，関連する概念として「喪失」が導き出された。

　老年期は喪失と深い関わりがあり，高齢者の喪失とは，「身体・精神機能，家族と社会との関係（役割，地位，尊敬），友人と経済力，そして生きる目的が徐々に失われていく状態」であるという[15,16]。つまり，高齢者には喪失が不可避の事態であり，獲得したものや関係を失う体験に対し，しだいに生きることが困難になるということである。それは，喪失の文脈から，自殺という最悪の結果に

表7.1　日本の「高齢者の自殺」に関する概念分析の結果[6]

特性	① 過去の生活実績では補完できない喪失と絶望があること ② 高齢者自身の決意に基づくこと ③ 生命の終焉を確実に導く方法を選択すること（既遂率の高さ） ④ 国民の道徳観や社会的支援体制と密接な関連があること ⑤ 病気，うつ状態，性差，配偶者の有無，家族関係と地域性などの影響要因が明瞭であること
定義	人生の最終ステージにおいて病苦などにより過去の生活実績では補完できない喪失と絶望を認識し，高齢者自身の決意によって結果的に死に至るが，社会的な支援体制と密接に関連し国民の道徳的な関心事として捉えるべき問題
先行要件	① 死への構え ② 病苦と心身症状 ③ ケアリング関係・環境の脆弱性 ④ 経済に関連する問題 ⑤ 耐える限界を超える
帰結	① 高齢者自身にもたらされる結果 　・苦痛からの解放 　・愛他的価値 ② 社会への影響 　・社会支援システムを構築する必要性 　・各領域の専門家による学際的連携の必要性
関連する概念	喪失

つながる可能性を意味している。また，もう一方の喪失にも注目する必要があり，高齢者の死によって家族や地域社会も喪失を体験することになる。このように，喪失から，1人の自殺が与える影響の大きさを捉えることができる。以上のような喪失の定義と内容をみると，喪失の延長線上に自殺があり，自殺に至る過程において必須の要因であるといえる。しかし，当然のことながら，喪失と自殺は同義ではなく，喪失によって，必ず自殺という結果を生じさせるわけではない。むしろ，個々人が体験している喪失の内容や意味を注視することによって，適切なケアを提供し，自殺を回避することができる。したがって，喪失は，自殺までの過程で起こるきわめて深刻な事態を示す重要な語句であり，その防止のための着眼点であるといえる。

● d．自殺の過程

本分析においては，先行要件を2つに分類し，これを用いて危険度の高い順序を想定した。まず，自殺の契機には病苦などの個人的要因があり，次いで，自殺の決意と実行の近くに存在するのが社会的要因となる。つまり，自殺までの過程をみると，個人的な要因がきっかけになるが，それよりも社会的な支援の不十分さが自殺を決定づけていくと考えられた。

● e．社会的支援体制の重要性

自殺による帰結では，高齢者自身に対して「苦痛からの解放」と「愛他的価値」があり，社会への影響として「社会支援システムを構築する必要性」と「各領域の専門家による学際的連携の必要性」が導き出された。高齢者にとっては，死によって諸々の苦悩を終結させることができる。一方，高齢者に自殺をされた家族や近隣の人々は，悲嘆の感情をもち，救済できなかったことへの道義的な責任と社会的な負債を抱えることになるはずである。

高齢者と家族との関係をみると，現代では老親扶養意識が変化し高齢者世帯が増加していることや，独居よりも家族と同居している高齢者に自殺が多いことから，家族とは物理的・心情的にも距離を置く，孤独な高齢者像が鮮明にみえてくる[18]。佐藤は，高齢者の家族内での孤独が，同居家族への期待と失望や介護負担への罪悪感などから生じるという[19]。このように，家族内で居場所や

親密な交流を失い，喪失を倍加させていく高齢者が存在する可能性がある。孤独の中で不安をもった高齢者は，精神機能を低下させ，自殺の最大危機要因であるうつ病に移行しやすい。自殺とうつ病との因果関係を知りながら，これを放置したとすれば，先述のポッジが指摘したように，道徳心を育む社会を否定することになりかねない[5]。

以上より，家族や周囲との人間的な交流の乏しい高齢者は，生きる意味を喪失しやすい環境下にあり，自殺とは非常に近い距離にあるといえる。そのため，高齢者自身の努力やその家族に任せるのではなく，地域社会の構成員が擁護者としての役割を担う体制を整備する必要性がある。また，高齢者の孤独や喪失感は，ストレスが加齢による精神機能の低下に拍車をかける危険性があり，うつ病や認知症の発生に関連していくと考えられる。これらの連鎖的な事態は，社会的に重大な損失であり，支援体制を整備するなどの実効性の高い防止対策を講じることは急務である。

7.2　日本・台湾・フィリピンの高齢者にみられる健康問題

アジアの高齢化は世界中が注視しているが，人口問題と経済成長は重大な関連があり，国の将来が他国との比較で厳しく推計されている。すなわち，人口問題としての高齢化は少子化と表裏一体であり，少子化は将来の労働者となる人口の減少をもたらすことから，国力への影響は多大となる。

ここで調査対象とした3か国は，高齢化率世界一で国内総生産（GDP）3位となった日本およびアジア新興国の台湾とフィリピンである。台湾の高齢化率は日本の1/2であるものの高齢者の自殺率が高いことと，少子化にも深刻な課題がある。また，フィリピンは現状で日本や台湾とは異なり出生率は高いが，貧困による問題があり，今後に予測されている高齢化に向けて法や制度を整える必要がある。このように，調査対象とした3か国には独自の歩みと課題があり，それらを理解することは，これらの国々を現在から将来の長いスパンで比較し，連携の方向性を探るために有用である。激動し変転を続ける時代の流れの中で，自殺率の高いアジアの高齢者が置かれている状況をつぶさに捉え，実効性の高い対策を見出さなければならない。

● a．日本・台湾・フィリピンの高齢者における睡眠の質とうつ状態

　日本，台湾，フィリピンにおいて自立した生活を営んでいる高齢者を対象として，質問紙により睡眠や主観的健康観と高齢者用うつスケール（以下，GDS-5）を用いて調査したところ，表 7.2, 7.3 のように興味深い結果が得られた。

[調査方法]

　対象者は，60歳以上の自立した生活を営む高齢者であり，日本266人（平均年齢70.24歳，SD 6.35），台湾289人（平均年齢70.36歳，SD 6.16），フィリピン300人（69.42歳，SD 7.71）で，合計855人であった。調査期間は2012年7～10月である。質問紙は基本属性（年齢，性別，身長・体重，学歴，家族構成，職業，婚姻の有無など），睡眠習慣（夜間のトイレ回数，いびき，睡眠薬の服用の有無，昼寝習慣など），主観的健康観を測定する健康関連尺度（以下，SF-8），GDS-5（満足，退屈，家の中が好き，無価値，無力感），睡眠の質を評価するピッツバーグ睡眠質問票（以下，PSQI）を用いた。

表7.2　日本・台湾・フィリピンにおける睡眠と関連要因（$N=855$）

	日本 （$n=266$）	台湾 （$n=289$）	フィリピン （$n=300$）
BMI	22.95	23.73	23.86
外出頻度（/週）	4.89	5.82	1.46
就床時刻	22：26	21：59	21：27
入眠潜時（分）	20.38	29.22	29.5
起床時刻	5：54	5：13	4：58
睡眠所要時間	6：47	6：00	6：38
GDS-5	0.66	0.85	1.16
SF8-GH[*]	50.82	54.39	41.35
SF8-SF[**]	49.99	48.52	40.58

[*]：健康関連尺度の全体的健康観（general health），[**]：社会生活機能（social functioning）。

表7.3　睡眠の質（PSQI 6より）（$N=855$）

	非常によい（%）	かなりよい（%）	かなりわるい（%）	非常にわるい（%）
日本	49 (18.4)	179 (67.3)	36 (13.5)	2 (0.8)
台湾	69 (23.9)	136 (47.1)	75 (26)	9 (3)
フィリピン	31 (10.3)	181 (60.3)	69 (23)	19 (6.4)

統計解析は IBM SPSS 21.0 を用い，記述統計，一元配置分散分析および Tukey HSD 法を実施した。

なお，本調査については，筑波大学における研究の倫理審査により承認され，申請書に基づき対象者に対して各国の言語を用いて説明し，同意の得られた者からの回答により解析を実施した。

[結果]

質問紙調査により得られた回答を，単純集計と一元配置分散分析および Tukey HSD 法により解析し，表 7.2 には 3 か国間において有意な差 (5%水準) があった項目を抜粋し，平均値を示した。

BMI (Body Mass Index) は，肥満の程度を示す指数であり，肥満は死亡率や生活習慣病との関連性も指摘されていることから，健康管理状態を評価する指標となる。判定基準は一般的には 18.5 以上 25.0 未満で標準とされる。3 か国とも標準の範囲内であった。外出頻度は，台湾や日本において 1 週間に 4〜5 回は出かけているが，フィリピンでは極端に少なく，閉じこもりの危険性をはらんでいるといえる。

睡眠の状態をみると，就床時刻では日本が 22 時以降である。また，入眠潜時は布団に入ってから実際に眠りにつくまでの時間を示し「寝つきがよい」かどうかの目安となるが，日本が 20.38 分であるのに対し，台湾やフィリピンでは 29 分程度かかっている。起床時刻はフィリピンが早く，日本が午前 6 時近くである。睡眠時間は，中途覚醒の時間を除いた就床してから起床までの時間であるが，台湾が 6 時間であり，日本は 7 時間近くなっている。これらの状況を表 7.3 の睡眠の質と対応させると，日本では就床時刻は遅いものの，寝つきがよく，睡眠時間も 7 時間程度確保されている。睡眠の質をみると 85.7%がよい (「非常によい」+「かなりよい」) とし，14.3%がわるい (「かなりわるい」+「非常にわるい」) と回答している。台湾は 22 時ごろに就寝しているが，寝つくまでに 30 分近く要している。起床は午前 5 時ごろであり，睡眠所要時間は 6 時間と短い。睡眠の質では，71%がよいと回答し，わるいとする者が 29%である。フィリピンでは，21 時ごろに就床しているが，寝つくまでに 30 分近くかかっている。起床時刻は日本や台湾と比較し最も早いが，睡眠時間は台湾よりも長く 6 時間半は確保されている。睡眠の質をみると，70.6%がよいとし，29.4%

表7.4 GDS-5の質問項目と回答内訳（%）（$N=855$）
① 今の生活に満足していますか．
② 退屈に思うことはよくありますか．
③ 外に出かけるよりも家にいる方が好きですか．
④ これでは生きていても仕方ないと思いますか．
⑤ 自分が無力と感じることがよくありますか．

	① 満足（いいえ）	② 退屈（はい）	③ 家の中が好き（はい）	④ 無価値（はい）	⑤ 無力感（はい）
日本	6.4	12.8	24.4	2.3	20.3
台湾	2.8	14.5	52.6	4.5	11.1
フィリピン	10.7	46.7	44.7	6.0	8.3

がわるいという回答であった．

　これらの3か国の高齢者の睡眠を比較し要約すると，日本においては良好な状態であると捉えられた．台湾では睡眠時間の短さと入眠潜時の長さ，フィリピンでは，入眠潜時の長さと早寝早起きの特徴が見出された．

　次いでGDS-5をみると，日本＜台湾＜フィリピンであり，日本において有意に低かった．GDS-5では2点以上をうつ状態と判断するため，本調査では3か国ともに平均値をみるとうつは認められなかった．さらに表7.4においてGDS-5の回答内訳では，日本では，退屈や家の中が好き，無価値の回答が少ないが，無力感の回答が他の2か国に比べてやや高かった．台湾では家の中が好きとする者が多かった．フィリピンでは，外出頻度の低さも顕著であり，家の中が好きで退屈している者の割合が高かった．そして1割程度の者が今の生活に満足していないという．

　また，全体的健康観を示すSF8-GHでは，フィリピン＜日本＜台湾であり，台湾において有意に高かった．社会生活機能を表すSF8-SFでは，フィリピン＜台湾＜日本であり，日本において有意に高く，家族内や地域社会での活動が捉えられた．

● b．日本・台湾・フィリピンの国勢と高齢者の実態

　上記の調査結果（表7.2～7.4）に示した3か国の人口動態および高齢者に関連する諸制度の概況に基づき各国の実態を分析し，特徴を以下にまとめた．

[日本の高齢者]

① 睡眠と自殺関連要因について

　日本の高齢者の睡眠は，もはや早寝ではなく遅くに寝て早く起きるという変化が報告されている。これは相対的に睡眠時間が短くなることを意味している。夜間の睡眠は，十分な休息を得ることにつながり，これにより昼間の活動を促進するものである。しかし，この睡眠時間の短縮や不眠は，免疫力や知的活動，精神機能に影響を与えるため，軽んじることはできない。

　今回の調査結果をみると，日本の高齢者は入眠潜時が3か国の中でも一番短く，寝つきのよさを示している。また，睡眠時間は国内平均の7～8時間よりも短いが，台湾やフィリピンよりもやや長く有意差がみられた。そして表7.3では，睡眠に関する満足感も高かった。これらのデータから，日本の高齢者の睡眠の質は良好に保たれていると捉えられた。そしてGDS-5ではうつ傾向も低く，外出頻度やSF8-SFなどの社会的な交流や活動との関連性が示唆された。

　SF8-GHは台湾よりも低かったが，本調査の対象者の平均年齢が70.24歳であることの影響も考えられた。健康意識については国民生活基礎調査（厚生労働省，2010）によると，アメリカ，スウェーデン，ドイツ，韓国と比較し，日本は自らを「健康である」と考えている人の割合が65.4％で，スウェーデン（68.5％）に次いで高かったという。しかし，年齢階級別では，高齢になるに従って「よくない」，「あまりよくない」とする人の割合が上がる傾向にあるとされる。

　また，BMIは他の2か国よりも低く，肥満予防などの健康管理がなされ，日本の高齢者の健康意識の高さや地域での保健指導が効果を上げていることが考えられた。

　しかし，本調査の結果とは異なり，前述したように日本の高齢者の自殺率は先進諸国の中で高く，自殺の原因の1位は健康問題であり59.4％を占めている。詳細にみると健康問題の中でも身体の病気が30.0％，うつ病が19.6％となっている。うつと不眠とは密接に関連するが，60歳以上の29.5％が不眠症とされており，中途覚醒や早朝覚醒の訴えが多いという特徴がある[20,21]。さらに，自殺者の多くはうつ病などの精神疾患に罹患しているとされるが，医療機関を受診している者はごくわずかと推測されている（内閣府，2012）。つまり，自殺

とうつ状態やうつ病が強く関連するにもかかわらず，発見する機会が乏しく対応が後手になる危険性が高いということである．自殺の実態をみると，特に60歳代からの自殺者には自殺未遂歴のない者が多く，確実に死に遂げる方法を選択してしまうのである．本調査の対象者は健常な生活を維持しており，その結果として良好な睡眠，精神状態の回答が得られたと考えられる．健康面が脅かされたときに，睡眠，社会的な交流や精神状態が大きく変動する可能性があり，これらの指標を活用すれば，早期発見と対応のための機会が得られる．

2006年に施行された自殺対策基本法には対策として睡眠キャンペーンが展開され，すでに不眠と自殺は密接不離の要因として認知されている．

② 就労と経済状況

SF8-SFで有意であった日本の高齢者であるが，就労状況においても大きな特徴がみられる．総務省の労働力調査によると，日本の労働力人口のうち65歳以上では308万人（10％）であり，労働力総人口に占める65歳以上の人の比率は1980年の4.9％から大きく上昇している．2011年時点では，過去1年間の定年到達者のうち，73.6％の人が継続雇用されており，継続雇用を希望しなかった人は24.6％であった（総務省，2010）．

また，高齢者の社会参加を促進するための背景にある経済状況では，総務省の調査によると60歳以上の人のうち「暮らしむきに心配がない」人が70.1％で大半を占めている．貯蓄額においては，世帯主が65歳以上の世帯の貯蓄額は全世帯平均（1664万円）の1.4倍で，2330万円に上る．さらに，65歳以上の世帯（2人以上の世帯）では4000万円以上の貯蓄を有する世帯が16.1％と，全世帯（10.2％）と比べて高い状況にある．貯蓄の理由は「病気や介護の備え」62.3％，「生活維持」20.0％の順であり，健康への不安を抱えているものの，生活に困窮している人の割合は低い．また，暮らしに対する充足感では，「日常生活において生きがいを感じている」人は82.1％であり，今後の生活で「貯蓄や投資など将来に備えること」よりも「毎日の生活を充実させて楽しむこと」に力を入れたい人の割合が60歳代で78.1％，70歳以上では84.8％と，60歳代以上で増加している（総務省，2010）．日本では，前述したように要支援・要介護と認定されていない高齢者が5/6，すなわち8割にも及ぶ．このような高齢者のために高齢社会対策基本法があり，介護予防だけではなく積極的な社会参加を促し，

生活の質（quality of life：QOL）を向上させていく施策がある。

③ 高齢者に対する虐待予防と擁護のための社会的な連携

本調査では虐待や介護に関する質問は行わなかった。しかし，自殺の主要な原因が健康問題であり，病状によっては介護を受ける可能性をも視野に入れる必要がある。65歳以上で介護保険制度におけるサービスの利用者は年々増加している。要介護状態となる原因は，脳血管疾患（21.5％），認知症（15.3％），高齢による衰弱（13.7％），関節疾患（10.9％）である（総務省，2010）。このような状態の高齢者は，虐待という人権を脅かす問題に直面していることがわかった。2010年度の調査では，虐待を受けている高齢者の約7割が要介護認定を受けていると報告された[22]。今後はさらに要介護の高齢者の増加が予測されるが，高齢者の健康問題に「うつ」，「不眠」，「自殺」，「虐待」の要素までを入れて検討する必要性が示唆された。

前述した自殺の概念分析では，先行要件に「病苦と心身状況」や「経済状況」，そして「ケアリング関係の脆弱性」があるが，自殺は高齢者自身の要因のみで起こるのではない。むしろ，ケアリングの視点で人間としての関心を示す存在が，自殺を回避するために不可欠なのである。

また，国民生活に対する世論調査では，政府に対する要望として特に力を入れてほしい施策は，「介護や福祉サービス」（69.6％），「医療サービス」（64.9％），「公的な年金制度」（45.2％）であった（内閣府，2011）。日本では，超高齢社会を体験し，高齢者への諸政策が整備されてきたが，それでもなお質と量の側面からさらなる充実が望まれるのである。

[台湾の高齢者]

① 人口動態と健康に関する現状

台湾は現在世界保健機関（WHO）への参加承認が得られていないが，日本の厚生労働省にあたる台湾の行政院衛生署のウェブサイト（http://www.doh.gov.tw/）において，健康に関する統計資料が公開されている。そのため，WHO加盟国と同様に，台湾国民の健康に関する有益なデータを比較検討することが可能である。

表7.5のように，2011年の台湾における65歳以上の人口（高齢化率）は10.89％であり，超高齢社会の日本（24.1％）と比較すると約半分の水準といえ

表7.5 3か国の人口動態および高齢者に関連する諸制度などの概況

	日本（2012年）	台湾（2011年）	フィリピン（2010年）
国土面積（km²）	377.95	36.000	299.404
総人口	127530000	23224912	94900000
合計特殊出生率*	1.39（2010年）	0.90（2010年）	3.1
WHOランキング/193か国中	175位	—	60位
年少人口割合**	20.9→27.1	21.3→19.3	58.2→32.0
（2010年→2060年中位推計）			
老年人口割合***	35.5→68.6	14.6→85.1	6.0→20.7
（2010年→2060年中位推計）			
高齢者人口	30740000	2529192	6528270
高齢化率（%）	24.1（65歳以上）	10.89（65歳以上）	7.0（60歳以上）
平均寿命（歳）	83	79.16	70
男性	79.44	75.98	67
女性	85.90	82.65	73
介護保険制度	介護保険法（2000年）	長期介護保険法（2012年）	—
主な高齢者関連法・制度（介護保険制度以外）	①老人福祉法 ②高齢者虐待防止，高齢者の養護者に対する支援等に関する法律 ③高齢者の医療の確保に関する法律 ④高齢者の居住の安定確保に関する法律 ⑤高齢者等の雇用の安定等に関する法律 ⑥高齢社会対策基本法	①老人福利法 ②心身障害権益促進法 ③看護師法 ④精神衛生法 ⑤国民健康保険法 ⑥医療法 ⑦退役軍人補助条例 ⑧高齢者サービスセンター	①「高齢者法」(2010年) ②「高齢者センター法」(1995年) ③年金：一般国民を対象とした社会保障機構と公務員を対象とした公務員保健機構
名目GDP（10億US$）	5866.54（3位）	466.42（26位）	224.77（45位）
1人あたり名目GDP（US$）	45869.72（17位）	20082.92（40位）	2344.89（124位）

*：1人の女性が生涯に出産する子どもの数の推計値，**：年少人口/生産年齢人口，***：高齢者人口/生産年齢人口．
総務省統計局「国勢調査」，WHO（世界保健統計2012），UNFPA（国連人口基金），台湾行政院衛生署，行政院経済建設委員会資料により作成．

る．しかし，合計特殊出生率では0.90と，WHO加盟国の193国よりも下回る数値である．このように日本（1.39）以上に低い出生率が国際的に注目されている．約50年後の2060年には老年人口割合が85.1と世界一ともいえる事態が推計されているからである．つまり，年少人口割合も低く，このままでは労

働力が極端に低下するという懸念が生じている．高齢社会において成長力を維持するためには「出生率を改善すること」であり，労働量を確保していくことが経済成長の重要な柱の一つである[23]．

また，台湾国民の死亡原因は，多いものから順に悪性新生物（がん），心疾患，脳血管疾患であり，日本の上位3位までと同様であった．日本では，これらの三大疾患による死亡がなくなったとすれば，日本人の平均寿命が男性では87.39歳，女性では93.05歳になると試算した．台湾においても平均寿命が延伸する可能性があり，生活習慣病をはじめとする予防策を講じることが課題となっている．

② 睡眠と自殺関連要因について

本調査では，台湾の高齢者の睡眠は，入眠潜時が30分に近く睡眠時間も6時間と短いことから，必ずしも夜間の睡眠の質が良好とはいえない．しかし，SF8-GHのように健康状態に対する満足感も高く，うつ傾向もみられていない．また，表7.4のように家の中が好きとする者が52.6％であるが外出頻度も高く，SF8-SFのスコアも高い．精神機能や社会的な状態は良好に維持されていると考えられた．

ところが，台湾における高齢者の自殺率は韓国に次いで高く，2011年のWHO加盟国のデータと照合すると，世界で2位の自殺率である．日本の高齢者の自殺率は18位であるが，図7.1（自殺の粗死亡率）のように台湾は日本を上回っている．なぜ台湾の高齢者に自殺者が多いのか，台湾行政院によるStatistics of Causes of Death, 2011においても自殺の方法の記載はあるが，原因・理由のデータはなかった．あらゆる側面から自殺の実態を探り，因果関係をていねいに把握する必要がある．少なくとも本調査の対象者は，自殺とは遠い状況にあり，これらを自殺対策の参考にすることが考えられる．石川は台湾の高齢者の自殺予防対策として，「各地区の公有民営の高齢者サービスセンター」の設置と年金制度の拡充・整備をあげている[24]．このような政策により，家の中が好きな高齢者が外出の機会を多くしているのかもしれない．台湾の国民性でもある優しさや明るさから，地域住民の人間的なつながりによる影響も考えたい．

今後は，台湾においてどれだけ自殺率を低下させられるか，日本の実情と比

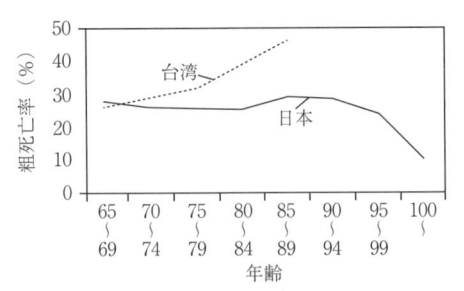

図 7.1 日本と台湾の自殺率（粗死亡率）(2011 年)
厚生労働省『国民衛生の動向』，台湾行政院衛生署
健康関連統計により作成。

較することが，自殺に関連する要因を探る一助となる可能性がある。

③ 台湾における睡眠研究

李らは，人口構造が高齢化を迎えた台湾において，高齢者の健康問題も注目を集める関心事であり，高齢者が抱える健康問題の最重要課題の一つに睡眠障害があると指摘した[25]。また，曾らは，人生の 1/3 以上は睡眠に費やされているといわれるように，睡眠は最も重要な生理学的機能であり，それゆえ睡眠の質はその人の身体的・精神的健康状態に影響するとした[26]。

不眠の実態については，台湾の人口の 1/3 に睡眠困難感があり，その多くが高齢者であるという[27,28]。これらの睡眠研究がある一方で，不眠による影響についての調査が少ない。自殺に関連した検討を早急に行う必要がある。日本で集積された研究の結果から，「うつ」，「不眠」，「自殺」，「虐待」の要素を検討する必要性が見出されたが，台湾における実態調査では検索することができなかった。

④ 高齢者サービス

台湾では，介護サービスに関しても，2012 年に長期介護保険法が制定されるなど，健康問題のある高齢者を擁護し支援するための施策が整備されてきた。また，年金では，これまで軍人や公務員には手厚かったが，一般の 65 歳以上の高齢者にも支給されるようになった。

その他，65 歳以上に市内バス無料，地下鉄 6 割引，市営博物館などが無料などの優遇措置があり，高齢者が暮らしやすい社会が具現化されつつある。

[フィリピンの高齢者]
① 睡眠とうつ傾向

本調査では，表7.2のようにフィリピンの高齢者は入眠に30分近く要し，睡眠時間は6時間38分であった。このような睡眠状態に顕著な問題が見出されなかったが，表7.4にみられるように生活に満足していない者が1割で，退屈，家の中が好きという特徴がみられた。うつ状態とは判断されないが，他の2か国よりも高く，外出頻度の低さに有意差があり改善するための具体策を最も必要としていた。また，SF8-GHやSF8-SFも低得点であり，健康状態に対する満足感も低く社会的な活動も乏しい様子がみられている。また，表7.5のように，平均寿命も短く，健康長寿を目指したアプローチが必要である。3か国の比較では，フィリピンの高齢者への支援が最も急務であると考えられた。本調査は健常な高齢者を対象としているが，病弱な高齢者においては深刻な問題が捉えられる可能性がある。

② 社会保障制度と経済的状況

以下は，フィリピンの高齢者の生活満足度に関する論文を一部抜粋し，改編したものである[29]。

日本の場合は，高齢化社会から高齢社会への移行には24年を費やした。しかし，フィリピンをはじめとして韓国やシンガポールなどは日本よりも速いスピードで高齢化が進行しているのである。日本の経験と異なる点は，次の2点にあると考えられる。第一に，十分な経済成長に達する前であること。第二に，社会保障制度が十分に機能しない段階であること。また，これらの国々の福祉政策をみると，その共通の要素は家族が福祉の主体を担ってきた。さらに，対GDPに占める社会保障支出費の割合が低い。たとえば，日本の同比率が16%であるのに対して韓国7.5%，中国4.6%，ベトナム4.1%，フィリピン2.2%，インドネシア1.9%である。このように，アジア諸国の社会保障は十分な体制を整備していない。

また，表7.5のように国民1人あたりの名目GDPは，世界で124位であり，貧困による問題がさまざまに影響を及ぼしている。平均寿命をみると，男性67歳，女性73歳であり，日本とは15歳ほどの相違がある。教育の側面でも，識字率は93%であり，就学率の低さも問題である。

フィリピンにおける主な公的年金制度には，一般国民を対象とした社会保障機構（Social Security System：SSS）と，公務員を対象とした公務員保険機構（Government Service Insurance System：GSIS）がある。年金受給者は，120か月以上保険料を支払った60歳以上退職者，または就労の有無を問わない場合は同条件の65歳以上の者である。2009年のデータによると，SSSの年金受給者は135万人（60歳以上の人口の約3割），平均年金月額は6205円である[30]。フィリピンにおける現地通貨はペソであるが，本文中および調査結果の表記は，2012年7月の外貨購入・預入レート（1ペソ＝2.02円）を用いて円に換算し，表記した。

2010年に制定された「高齢者法」（フィリピン共和国法 No.9994）により，60歳以上の高齢者には，次の特典が付加される[31]。

・医薬品，公共交通機関，ホテル・レストラン，映画館およびレジャー施設における費用の2割引，および付加価値税の免除。

・医療サービス無料，歯科治療費無料。

・月1010円の年金支給（ただし，貧困者に対しては月3030円の年金支給，インフルエンザ予防ワクチンの無料接種）。

また，1995年に制定された「高齢者センター法」（フィリピン共和国法 No.7876）により，各市町は高齢者福祉センター，および身寄りのない高齢者のための無料入所施設の設置を定めている[32]。

③ フィリピンの未来

現在のフィリピンの高齢者は，経済状況や本調査の結果をみると，早急に精神的な支援が必要となっている。しかし，表7.5のように，フィリピンでは合計特殊出生率が3.1であり，WHOランキングでも60位と好成績を示した。日本や台湾よりも経済成長が見込まれるはずであるが，現実はなかなか厳しい[23]。約50年後の2060年には年少人口割合が58.2→32.0に低下するが，それでも日本や台湾よりは労働量は確保しやすく，経済的に盤石な土台を築くために必要な年数といえる。そして，50年後には老年人口割合も高くなるが，この間に高齢化社会への法や制度を整え，これまでの準備不足を補えばよいのである。

韓国，台湾，中国や日本のように，経済的な成長の狭間で高齢者の自殺率が高まる現象があり，フィリピンでは前車の轍を踏まない施策を講じるための情

報交換や連携が必要である。

7.3　中国吉林省の高齢者にみられる健康問題

　中国は急速な高齢化とともに高齢者の自殺率は世界3位である。疾病率も年々高くなる傾向があり，要介護高齢者も増加してきたが，その介護を担うのは家族である。しかも，家族の中で介護を担当する者も介護を受ける者も高齢者という，いわゆる「老老介護」世帯が増加してきた。中国の憲法では親の扶養は子の責任であるとしているが,経済成長の過程において生活環境が激変し，しだいに家族観や介護に対する考え方も変化してきた。このような介護への影響については，漢民族と朝鮮民族による差異が指摘されている[33]。また，社会的な支援体制は充実していない状況であり，終日，家族内で介護を行う生活のために必要な休息が得られず，介護負担感は強くなっている[33]。

　以上のように，中国における高齢者の自殺率，老老介護の現状，そして民族の差異や社会福祉システムなどの実態を捉え，検討する必要性が示唆された。本節においては，吉林省で大多数を占める漢民族と少数民族である朝鮮民族を比較した。

●a．吉林省延吉市の概要

　延吉市は，2009年末で総人口50.4万，そのうち朝鮮民族は29.2万人（57.9%），漢民族は20.02万人（39.7%），他は1.19万人（2.4%）であり，60歳以上人口6.37万で高齢化率は12.6%，主な産業は工業，農業，観光である。長春市は吉林省の省庁所在地で，2009年の人口は756万人で吉林省全体の27.6%を占め，漢民族が96.5%を占めており，満族，朝鮮民族，回族，モンゴル族などが居住している。60歳以上の高齢化率は11.2%で，中国最大自動車工業都市である。

●b．方　　法

　対象者は，60歳以上の高齢者502名（漢民族265人，朝鮮民族237人），平均年齢は漢民族66.9±6.9歳，朝鮮民族69.7±7.0歳であった。調査内容は，7.2

節の日本，台湾，フィリピンと同様の調査項目であった．

● c．漢民族と朝鮮民族の睡眠状況比較
① うつと生活の質
　GDSの平均得点をみると，朝鮮民族の方がうつ傾向，うつの人の割合が有意に高かった．SF8による生活の質は，漢民族の方が朝鮮民族よりよかった．身体的サマリースコア（PCS），精神的サマリースコア（MCS）も同様に，漢民族の方が高く，朝鮮民族の生活の質が低かった（表7.6）．
② 生活の質およびうつと睡眠との関連
　漢民族の場合，睡眠時間が5時間未満，睡眠の質がわるい，睡眠効率が85％未満，睡眠薬使用回数が週3回以上，日中の眠気が週3回以上あることが，サマリースコアであるPCS, MCSと関連があり，生活の質が低かった．一方，朝鮮民族の場合，PCSと関連のあった項目はなく，睡眠効率のみMCSと関連がみられた．さらに朝鮮民族のPCS, MCSの得点は全体的に低く，生活の質は低かった（図7.2）．

表7.6　うつと生活の質の民族間比較

	全体 ($N=502$)	漢民族 ($n=265$)	朝鮮民族 ($n=237$)	p
GDS得点	5.4±3.6	4.9±3.9	5.9±3.2	0.003
4点以下	193 (43.5)	127 (51.8)	66 (33.2)	0.000
5〜9点	204 (45.9)	95 (38.8)	109 (54.8)	
10点以上	47 (10.6)	23 (9.4)	24 (12.1)	
SF8				
PF（身体機能）	45.9±12.8	46.6±13.5	45.1±11.9	0.195
RP（日常役割機能）	53.9±47.7	48.8± 9.9	46.5± 9.8	0.010
BP（体の痛み）	60.2±49.4	51.8± 8.7	46.7± 9.1	0.000
GH（全体的健康観）	61.5±50.6	51.6±10.1	49.6±11.2	0.032
VT（活力）	59.6±47.6	49.2±10.4	45.8±11.0	0.001
SF（社会生活機能）	54.7±46.8	48.8± 9.9	44.4±10.8	0.000
RE（日常役割機能）	54.3±48.0	49.2± 9.7	46.7±12.3	0.012
MH（心の健康）	57.5±49.4	50.4± 9.6	48.4±10.3	0.026
PCS*	42.3±16.5	45.1±15.6	39.3±17.0	0.000
MCS**	43.8±16.7	45.5±15.7	41.8±17.6	0.015

*：サマリースコアの身体的健康，**：精神的健康．

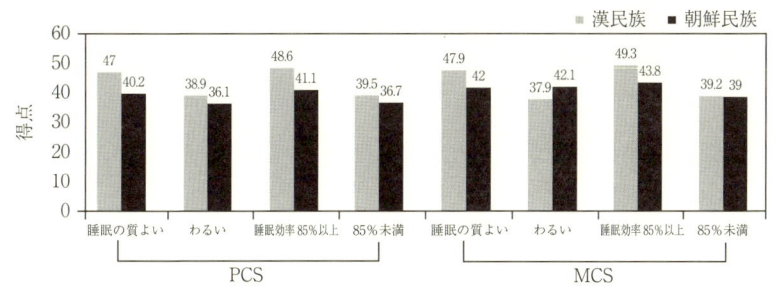

図7.2 生活の質と睡眠の質・睡眠効率との関連

　うつと睡眠との関連は，漢民族は，睡眠時間5時間未満，睡眠の質が低下，睡眠薬を週3回以上使用，日中の眠気がある者にうつ傾向がみられた．一方，朝鮮民族は，入眠時間に31分以上かかる者のみうつと関連がみられた．

　Chiu ら[34]が1999年に中国香港で高齢者について行った不眠調査では，「主観的に不眠あり」とされる者が男性8.6％，女性17.5％であったが，本調査の吉林省在住の高齢者は，睡眠不足を感じている者が全体で17.5％であった．本調査の対象者の約64％が女性であったことと関連する可能性がある．

　Kaneita ら[35]の報告では，日本の一般成人人口を用いて，うつ病自己評価尺度（CES-D）でうつ病を同定した結果，入眠障害，夜間覚醒，早朝覚醒とともに不眠をもつ人は，うつ病の発症が約2倍であった．本調査でも，睡眠時間は両民族ともうつと関連していたことから，十分な睡眠時間，7時間以上の睡眠時間を得られるような支援が必要である．

　中国人の生活の質（SF8）の国民標準値がないので比較できないが，本調査の対象者の平均年齢が67歳前後であるため，日本人の60～69歳（男女）の国民標準値（PCS 48.47，MCS 51.97）と比較した場合に低く，さらに70～75歳の日本人（男女）の国民標準値（PCS 46.61，MCS 51.25）と比較した場合，朝鮮民族の場合，日本人の70～75歳の国民標準値よりすべての項目で3～4点低く，特に，PCSは7点，MCSは9.4点と低くなっており，朝鮮民族の生活の質が漢民族，日本人より低いことが明らかであった．さらに，朝鮮民族の場合は，睡眠の質がよくてもPCSは70～75歳の日本人の国民標準値から6.4点低く，わるい者は10.6点も低く，MCSも睡眠の質がよくても70～75歳の日本人の

国民標準値より約9.3点低く，かなり低い得点であった。睡眠以外の要因が生活の質に関連している可能性が考えられる。

漢民族の場合，睡眠の質がよいと回答した者は，すべての項目で日本人の70～75歳以上の国民標準値より高く，わるい者はすべての項目で日本人の70～75歳以上の国民標準値より低く，生活の質と睡眠の質が関連していた。生活の質の背景にある経済状態が大きく影響を与えている可能性もあり，睡眠の質を脅かす要因を多面的に探る必要がある。

以上のように，中国では特定の地域を対象として民族間の相違をみたが，地域内および民族間格差を踏まえて高齢者の実態を捉えていく必要性があるといえる。

日本，台湾，フィリピンについての分析は，科学研究補助金（基盤研究（A）：課題番号19209067）による平成19-22年度研究助成を受けて行った。

文　献

1) 警察庁：自殺統計，2004-2006，2012.
2) Inoue, K., Tanii, H., Abe, S. *et al.*：Suicidal tendencies among the elderly in Mie Prefecture, Japan, between 1996 and 2002. *Leg. Med.*, **9**(3), 134-138, 2007.
3) Durkheim, E.：*Le Suicide*：*Etude de Sociologie*, nouvella ed. 2ed, 1897, p. 336；宮島　喬訳：自殺論，中央公論社，1985，p. 375.
4) 自殺実態解析プロジェクトチーム：自殺実態白書2008（第2版），2008，pp. 4-32.
5) Poggi, G.：*Images of Society*；*Essays on the Sociological Theories of Tocqueville, Marx, and Durkheim*, Stanford University Press, 1972.
6) 松田ひとみ：「日本の高齢者の自殺」の概念分析と社会支援体制の必要性．高齢者ケアリング学研究会誌，**3**(2)，2012.
7) 新村　出編：広辞苑（第6版），岩波書店，2008.
8) 内薗耕二監修：看護学大辞典（第5版），メヂカルフレンド社，2002.
9) 宮原伸二編：福祉医療用語辞典，創元社，2006.
10) 濱嶋　朗，竹内郁郎，石川晃弘編：社会学小辞典，有斐閣，2005.
11) A. S. Hornby：*Oxford Advanced Learner's Dictionary*, 7th ed., 2008.
12) 森岡清美，塩原　勉，本間康平編：新社会学辞典，有斐閣，1993.
13) 藤木英雄，金子　宏，新堂幸司：法律学小辞典（第4版補訂版），有斐閣，2008.
14) 松田ひとみ：日本の「高齢者の自殺」についての概念分析．老年社会科学，**31**(2)，230，2009.
15) 長谷川和夫，賀集竹子編：老人心理のアプローチ，医学書院，1992，pp. 10-44.
16) 三山吉夫：老年期の不安，臨床精神医学，**21**(4)，567-568，1992.
17) 内閣府：自殺対策白書，2008，pp. 125-134.
18) 島村忠義，越永重四郎：東京都における自殺者の動機とその要因に関する一考察　1984年～1990年の7年間の自殺者を中心に．日本赤十字看護大学紀要，No. 15，70-78，2001.

19) 佐藤眞一：老親を介護するこころ．発達，**73**，44-52，1998．
20) Kim, K., Uchiyama, M., Okawa, M., Liu, X., Ogihara, R.：An epidemiological study of insomnia among the Japanese general population. *Sleep*, **23**(1), 41-47, 2000.
21) 大川匡子：高齢者の睡眠特性と睡眠障害の疫学．*Geriatric Medicine*, **48**(6)，729-773，2010．
22) 厚生労働省：高齢者虐待の防止，高齢者の養護者に対する支援等に関する法律に基づく対応状況等に関する調査結果（平成22年度）．
23) 高山武士：アジア新興国・地域の少子高齢化が経済にもたらす影響．ジェロントロジージャーナル，**25**，ニッセイ基礎研究所，2012．pp.1-12．
24) 石川晃弘：台湾の高齢者事情（連載かいがい発）．労働調査，1-2，2009．
25) 李　嘉玲，張　媚：自費安養機構老人睡眠品質及其相關因素之探討．國立台灣大學醫學院護理學研究所碩士論文，2000．
26) 曾　銀貞，曾　月霞，廖　玫君：社區老人睡眠品質及其相關因素之探討．中山醫學大學護理學系碩士班論文，2007．
27) 李　宇宙：身心疾病之睡眠障礙．台灣醫學，**4**(6)，673-679，2000．
28) Hsu, H. C.：Relationships between quality of sleep and its related factors among elderly Chinese immigrants in the seattle area. *J. Nurs. Res.*, **9**(5), 179-190, 2001.
29) 柏木志保：フィリピンにおける高齢者の生活満足度に関する研究．高齢者ケアリング学研究会誌，**3**(1)，1-15，2012．
30) 廣瀬賢一：フィリピンの年金制度．年金と経済，**28**(4)，104-117，2010．
31) http://www.lawphil.net/statutes/repacts/ra2010/ra_9994_2010.html
32) http://www.doh.gov.ph/node/1081
33) 権　海善，奥野純子，深作貴子，戸村成男，柳　久子：中国東北部に在住の朝鮮族と漢族の要介護高齢者の介護者の介護負担感に影響する要因．日本公衆衛生学会誌，**57**，816-824，2010．
34) Chiu, H. F., Leung, T., Lam, L. C., Wing, Y. K., Chung, D. W., Li, S. W., Chi, I., Law, W. T., Boey, K. W.：Sleep problems in Chinese elderly in Hong Kong. *Sleep*, **22**, 717-726, 1999.
35) Kaneita, Y., Ohida, T., Uchiyama, M., Takemura, S., Kawahara, K., Yokoyama, E., Miyake, T., Harano, S., Suzuki, K., Fujita, T.：The relationship between depression and sleep disturbances：a Japanese nationwide general population survey. *J. Clin. Psychiatry*, **67**, 196-203, 2006.

8 グローバルエイジング——アジアの一員として

田宮菜奈子・宮下裕美子

　わが国は世界に類をみない超高齢社会を迎えているが，高齢化は現在，先進国だけではなく，発展途上国においても進行している。65歳以上の高齢者数は，2010年に先進国で2億人（全年齢人口の16%），発展途上国で3.3億人（同6%）だったものが，2050年にはそれぞれ3.4億人（同26%），11.7億人（同15%）にまで急増する見込みであり，15.1億人の高齢者のうち77%が発展途上国で暮らす状況になる（図8.1）[1,2]。これまで，発展途上国の高齢者の問題はあまり認識されていなかったが，2012年のWHO世界保健デーのテーマとして「高齢化と健康」が取り上げられたり，国連人口基金（UNFPA）も高齢者問題に取り組み，報告を出したりするなど，近年急速に着目されている。

　高齢化，すなわち，より多くの人々が長寿を全うできるようになったという

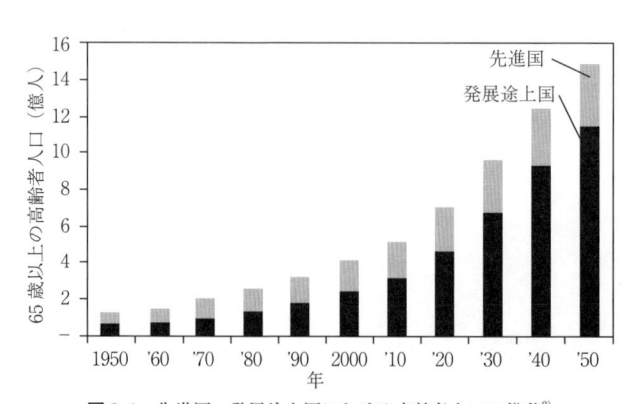

図8.1 先進国・発展途上国における高齢者人口の推移[2]

ことは，保健医療政策や社会経済開発における各国と国際社会の努力の賜物である。一方で，相対的，あるいは絶対的に生産年齢人口が減少する厳しい財政的制約の中で，増加する高齢者の健康や幸福の維持，促進をどのように社会は図っていくのか，地球規模の新たな課題となっている。

かかる状況下，世界一のスピードで超高齢社会を迎えたわが国の経験，とりわけ，世界初の全国民対象の皆保険である介護保険制度に対する国際的関心は高まっており，この経験や知見を世界に発信していくことが求められている。しかし，それは，各国固有の社会文化的背景や保健医療制度を無視して，わが国の制度を押し付けようというものではなく，各国の特性を踏まえた高齢化対策への支援に，失敗経験からの教訓も含め，われわれの経験をどのように活かせるか，という考え方に基づくものでなければならない。

そこで，本章ではまず，わが国も属するアジアに対象を絞り，各国の高齢化の現状と高齢者の特徴を，国際機関と各国の統計と資料を用いて概観し，それに基づき，高齢化のリーディングカントリーとしてわが国が世界の高齢化対策において果たすべき役割について，述べていきたい。

8.1 アジアの高齢化と今後――日本の役割を踏まえて

● a．高齢化の現状

まず，65歳以上の高齢者の数を全人口で割った高齢者人口割合をみると，2010年現在10%を超えているのは，日本（22.7%），香港（12.7%），韓国（11.1%），台湾（10.7%）である。北朝鮮（9.5%），シンガポール（9.0%），タイ（8.9%），中国（8.2%），スリランカ（8.2%），マカオ（7.0%）がこれらに次ぎ，以上10か国（国・地域）が一般に「高齢化社会」といわれる高齢者人口割合7%以上に達している[1]。2050年には，東ティモールを除くすべてのアジアの国において，高齢者人口割合が10%以上に上ることが予測されている。とりわけ，台湾，韓国，シンガポール，香港，マカオでは，今後40年間で20ポイント前後増加し，およそ30%に達する見込みである。次いで，中国，タイが25%台，すなわち，現在の日本のレベルを上回ると予測されている（表8.1）[2]。これらの国について，1950年から2050年までの高齢者人口割合の推移をグラ

表 8.1 アジア各国の高齢者数と総人口に占める割合[1,2]

国・地域	2010年		2050年	
	数（百万）	割合（%）	数（百万）	割合（%）
日本	28.7	22.7	38.6	35.6
香港	0.9	12.7	2.9	30.8
韓国	5.4	11.1	15.4	32.8
台湾	2.5	10.7	7.2	35.7
北朝鮮	2.3	9.5	4.5	17.2
シンガポール	0.5	9.0	1.9	31.8
タイ	6.1	8.9	17.8	25.1
中国	109.8	8.2	331.2	25.6
スリランカ	1.7	8.2	5.0	21.6
マカオ	0.04	7.0	0.2	29.8
ベトナム	5.3	6.0	24.0	23.1
インドネシア	13.3	5.6	56.5	19.2
モルディブ	0.02	5.2	0.1	21.8
ミャンマー	2.5	5.1	9.7	17.6
インド	60.3	4.9	227.7	13.5
ブータン	0.0	4.8	0.2	16.9
マレーシア	1.4	4.8	6.5	15.0
バングラデシュ	6.8	4.6	31.0	15.9
ネパール	1.2	4.2	5.4	11.6
モンゴル	0.1	4.1	0.6	14.1
ラオス	0.2	3.9	1.1	12.6
カンボジア	0.5	3.8	2.4	12.8
フィリピン	3.4	3.6	16.7	10.8
ブルネイ	0.01	3.6	0.1	17.5
東ティモール	0.03	2.9	0.1	4.4

フにしたものが図8.2であり，急速な高齢化の様子が見て取れる。

さらに，80歳以上の超高齢者の割合は，高い方から順に，日本（6.3%），香港（3.6%），台湾（2.5%），韓国（2.0%）となっている（図8.3）。高齢化の進行につれ，超高齢者の増加が進むことが明示されている[1]。

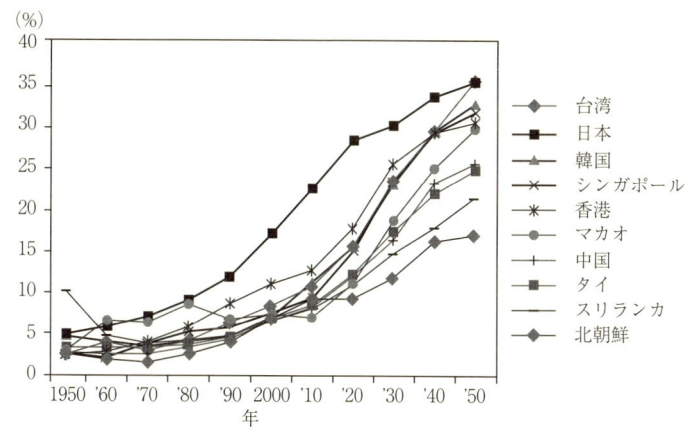

図 8.2 アジア高齢先進 10 か国における高齢化率の推移[2]

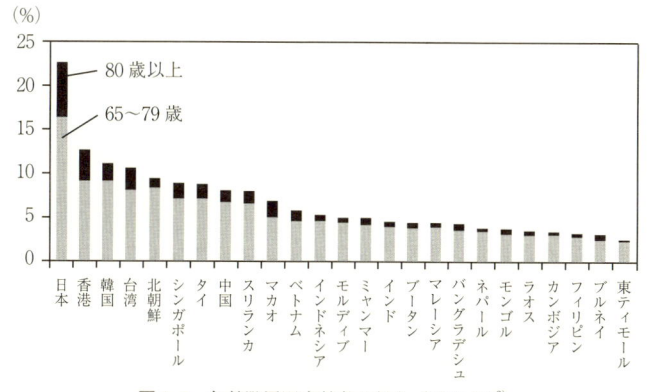

図 8.3 年齢階層別高齢者の割合（2010 年）[2]

● b．アジア高齢化先進国 10 か国の現状とわが国の経験からの考察

　ここからは，前述の 2010 年時点で高齢者人口割合が 7％以上の高齢化先進 10 か国に絞って，高齢者の生活と健康に関わるデータをもとに，今後のあり方，そして，わが国の経験がどう生かせるかの考察を試みる．

　① 年金と労働（表 8.2）

　年金の標準的な受給開始年齢は，日本，香港，韓国において 65 歳，タイ，スリランカにおいて 55 歳となっている．現役時代の収入と比べた年金の水準は，10％台（シンガポール）から 70％（台湾）まで，国による差が大きい．また，

表 8.2 高齢者の年金と就労状況[3-5]

国・地域	年金						就労			
	年金受給年齢		現役時代比水準（%）		年金カバー率（%）		法定定年年齢		就労率（%）（65歳以上）	
	標準	女性	男性	女性	労働世代	高齢者	男性	女性	男性	女性
日本	65	—	34	34	75	68	65	65	27	13
香港	65	—	38	34	—	72	65	65	12	4
韓国	65	—	45	45	55	34	60	60	43	23
台湾	60	55	70	56	51	—	—	—	—	—
北朝鮮	—	—	—	—	—	—	—	—	42	21
シンガポール	62	—	13	12	—	—	55	55	27	11
タイ	55	—	50	50	21	20	55	55	39	24
中国	60	55	68	45	23	33	60	60	30	9
スリランカ	55	50	48	32	22	25	55	50	20	1
マカオ	—	—	—	—	—	—	—	—	19	5

中国，香港，スリランカなどいくつかの国では，男性よりも女性の現役比水準が低い[3]。皆年金制度をもつ日本を除き，ほとんどの国で年金加入者は労働者の一部に限られており，高齢者のうち年金を受給している者の割合は，香港および日本で7割前後なのに対し，タイ，スリランカでは20%台にとどまっている[4]。

このような状況において，高齢者の就労率（求職中の者を含む）は，わが国で男性27%，女性13%なのに対し，韓国ではそれぞれ43%，23%，北朝鮮では42%，21%，タイでは39%，24%と高くなっている[5]。年金の早期からの計画が求められる一方，現状の人口構成では高齢者の労働に頼らざるをえない部分もある。しかし，先に労働者の高齢化を迎えたわが国では，工事労働者における労働災害の発生率は60歳以上では30歳代の約2倍[6]であり，農業従事者の事故も多く，安全な就労とのバランスも重要になろう。

② 教育

教育レベルを測る指標として，ここでは非識字率を用いて比較する。図8.4は，データ[7]のあるすべての国において，男性よりも女性で非識字率が高いこ

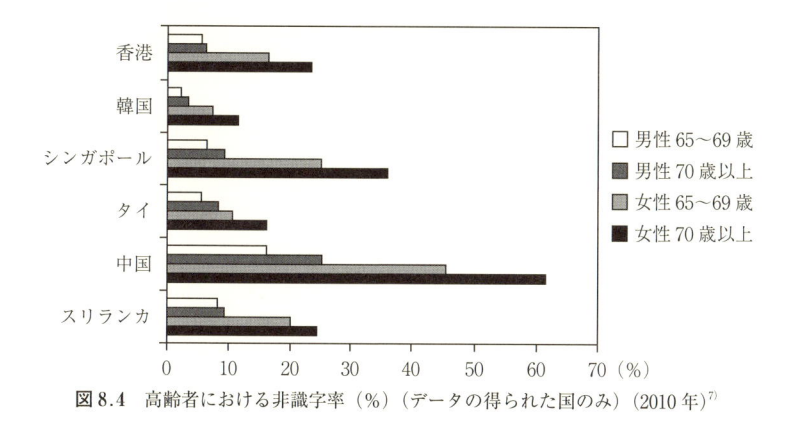

図 8.4 高齢者における非識字率（％）（データの得られた国のみ）(2010 年)[7]

とを示している．また，男女を問わず，65〜69 歳群に比べて，70 歳以上のより高齢群において，非識字率が高い．中国の 70 歳以上の女性では，非識字率が 60％以上に及んでいる．

各国の教育レベルは年々向上してきており，現在ではすべての国において初等教育の就学率は男女ともほぼ 100％を達成しているが，現在の高齢者が学齢期にあったころはその限りでなく，加えて加齢により認知機能や視力に衰えが生じるため，これらの高齢者，特に女性のヘルスリタラシーはきわめて低いことに改めて留意しなければならない．高齢者の医療・福祉やヘルスプロモーション活動の現場においては，情報の伝達をわかりやすくする，相談窓口を充実させる，サービスの利用手続きを簡素化する，などの工夫が必要である．

地域での高齢者教育の一例として，わが国では，介護保険による介護予防（c 項参照）として，体力づくり，栄養，口腔ケアなどを柱にした介護予防教室などが行政を中心に展開されており，モデルになろう．一方，仏教国タイでは，コミュニティーの中心に寺院があり，全国 875 の地域（district）に各 1 寺院を指定して，ヘルスプロモーション寺院プロジェクトが進められているほか[8]，全国に 4 万あるといわれる体操や文化的活動を行う高齢者クラブの多くが，寺院で開かれている．このように，宗教が高齢者の福祉や教育，地域の共助に果たす役割を，再評価し，高齢者介護に取り入れていくことも，今後のアジアの展開では重要になると考える．宗教については，日本でも改めて地域での絆の

あり方，心のあり方，そして，死生観との関連などにおいても，その位置づけには着目する必要があろう．

③ 健康

がん（悪性新生物），虚血性心疾患，脳血管疾患の，60歳以上の全死亡に占める割合を示したのが図8.5である．日本，韓国，シンガポール，中国において，これら3疾患は過半数を占めている．特に，中国における脳血管疾患は死因の26％に上っており[9]，相当数の要介護高齢者がいる可能性があるが，リハビリテーションなどは緒についたばかりである．中国では人口の絶対数が多いことから，中国の脳血管疾患対策は，予防やリハビリを含め，地球レベルの課題である．こうした中，わが国の長寿に最も寄与した高血圧対策の実績[10]は，着目されるべきものである．その地域をあげての塩分削減の取り組み，降圧剤の普及，そしてリハビリテーションの発展など，中国をはじめとする後に続く国の脳血管障害予防のよい前例になる．

また，がん対策は，わが国でも，そして続く国でも課題である．予防では，胃がんによる死亡の低下は脳血管疾患による死亡の低下と同様，よい前例である．一方，わが国では，がん難民の存在や緩和ケアの遅れなど，欧米に比して改善すべき点が多く，がん対策基本法の制定により，当事者の意見を取り入れ

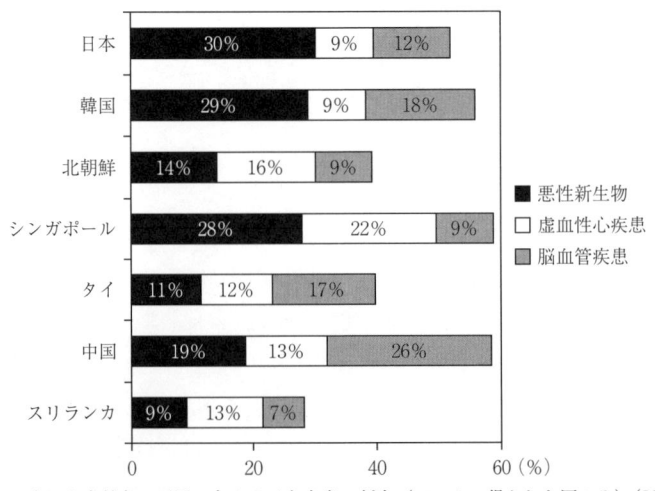

図 8.5 60歳以上高齢者の死因に占める三大疾患の割合（データの得られた国のみ）（2008年）[9]

る政策など,各種の改善策がやっと始まったところである。この基本法は,最先端の治療成績に力を入れ,一方で,技術の均てん化,そして疼痛コントロール,告知,在宅医療など,生活の質(quality of life:QOL)を重視した医療への転換が遅れていたわが国において,方向転換のきっかけとなっている。後から続く国では,この点も最初からバランスをとって発展できるように,わが国の例を生かしていただきたい。

④ 家族形態(表8.3)

60歳以上のうち,現在結婚している者の割合はいずれの国においても男性で高く,およそ8割を占め,女性では韓国の44%からスリランカの66%と5〜6割前後になっている[5]。男女の平均余命の差により,女性の方が配偶者を亡くし,独り身になる割合が高いことを示している。

現在独居の者の割合は,日本,香港,マカオで10%以上を占める一方,北朝鮮,タイ,シンガポール,スリランカでは5%にも満たない[11]。反対に子と同居中の者の割合は,わが国で43%[12],韓国で33%[13]なのに対し,シンガポール[14],タイ[15]では,それぞれ67%,60%に上っている。

これらの国では,いずれもまだ家族で高齢者をみるという体制が中心であるが,工業化による都市部への生産人口の移動や少子化,近代家族化により,今

表8.3 高齢者の婚姻状況と居住形態(データの得られた国のみ)[5,11-15]

国・地域	現在結婚している (2004年以前)(%)		独居(%)			子と同居(%)
	男性	女性	男性	女性	計	
日本	84	55	—	—	12.7(2000年)	43*(2009年)
香港	82	52	10.8	10.8	10.8(1996年)	—
韓国	87	44	—	—	7.7(1988年)	33(2011年)
北朝鮮	—	—	0.3	8.7	4.6(1990年)	—
シンガポール	84	51	1.6	2.7	3.3(1995年)	67*(2010年)
タイ	81	52	2.9	5.5	4.3(1995年)	60(2007年)
中国	79	61	—	—	8.1(1990年)	—
スリランカ	87	66	1.4	4.6	2.9(1990年)	—
マカオ	84	49	10.7	10.2	10.4(1990年)	—

*:65歳以上(無印は60歳以上)。

後これらの家族形態がどうなるのかは,これからの高齢社会の動向の上で重要である。

高齢者介護をめぐる家族観としては,多くの国で,高齢者は家族がみるという社会的な伝統,規範があり,家族自身がそれを望む場合が少なくない。たとえば,仏教国タイでは,介護により親の恩に報いることは自分自身にご利益をもたらすと考えられている[16]。一方で,多くの場合に実際に介護の担い手となるのは女性であり,近代化とともに介護は女性の就労を妨げる要因と考えられるようになってきた。たとえば,韓国とわが国においては,長男が家を継ぐという伝統的な家族制度の下で,親の介護は長男の嫁の務めであり,同居し,1日24時間奉仕して当たり前と考えられてきた。しかし戦後,核家族化や女性の社会進出が進むにつれ,嫁による介護は搾取であるという考え方が広がり,また,実の娘に面倒をみてもらう方が気兼ねなくてよいと考える親世代も増えた。そして現在のわが国では,虚弱高齢者の主たる介護者が嫁であるのはわずか14%程度にまで減少した[12]。しかし,数%である欧米諸国に比してはまだ多く,嫁の介護はアジアの特徴でもあるといえよう。嫁が介護した場合に,娘の介護に比して生存期間が短いという研究結果[17]もあり,嫁の介護のあり方は今後の課題である。他方,シンガポールでは,外国人メイドが主な介護者である場合が1/4を占め[18],台湾,中国でも同様の傾向がある[19]。

それぞれの国で,家族の気持ちと女性の社会進出,双方の実情を尊重し,支える制度が今求められているといえる。

また,都市計画においては,近代化の過程において,都市一極集中を意識的に避けていくことで,家族同居率をある程度維持できるかもしれない。

●c. 公的介護保険サービス

公的介護サービスの仕組みは,租税を財源とする社会扶助方式と保険料を財源とする社会保険方式に大別できる。アジアで介護保険制度をもつのは,日本と韓国[20],整備中の台湾[21]の3か国であり,日本の介護保険制度は,1995年に開始したドイツの介護保険を見本にしたものであるが,国民皆保険である点など,わが国が世界で初めての点も多く(ドイツは皆保険ではない),続く国の先例として近年着目されており,筆者らも分析を伴うレビュー論文[22]を出したと

ころである。その他の国においては，前述のとおり，家族による私的な介護（インフォーマルケア）が中心であり，訪問介護やデイケアセンター，高齢者クラブなどの在宅・地域におけるサービスはあるものの，施設サービスは緒についたばかりである。そこで，ここでは，今後新たな介護システムの導入や介護サービスの拡大を検討している国々の教訓となりうる，日本の介護保険制度下の経験を，日本・韓国・台湾の比較から，やや詳細に論じたい（表8.4）。

① 介護予防

3か国いずれにおいても，居宅サービス，施設サービスの双方が提供されているが，介護ニーズの低い者に対する介護給付は，韓国やわが国が手本にしたドイツの介護保険制度下でも行われていない。これは，わが国の介護保険制度の特徴の一つである。制度開始後5年間で，要介護認定者数が約193万人増加（88％増）した中，とりわけ要支援，要介護1の軽度者は138％増と大幅に増加し，認定者の半数を占めるに至った。これらの軽度者には，転倒・骨折，関節疾患などの原疾患により徐々に生活機能が低下していく「廃用症候群」（生活不活発病）の状態にある者やその可能性の高い者が多いのが特徴で，適切なサービス利用により状態の維持・改善が期待される。そこで，2006年の制度改革において，「介護予防」を重視したシステムが導入されることになった[23]。これは，単に高齢者の運動機能や栄養状態といった特定な機能の改善だけを目指すものではなく，一人ひとりの生きがいや自己実現のための取り組みを総合的に支援することによって，QOLの向上をも目指すものである[24]。

表8.4 介護保険制度の概要[20,21]

国・地域	開始	サービス					ケアマネジメントシステム	自己負担割合
		施設	居宅	予防	介護者支援	その他		
日本	2000年	○	○	○	○ （レスパイトケア）	—	○	10％
韓国	2008年	○	○	—	○ （経済的支援/ レスパイトケア）	特別現金給付	—	施設20％ 居宅15％
台湾	準備中	○	○	—	○ （レスパイトケア）	—	—	要介護度と世帯収入に応じて 0〜30％

② 利用者の自己負担割合

　原則として，日本では施設サービス，居宅サービスとも 10％なのに対し，韓国では施設サービスで 20％，居宅サービスで 15％と，いずれも日本より自己負担割合が高く，施設サービスを高く設定している。日本も同等の1割負担で開始したところ，施設希望者が増加し，2005 年に見直しが入り，ホテルコストが導入された。先行したドイツでは入所理由により保険カバー率が異なり，家族の都合が主な場合には，保険からはほとんど支払われない。今後の制度設計における鍵の一つであろう。

③ ケアマネジメント制度

　ケアマネジメント制度があるのはわが国の特徴であり，韓国，台湾にはこのような制度はない。また，ドイツも 2008 年に日本の例にならい，取り入れ始めている[25]。この要となるのはケアマネージャー（以下，ケアマネ）で，多様なサービスの中から，どのようなサービスをどれほど利用するか，利用者のニーズを把握した上で，それに合わせてケアプランを作成する役割を負い，家庭医と病院など他のサービス提供者との間の調整，サービスの提供と介護の診療報酬の管理，受給者・家族介護者の意思決定の援助を主な業務内容とする。介護保険制度が効果的に機能を果たすか否かは，ケアマネの質にかかっているともいえ，海外からも着目されているケアマネのあり方は，今後，わが国でさらに実証的に発展させるべき制度である。ケアマネについての研究としては，筆者らも，公的ケアマネより私的ケアマネの場合にサービス種類が少なく同じ展開の事業に偏る可能性があること[26]，福祉系のケアマネは訪問看護をあまりプランに入れていないこと[27]などを示してきたが，所属によるケアプランの内容の差異について，今後，さらなる研究が必要となろう。

④ 生活援助

　生活を支える視点から，掃除，洗濯などの生活援助を行うヘルパーへの給付が認められているのも，韓国や先行するドイツにないわが国の特長である。こうした生活援助により施設入所が避けられ，地域生活が可能になっている可能性もあるが，まだ検証はされていない。これらの費用対効果を明らかにすることが今後，必要である。一方，こうした生活援助を公的サービスにのみ頼ることが限界になっているのも事実で，地域の自助，共助でこうした支援を進めて

いこうという政策が進んでいる。どこまで自助，共助ができるか——これは，インフォーマルケアの力によるものとなり，次に述べるように介護する力を尊重していくことが大切となる。

⑤ 家族介護者支援

一方，わが国の介護保険の要改善点として，筆者らが第一に考えるのは，介護者支援策が不十分であることである。介護の社会化，家族介護者の解放をスローガンにした日本の介護保険制度はサービスの現物給付に限られているのに対し，韓国，台湾では，家族介護者に対する現金給付が認められている。

現金給付については制度創設時に議論になったが，家族を介護にしばりつけかねないという懸念や財政上の制約もあり，見送りになった経緯がある。しかし，今日も介護の中心的担い手である家族介護者の心身の負担軽減は，被介護者の快適な自立生活の支援につながることにもなり，逆に，負担が重すぎるケースでは，虐待や放置・搾取につながりかねない[28]。また，家族介護者が仕事や自身の生活と両立しながら，無理なく在宅介護を継続できれば，要介護者の施設入所の抑制につながり，介護保険財政の面からも望ましい。これらを鑑みれば，介護者のニーズを明らかにした上で，介護者支援システムの確立について，今一度検討していくことが必要である。

⑥ 制度の実証的評価

わが国は，世界に先駆けて国民皆保険としての介護保険を実施した。10年あまりが経過した今，世界の先例として着目されている。しかし，実証的にその評価をしたものはこれまではあまりなく，2011年に発行された"*Lancet*"[22]が，初めて全国レベルのデータで評価を試みたものである。詳細は同文献を参照されたいが，本人や介護者の健康度は改善しなかったものの，介護時間は有意に減少していた。しかし，これらの効果は特に高所得者にのみみられ，中低所得者の介護者の負担軽減が課題となっている。

アジア25か国のうち，実に10か国（40％）が，65歳以上の高齢者が人口の7％以上を占める「高齢化社会」のレベルに達していた。これ以外の国も含めて，アジアのほとんどすべての国において，高齢化が急速に進展しており，しかも，いくつかの国では，日本が経験したよりも速いスピードである。これらの結果

は，社会基盤，社会保障や社会サービスを，この急速な高齢化以上のスピードでもって進めなければならないという，待ったなしの状況にあることを示している．

アジアの高齢化先進10か国の高齢者の特徴としては，まず，がん，虚血性心疾患，脳血管疾患といった非感染性疾患が，特にシンガポール，中国，韓国，日本において深刻な課題となっており，生活習慣病対策の充実が求められている．この点において日本の経験が生かせるのは前述のとおりである．

中国，韓国を含めた新興国においては，目覚ましい経済の発展とともに，教育や社会保障制度など，現在，社会システムの整備が進められているが，その恩恵を高齢者は十分に享受できていない．特に，女性は寿命が長いものの，社会的に脆弱であることに留意しなければならない．

また，日本，韓国など東アジアにおいては，独居高齢者への対応がますます重要な課題となっている．一方，東南アジアにおいては，子との同居が一般的であり，高齢者を介護する家族の重要性が増しており，家族介護者へのサポートをいかに充実させていくかが今後の課題であると考えられる．

8.2 日本からの発信に当たって必要なこと

世界で最も高齢化が進んだわが国がどのように高齢化に対応してきたか，世界にわが国の経験を発信するに当たって，まず今一度，わが国における高齢者ケアへの価値観，規範の変遷を振り返り，制度としての介護保険の実証的評価を行う必要がある．これらの分析に基づき，介護保険制度または何らかの介護システム，サービスを導入しようと検討している多くの国々に対し，介護保険制度導入時，その後の持続可能性の観点からの制度改革を含めた日本の苦労の経緯の共有を図りたい．これが，先を進むという恩恵を受けることができた国の任務であると考える．

そして，発展途上国への応用に当たっては，介護サービスの充実度，所得格差，女性の地位，家族構成，インフォーマルケアの市場化への考え方，移民のような労働力の有無などをもとに，各国の文化や進む方向を見据え，介護する人の人権を尊重しつつ議論していくことが重要であろう．

文　献

1) UN Department of Economics and Social Affairs, Population Division：Annual population 1950-2010-both sexes. World Population Prospects, the 2010 Revision, 2011；http://esa.un.org/wpp/Excel-Data/DB04_Population_ByAgeSex_Annual/WPP2010_DB4_F1A_POPULATION_BY_AGE_BOTH_SEXES_ANNUAL_1950-2010.XLS（2012 年 10 月アクセス）
2) UN Department of Economics and Social Affairs, Population Division：Annual population 2011-2100-both sexes. World Population Prospects, the 2010 Revision, 2011；http://esa.un.org/wpp/Excel-Data/DB04_Population_ByAgeSex_Annual/WPP2010_DB4_F1B_POPULATION_BY_AGE_BOTH_SEXES_ANNUAL_2011-2100.XLS（2012 年 10 月アクセス）
3) OECD：*Pensions at a Glance 2009 Retirement-Income Systems in OECD Countries*，OECD, 2009, pp. 24-29.
4) ILO：Providing coverage in times of crisis and beyond. *World Social Security Report 2010/11*, ILO, 2010, pp. 162-163, 241.
5) UN Department of Economics and Social Affairs, Population Division：Population Ageing and Development 2012, 2012；http://www.un.org/esa/population/publications/2012PopAgeingDev_Chart/2012PopAgeingandDev_WallChart.pdf（2012 年 10 月アクセス）
6) 東京労働局労働基準部：高年齢化時代の安全・衛生　災害防止のためのガイドライン，2009；http://tokyo-roudoukyoku.jsite.mhlw.go.jp/library/tokyo-roudoukyoku/roudou/eisei/tokyoleaflet/pdf/18.pdf（2013 年 1 月アクセス）
7) UN Department of Economics and Social Affairs, Population Division：World Population Ageing：1950-2050, 2002；http://www.un.org/esa/population/publications/worldageing19502050/countriesorareas.htm（2012 年 10 月アクセス）
8) Jitapunkul, S., Wivatvanit, S.：National policies and programs for the aging population in Thailand. *Ageing Int.*, **33**, 62-74, 2009.
9) WHO Department of Measurement and Health Information：Disease and injury country estimates, 2008：By sex and age. Mortality and Burden of Diseases estimates for WHO Member States in 2008, 2011；http://apps.who.int/gho/data/?vid=10011（2012 年 10 月アクセス）
10) Ikeda, N., Saito, E., Kondo, N. *et al.*：What has made the population of Japan healthy？*Lancet*, **378**, 1094-1105, 2011.
11) UN Department of Economics and Social Affairs, Population Division：Living arrangements of older persons around the world, 2005；http://www. un. org/esa/population/publications/livingarrangement/covernote.pdf（2012 年 10 月アクセス）
12) 内閣府：平成 23 年度版高齢社会白書，2011，pp. 14，33.
13) Statistics Korea：Living with Adult Children, 2011.
14) Singapore Department of Statistics：Census of Population 2010 Advance Census Release, 2010, Table 25；http://www.singstat.gov.sg/pubn/popn/c2010acr.pdf（2012 年 10 月アクセス）
15) Knodel, J., Chayovan, N.：Population aging and the well-being of older persons in Thailand, *Population Studies Center*, University of Michigan, 2008, p. 67；http://www.psc.isr.umich.edu/pubs/pdf/rr08-659.pdf（2012 年 10 月アクセス）
16) Choowattanapakorn, T.：The social situation in Thailand：The impact on elderly people. *Int. J. Nurs. Pract.*, **5**, 95-99, 1999.
17) Nishi, A., Tamiya, N., Kashiwagi, M., Takahashi, H., Sato, M., Kawachi, I.：Mothers and daughters-in-law：a prospective study of informal care-giving arrangements and survival in Japan. *BMC Geriatr.*, **10**, doi 10, 1186/1471-2318-10-61, 2010.
18) 大和礼子：第 11 章　高齢者の扶養・介護からみるシンガポールと日本―「世帯間の連帯」を促す

しくみと「世帯間自立」を促すしくみ―．落合恵美子，山根真理，宮坂靖子編，アジアの家族とジェンダー（双書 ジェンダー分析 15）．勁草書房，2007，p. 254.
19) 落合恵美子，山根真理，宮坂靖子：結章 アジアの家族とジェンダーの地域間比較―多様性と共通性―．落合恵美子，山根真理，宮坂靖子編，アジアの家族とジェンダー（双書 ジェンダー分析 15），勁草書房，2007，p. 300.
20) 金　貞任：第7章 韓国の介護保障．増田雅暢編著，世界の介護保障，法律文化社，2008.
21) 台湾行政院衛生署：Long-Term Care Insurance Planning, 2010；http://www.doh.gov.tw/EN2006/DM/DM2.aspx?now_fod_list_no=11021&class_no=229&level_no=1（2012年10月アクセス）
22) Tamiya, N., Noguchi, H., Nishi, A. et al.：Population ageing and wellbeing：lessons from Japan's long-term care insurance policy. Lancet, **378**(9797), 1183-1192, 2011.
23) 厚生労働省：介護保険制度改革の概要―介護保険法改正と介護報酬改定―，2006；http://www.mhlw.go.jp/topics/kaigo/topics/0603/dl/data.pdf（2013年1月アクセス）
24) 長寿社会開発センター：地域包括支援センター運営マニュアル 2012, pp. 157-158；http://www.nenrin.or.jp/chiiki/manual/pdf/manual06.pdf（2012年12月アクセス）
25) Campbell, J., Ikegami, N., Kwon, S.：Policy learning and cross-national diffusion in social long-term care insurance：Germany, Japan, and the Republic of Korea. Int. Soc. Sec. Rev., **62**, 63-80, 2009.
26) Yoshioka, Y., Tamiya, N., Kashiwagi, M., Sato, M., Okubo, I.：Comparison of public and private care management agencies under public long-term care insurance in Japan：a cross-sectional study. Geriatrics and Gerontology International, **10**(1), 48-55, 2010.
27) Kashiwagi, M., Tamiya, N., Sato, M. et al.：Factors associated with the use of home-visit nursing services covered by the long-term care insurance in rural Japan：A cross-sectional study. BMC Geriatr., **13**, doi 10, 1186/1471-2318-13-1, 2013.
28) 本澤巳代子：第3章 社会福祉の権利の実現．日本社会保障法学会編，地域生活を支える社会福祉（新・講座 社会保障法），2012, p. 59.

第Ⅲ部
ヒューマン・セキュリティと社会環境

9 人権としてのヒューマン・セキュリティと予防原則——放射能と電磁波の健康への影響を考える

岩浅昌幸

9.1 ヒューマン・セキュリティの内実と人権

　ヒューマン・セキュリティ（人間の安全保障）とは，『人間開発報告書』（1994年，国連開発計画（UNDP）による"*Human Development Report*"）において唱えられた概念である。人間の生存に対する脅威から個人を守ることがこの目的である。この概念は本来，人々が内戦，犯罪，飢餓，感染症，疾病，失業，環境破壊，迫害，テロ，抑圧などの，身体的・経済的な生存の脅威にさらされることがあるという認識の下，個々の人間の安全の達成に焦点を当てたものである。（食糧や物的資源などの）「欠乏による脅威」と（地域紛争，民族紛争，宗教紛争などの）「恐怖による脅威」からどのように免れるか，という問題意識がその根底にある。

　UNDP が定義したヒューマン・セキュリティの内実は，経済の安全保障，食糧の安全保障，健康の安全保障，環境の安全保障，身体の安全保障，地域社会の安全保障，政治的安全保障である。経済の安全保障とは，生産的仕事からの基本的収入と最終的手段としてのセーフティネットを意味する。食糧の安全保障とは，基本的な食糧へのすべての人の物理的・経済的なアクセス権を意味する。健康の安全保障とは，医療機関へのアクセス可能性などを意味する。環境

の安全保障とは，水不足，塩害，砂漠化，大気汚染，原発事故，地震，津波，竜巻，洪水などから免れることを意味する。身体の安全保障とは，暴力や紛争，薬物乱用から免れることを意味する。地域社会の安全保障とは，文化的アイデンティティと価値観の形成を提供する地域社会の安全を意味する。政治的安全保障とは，特に軍や警察による，政治的人権への抑圧および政府による思想や情報の統制から免れることを意味する。そしてこれらは相互に関連しあい，オーヴァーラップするという。この文脈において今日，ヒューマン・セキュリティの定義として，元々の「欠乏による脅威」と「恐怖による脅威」に加えて，「尊厳をもって生きる自由」が認識されてきている。

日本国憲法の前文において「全世界の国民が，ひとしく恐怖と欠乏から免れ，平和のうちに生存する権利を有することを確認する」と謳われている理念とも符合する，このヒューマン・セキュリティは，人権としての生存権（健康で文化的な生活の保障），環境権，人格権と強いつながりを有する。そして，種々の意味における安全を脅かす事態は，早期予防により，その侵害をより容易に防ぎうること，そしてこれらの施策は，単一的ではなく統合的であることが必要だと強調されている[1]。

この意味においてヒューマン・セキュリティは，予防的発動によって最も効果が期待できると考えられる。ここに，ヒューマン・セキュリティと予防原則の連携が課題となってくるのである。

9.2　予防原則の活用

予防原則（precautionary principle）とは，人，動物や植物の健康に対する危険に直面した場合や環境保護の場合に，早急な対応を可能にするものである。特に科学的データがリスク評価を許容しない場合，この原則に訴えることによって，有害な可能性のある製造物の流通を止め，それの市場からの回収を命ずることができる。

同原則は，「化学物質や遺伝子組換え等の新技術などに対して，環境に重大かつ不可逆的な影響を及ぼす仮説上の恐れがある場合，科学的に因果関係が十分証明されない状況でも，規制措置を可能にする制度や考え方」であり，1992年，

リオデジャネイロで開催された環境サミットで宣言された原則（リオ宣言）である。これは，欧米で最近発達してきた概念であり，予防措置原則ともいう。欧州では，この概念が食品安全や電磁波被害など人の健康全般に関する分野にも拡大適用されており，国際交渉における環境と健康保護に関して積極的影響をもち，さまざまな国際協定において顕著に認識されてきている。予防原則は国際慣習法の成立要件の一つである「国家の一般的慣行」となっており，慣習法とまではいえないものの多くの国際宣言，同意書に見出せる原則である[2]。

予防原則の着目すべき特徴の一つは，今日の科学的データが十分にない場合にも政治的判断を要請することにある。たとえば，欧州連合（EU）の予防原則に関する委員会は，以下の内容を表明する。

① 予防原則と政治の責任：　予防原則とは，本質的にリスクの管理において政策決定者により用いられるものである。これは，科学者が科学的データのアセスメントにおいて適用する構成要素と同じではない。政策決定者は，入手可能な科学的情報の評価の結果に伴う不確実性の程度について認識することが必要である。社会にとってリスクの「許容可能な」水準がいかなるものかの判断は，何よりも「政治」の責任である。許容できないリスク，科学的不確実性および市民の懸念に直面する政策決定者は，回答を見つける義務を有する。したがって，これらすべての要因が考慮されなければならない。意思決定手続は，透明性が高くあるべきであり，できる限り早期に，合理的に可能な範囲で，（科学者だけではなく）すべての利害関係者を関与させるべきである。

② 健康は費用に優先する：　費用と便益の検討（について重要なこと）は，経済的費用・便益分析だけではない。その適用範囲はもっと広く，可能なオプションの効果や市民にとっての受入可能性といった非経済的考慮も含んでいる。このような検討を行う際に，健康の保護が経済的考慮に優先されるという，一般原則および裁判所の判例法が考慮されるべきである。

③ 政府の不作為の禁止：　因果関係の存在，定量化可能な容量/反応関係の存在，または，曝露に続いて生じる悪影響発生の蓋然性の定量的評価についての科学的証拠がないことは，政府が防止行動をとらないことを正当化するために使用されるべきではない。

④ 立証責任の転換：　先験的に危険と考えることがある製品に事前承認の

条件を課す際，国は，製品が安全であると証明するのに必要な科学研究を事業者が行うまで，それらの製品を危険なものとして取り扱うことによって，（健康への）侵害がないことを証明する責任を事業者側に転換する（ことができる）[3]。

そして，欧州における「予防」に関する考え方については，ヨーロッパ環境庁（European Environmental Agency：EEA）が「予防原則：早期警告からの遅ればせの12の教訓」（Late lessons from early warnings：the precautionary principle 1896-2000）をまとめ，予防原則の特徴について次のように整理している。

"The 12 late lessons"[4]（抜粋）：

① 「不確実性」と同様に「無知」であることに対しても対応すること。

② 早期に気付くため，環境と健康に関する長期にわたる適切なモニタリング調査と研究を行うこと。

③ 科学的知見の盲点やギャップを特定し，削減すること。

④ 知見を得る上での複数の学問分野にまたがる障害を特定し，削減すること。

⑦ 評価されている選択肢の他にニーズを満たす代替策の範囲を検証すること。

⑧ 専門家の知識とともに素人や地域レベルの知識も活用すること。

⑨ 異なった社会集団の意見や価値を十分考慮に入れること。

⑩ 規制当局は経済的もしくは政治的な特定の利害から常に独立していること。

⑫ 懸念すべき正当な根拠がある場合，潜在的な害を軽減するために行動し，「分析による停滞」を避けること。

この予防原則との関連で一般にイメージされるのは，わが国では従来，遺伝子組み換え食品に対する健康への影響懸念や，抗生物質の畜産への多用問題，米国産牛肉の牛海綿状脳症（BSE）などの人畜共通感染症への対策などであるが，この原則の適用はいくつかの分野でなされてきた[5]。

進歩し続ける科学の応用によって有害な影響が地球規模になるに伴って，この予防原則の活用が必要と期待される分野は多岐にわたっている。本章では，特に今日，日本社会のみならず世界的に問題が急浮上しつつある，原子力発電

所事故による放射性物質による汚染と健康，そして電磁環境が健康に与える影響の各種報告につき考えることによって，ヒューマン・セキュリティにとってのこの原則発動の意義について浮き彫りにしたい．

9.3 放射能汚染と健康

　2011 年 3 月 11 日発生の東日本大震災に伴う，福島第一原子力発電所の放射能漏れ事故は，多くの人々に避難生活を余儀なくし，今日でも甚大な社会的影響を与えている．特に世代を越え，長期にわたる放射能による健康被害が懸念されている．しかし，国際的にみても低線量被曝による人体への影響についての研究や報告は少なく，このことがその心配を増大している要因でもある．ここで，1986 年に旧ソビエト連邦のウクライナにおいて，同じく放射能漏れ事故を起こしたチェルノブイリのその後の経験や報告が参照されうる．

　チェルノブイリ事故後の健康被害の 25 年の記録研究（NHK ETV 特集，2012 年 9 月 23 日）によれば，以下のような報告がなされた．

　ウクライナでは，冠動脈疾患（coronary heart disease：心筋梗塞，狭心症）は，甲状腺投下線量 0.3～2 Sv（シーベルト）を被曝した被災者では通常人に比べ 3.22 倍，それ以上被曝した人では 4.38 倍発症しやすいことが報告された．これまでこれらは心理的・社会的ストレスといわれてきた疾患である．しかし，研究者によれば，低い放射線量被曝の影響が心臓や血管の疾患に表れているという．

　チェルノブイリから 140 km の町コロステンは，年間被曝量（セシウム 137）が 5 mSv（ミリシーベルト）（強制移住地域）とそれ以下が混在する地域であるが，ここにあるコロステン健診センターにおいて，心疾患などの患者を多く診断した医師は，近隣の低線量放射性物質に汚染された食べ物（ミルク・肉など，特に線量の基準値を超える危険なキノコやベリー類）からの影響を疑っている．

　ウクライナ政府報告書[6]は，事故後の子供の健康悪化に多くのページを割いている．それによると，事故後生まれた子供たちにおいて，今日でも甲状腺などの内分泌疾患が 48%，脊椎が曲がっているなどの骨格の異常が 22% の子供から見つかった．また，体力のない子供が増え，485 人の全校生徒のうち，正規

の体育の授業を受けられるのは15人にすぎないという。

　幼少期からのジストニア，高血圧，関節痛などの症状の訴えがある。最近，生徒の訴えで多いのが心臓の痛みで，学校の保健室にはこの薬が常備されている。また，1日に3回救急車を呼ぶこともあるという。

　国は，対策として，授業短縮などを今も行っている。

　同報告書は，汚染地帯で生まれた32万人を調べ，健康状態を報告している。1992年には子供の22％が「健康」であったが，2008年にこれが6％に減少した。逆に，慢性疾患をもつ子供は，1992年の20％から2008年に78％に増加した。事故後25年以上経った今日も，給食などの食材の放射能検査を実施しているが，子供の健康状態の悪化を食い止めることはできていないという。

　国立放射線医学研究所の研究者ステパーノバは，汚染地帯全域で子供の疾患が増え続けていることは統計的にみても明らかとする。被災者の子供において，17年間で，内分泌系疾患は11.61倍，消化器系疾患は5.00倍，筋骨格系疾患は5.34倍，循環器系疾患は3.75倍に増えており，その健康悪化の原因には不明な点が多いが，近隣の食品を通じて慢性的に入ってくる放射性セシウムと，ビタミンの不足ではないかと推測している。

　また，キエフにある同研究所の小児科病棟には，ウクライナ全域から疾患をもった子供が集まっている現状がある。

　福島原発事故後，日本国政府は一般人の年間放射線受容限度を20 mSvとしたが，この線量では基準値として高すぎるとの声が各方面で上がっているという。そこで国では低線量被曝を検討するワーキンググループを立ち上げた。この中でウクライナの現地調査を行っている研究者からウクライナでの健康状態の悪化が報告された。ここでは四半世紀を経てがん以外の疾患が増加傾向にあるとの報告があったが，他の委員との間で，疾患と放射線との因果関係をめぐって議論が鋭く対立した。

　この結果，ワーキンググループは最終報告において，子供の甲状腺がんとの因果関係以外，他の疾患と放射線被曝との因果関係は科学的に認められないとの報告書を政府に提出した。

　政府に提出されたこの報告書では，「さまざまな疾患の増加を指摘する現場の医師の観察がある」としながらも，「国際機関の合意として疾患の増加は科学

9.3 放射能汚染と健康

的に確認されていない」と結論付けている。その上で、「年間被曝量 20 mSv という（日本の）基準は、健康リスクにおいて低く、十分にリスクは回避できる基準」だと評価した。

しかし、コロステンの医師ザイエツは、チェルノブイリ事故では事故直後の年間線量が 10 mSv という低線量であったため、特段の対策をとらなかったことが、その後の健康障害の増加につながったとみている[7]。

ウクライナ政府報告書が訴える、被災地で起きるさまざまな病気と原発事故には関連があるという報告は、国際機関にも日本政府にもいまだ受け入れられていない。

このドキュメンタリーの意味するところは、以下のことといえる。

すなわち、福島のワーキンググループ報告書の問題関心は、あくまでも医科学的実証の観点である。重要な点は、この報告書が放射線と健康障害（疾患）に因果関係がないことを意味しているのではない、もちろんそれが証明されているわけでもないということである。

しかし、このように今日の「実証科学的」に証明がなされない場合でも、実際上の健康被害に対する経験による疑いがある際にどのように対処するのか、ということが政策論の視点として必要となってくる。これは、予防原則の概念が生まれてきた要因でもある。この背景には、政策権者と「製造物」責任者が、現時点で科学的証明がないことを理由に、被害を懸念する状況証拠が多く示されているのに、なんらの対処をとらないことは不公正であるという意識があり、また、（科学的証明が将来なされるときまでに）被害が回復不可能なまでに拡大してしまうかもしれないという懸念がある。

このたびの福島原発事故による放射能汚染と、今後長期にわたり発生することが懸念される上記のような各種疾患との関係が、将来、医科学的に解明されたとしても――あるいは医科学の限界としてなされない場合も想定できる――、そのときまで救済が行われないとしたら、国民の法感情に反することになろう。先述の「予防原則の 12 の教訓」が示すように、「不確実性」と同様に「無知」であることにも対応するべきであり、「科学的知見の盲点やギャップ」を克服するべきであり、さらに懸念すべきなんらかの根拠がある場合、潜在的な害を軽減するために行動し、「分析による停滞」を避けるべきなのである。したがって、

チェルノブイリ事故の現場医師の経験的報告が学術的厳密性を欠いていたとしても，政策的判断として今次の福島原発事故による住民の年間被曝線量基準の引き下げが早急に検討されるべきであろう。そして，国民のヒューマン・セキュリティを担保するために，このほかの種々の予防的措置も考慮されるべきである。

9.4 人工電磁波と健康

　20世紀以降，電線により，交流の低周波の電気を運び，使う生活が世界的に普及した。今世紀には高周波，マイクロ波を用いる無線通信形態である携帯電話が爆発的に発達し，先進国・発展途上国を問わず世界を人工電磁波が覆っている。これに伴い，さまざまな健康問題が提起されるようになっている。携帯電話中継塔などから出ている高周波と，高圧送電線や変電所，家電製品から出ている低周波という，私たちにとって最も身近な2つの電磁波が，人体にさまざまな悪影響を及ぼす原因になると考えられているのである。

　電磁波過敏症（electrical sensitivity：ES）は，高圧電線の下に住むなど，高レベルの電磁波にさらされたり，低レベルでも長期間さらされると発症のリスクが高まるのではないか，と懸念されている。また，携帯電話や携帯電話中継塔，そして各種電波による影響から電磁波過敏症になるケースの増加が疑われている。「電気アレルギー」，「電磁波アレルギー」などともいわれることのあるこの症状は，電化製品や携帯電話などから出る電磁波に反応し，ひとたび症状が現れると通常人が感じないほどの微弱な電磁波でも過敏に反応するようになるという。

　このような電磁波過敏症について，便宜的に以下のような13の症状分類をする論者もいる[8]。

① 眼の症状：　見えにくい，痛い，うずくなど
② 皮膚の症状：　乾燥する，赤くなる，発疹など
③ 鼻の症状：　鼻づまり，鼻水など
④ 顔の痛み：　ほてる，むくむ，ひりひりするなど
⑤ 口の症状：　口内炎，メタリックな味がするなど

⑥ 歯や顎の痛み
⑦ 粘膜の症状：　乾燥，異常な渇き
⑧ 頭痛：　短期記憶喪失やうつ症状
⑨ 疲労：　異常な疲れ，集中力の欠如
⑩ めまい：　気を失いそうな感覚，吐き気
⑪ 関節痛：　肩こり，腕や関節の痛み
⑫ 呼吸：　呼吸困難，動悸
⑬ しびれ：　腕や足のしびれ，まひ，など。

またこのほか，遺伝子損傷による細胞の突然変異やがん・白血病・脳腫瘍などの発症，神経系疾患，免疫の低下，アルツハイマー病の発症，睡眠への影響，不眠症，引きこもり，不整脈，血圧上昇，心筋梗塞・脳梗塞などとの関係，胃痛，精神的疲労・ストレス，思考力低下など機能障害との関係，生殖器への影響が疑われている。

米国では電磁波過敏症の専門クリニックが開設され，専門医が患者のケアを行っているが，日本では他の先進国と比べ，一部の民間団体の活動などを除き，電磁波問題への認識が乏しい。

● a．低周波と疾病

送電線などから出る電磁波（低周波）（EMF）について，世界保健機関（WHO）は2007年6月，新たな環境保健基準を公表した。各国での医学的調査をもとに，平均3～4 mG（ミリガウス）（G（ガウス）は磁界の強さの単位）以上の磁界に日常的にさらされる子供は，より弱い磁界で暮らす子供に比べ，小児白血病にかかる確率が2倍程度に高まる可能性を認め，新基準に基づき，各国に予防策をとるよう勧めた。

低周波に関する医学的調査は各国で実施されており，総合すると，白血病になる率が4 mG以上で約2倍，3 mG以上で1.7倍になると分析されている。動物や細胞の実験では発がんが立証されず，電磁波と発がんに因果関係があるとまではいえないと指摘した。WHOは発がん性の要因を「クラス1」，「クラス2A」，「クラス2B」と分類しているが，低周波電磁波は「クラス2B」に属す。このクラスには，DDT（有機塩素殺虫剤）など，かなり以前に使用中止になっ

た殺虫剤が含まれている。その上で，予防的考え方に基づいて磁界の強さについての安全指針作り，予防のための磁界測定などの対策をとるよう勧告した[9]。

電線などからの低周波による健康障害については，各国で相当数の研究報告がなされている。

この研究の古いものとしては，1992年にスウェーデンのカロリンスカ研究所が，送電線周辺300m以内に住んでいた約43万人を調査し，3mG以上では小児白血病の発症率は通常の3.8倍，2mG以上でも2.7倍と発表したことが有名である。この後，類似の研究が各国で行われた。

イスラエルの研究者たちが行った研究では，家庭用で使われる低周波電磁波が，乳がんやそれ以外の胸部がんの発症リスクを上昇させることを示唆した[10]。

カリフォルニア州カイザー研究所のリー（De-Kun Lee）は，「16mG以上の電磁波を毎日のように一時的に浴びている女性の流産の割合は通常の2.9倍，しかも，妊娠10週目以内の流産に限って比較すると5.7倍に急上昇」するという調査結果を発表した[11]。

カリフォルニア州保健省は，電磁波が原因で脳腫瘍，白血病，筋萎縮性側索硬化症（ALS），流産が起こる可能性があるとし，乳がん，心臓病，アルツハイマー病についても否定できないと発表した[12]。

ドイツでは，電磁場と小児白血病に関する疫学調査の報告がある。夜間における強い磁場の被曝は白血病の危険性を増加させ，小児白血病は3.21倍に上るといい，また，窓の前に送電線が通っているような立地の家屋や地下1～2mに埋設された送電線近くに居住している場合との被害の相関についても指摘されている[13]。

スウェーデンの研究では，低周波電磁場への職業曝露とアルツハイマー病の関係が公表された。931人の75歳以上のストックホルムに住んでいる人々を調査した結果，男性の場合，$0.2\mu T$（マイクロテスラ）（＝2mG）以上の曝露でアルツハイマー病が2～3倍，認知症が2.0倍増加したという[14]。

わが国でも2003年8月，北里研究所病院臨床環境医学センターの試験結果の分析により，電磁波過敏症の人は電磁波を浴びると脳の血流量が最大40％も減少することが確認された[15]。

また，長時間用いる電化製品との関係で，近接する電気毛布や絨毯と健康障

害との関係が問題とされている。電気毛布によるがんへの影響が報告され，米国では，「（電磁波対策で）電気毛布は温めてから電源を抜いて使用することを勧め」るという提言がなされてもいる[16]。

わが国の国会でもこのことが問題となった。2003年，長妻昭議員の「電気毛布等の小児白血病・脳腫瘍発症への影響に関する質問主意書」の中で，「電気毛布・ふとん」使用者は，小児（15歳以下）急性リンパ性白血病患者246人中，24人（約10％），小児（同）脳腫瘍患者55人中，10人（約18％）であり，一方，健康な子供では約6％とある。つまり，「電気毛布・ふとん」の使用率は，健康な子供に比べて，小児急性リンパ性白血病患者で2倍弱，小児脳腫瘍患者では約3倍に上るとされている[17]。

このように健康を損なう可能性のある電磁環境に対して，スウェーデン，オーストラリアや米国のいくつかの州（カリフォルニア，コロラド，ハワイ，ニューヨーク，オハイオ，テキサス，ウィスコンシン）では"prudent avoidance"（慎重なる回避）が，「不確実性に直面した中で賢明な判断をするために不完全な科学を用いた一例」として導入された。これらは予防原則の一形態であると考えられる。

具体的には，スウェーデン政府は1993年にprudent avoidanceを擁護し，「大きな不便や高コストを伴わずに新しく家を建てる場合や電気的な装置を作る場合には，電磁場の強さを少なくする対策をとること」とし，「もし一般的に曝露を低減する対策が，妥当な（reasonable）費用と他のあらゆる点で妥当な結果を伴って得られるならば，その環境において電磁場を普通よりはるかに低減する努力がなされなければならない。新しい電気的な設備や建物が関係している場合，曝露が制限されるように設計し，位置を決める努力がなされるべきである」とした[18]。

スウェーデンでは，$0.2\mu T$（=2mG）を超える地域の小学校，幼稚園などの近隣の中継塔を撤去，移転するなどし，スイス，米国のいくつかの州もこれに倣いつつある[19]。

日本の場合，このような配慮が国や公的機関によっていまだなされておらず，欧米諸外国に比べ，この課題の認識と行動において大変遅れているといえよう[20]。

● b．高周波と疾病

　2011年，WHOの専門組織，国際がん研究機関は，「聴神経腫瘍や（脳腫瘍の一種である）神経膠腫の危険性が限定的ながら認められる」との調査結果を発表し，「2B」の危険性との分類を発表した[21]。

　携帯電話を1日30分，10年以上使い続けている場合，グリオーマ（神経膠腫）と呼ばれる脳腫瘍を引き起こす危険度が40%増加するという。電磁波による発がんの危険性について得られている証拠の確実性は，エンジンの排気ガスやクロロホルムなどと同じ部類に入るというが，排気ガスなどは摂取を自ら避けることができる。また，携帯電話は使用を自発的にコントロールできるが，これらに対し，携帯電話中継塔や近隣の無線LAN（Wi-Fi）のアンテナを避けることはできず，場合によっては24時間それにさらされることになる。

　また注意すべきなのは，同じく高周波を発するコードレス電話の親機部分のアンテナや家庭用無線LAN，家庭内警備システムの無線アンテナなどである。これらも携帯電話中継塔と同じく終日高周波を発し続けている。これらが近隣にあった場合，注意を要する[22]。電磁波の特徴から，その出力強度は距離の2乗に反比例して減衰する。したがって，アンテナからの出力と距離を勘案しなければならない。従来この高周波（マイクロ波）の脅威は出力と相関する熱作用にあると考えられてきた――電子レンジと近い波長を用いているため――が，近年，これ以外の非熱作用こそ問題であって，これは必ずしも出力強度のみが問題とされるのではないという研究が提示されてきている。

　たとえば，高周波の電磁波は脳波と共振して人体にさまざまな影響を及ぼし，細胞分裂の際の異常や遺伝子の損傷を惹起する可能性が示された。

　英国ウォリック大学教授のハイランド（G. J. Hyland）は，「携帯電話から出るマイクロ波が記憶力減退，血圧変化，集中力欠如などの諸症状を引き起こすおそれがある」と警告した。「オペラ歌手の歌声がガラスを激しく振動させるのと同じ原理で，マイクロ波が携帯電話の使用者の脳波と共振し，人体にさまざまな影響を及ぼす可能性がある」と指摘したものである。

　携帯電話はマイクロ波の拡散を一定程度に抑えるよう規制されているが，同教授は「脳細胞はマイクロ波の強度だけでなく周波数にも敏感であり，現行の規制では不十分で基本的な欠陥がある」とした[23]。

また，ニュージーランドのリンカーン大学環境衛生学准教授のチェリー（N. J.Cherry）は，「無線波やマイクロ波は，メラトニンを減少させることを通して健康への影響を及ぼす。シューマン共振信号と呼ばれる自然の電磁放射線信号は人間の脳によって共鳴し吸収され，脳は松果体のメラトニン生産を調節することによって反応するが，シューマン共振強度の増加とともに人の毎日の平均メラトニン生産量が減少する。無線波やマイクロ波は生体内に電磁場と関連した電流を誘発する。この搬送波の周波数が高くなればなるほど誘導電流は大きくなり，シューマン共振強度の増加とともにメラトニン生産量が減少する結果，がん，心臓病，生殖器系疾患，神経系疾患の割合および死亡率が高くなる。無線波とマイクロ波の被曝はかなり低い電磁強度においてさえも，低周波よりもリスクが大きい。携帯電話中継塔の近辺に住むことは深刻な公衆衛生への影響を及ぼす」と強く指摘している。さらに，高周波を含む電磁波の人体への効果として，DNA損傷，酸化，カルシウム代謝への影響も説かれる[24]。

高周波（マイクロ波）を用いる携帯電話や無線LAN（Wi-Fi）などの電磁波被曝と健康障害についても各国で研究・報告の例が増えている。

2012年，妊娠中に携帯電話を定期的に使用すると，行動障害の子供が産まれる可能性が高くなるという調査結果が，英医学専門誌に発表された。これによれば，妊娠中，出産後ともに携帯電話を使用していた母親から産まれた子供では，行動障害をもつ確率が50％高くなった。また，母親が妊娠中にのみ携帯電話を使用した場合，子供が行動障害をもつ確率は40％高くなり，出産後にのみ使用した場合，この確率は20％にまで減少したという[25]。

ブラインドテストによる心臓疾患とコードレス電話・携帯電話の電磁波の関係を指摘した論文も発表されている[26]。

また，カナダの複数の公立学校において，生徒らが頭痛やめまい，吐き気，また脈が速くなるといった症状を訴えており，学校の無線LANトランスミッターがその原因であるとする保護者らの主張が同国では有名となっている。

オンタリオ州のある保護者によると，子供が学校から帰って来たときに慢性的な頭痛，めまい，不眠症，発疹および他の神経と心臓の症状を呈するが，週末に学校に行かない際にはそれらの症状は消えてしまうという。記憶障害や集中力の欠如，発疹，多動的な行動，寝汗や不眠などがみられる例もあった。オ

ンタリオ州の14の学校でWi-Fiが導入されてからこうした症状が表れ始めたことから，保護者らが学校の教室での無線インターネット送信機によって生成された電磁場を測定し，教室のマイクロ波信号が一般的な携帯電話中継塔の信号よりも4倍も強いことを発見したという[27]。

これらを受けて，各国の携帯電話中継塔，Wi-Fiや無線LANのアンテナの撤去，敷設禁止事例が相次いでいる。

スイスでは，2007年にWiMAXを法律的に禁止した[28]。

フランスでは，人体の健康影響を懸念して，パリ第三大学（ソルボンヌ大学）やパリの図書館で，無線LANが停止された[29]

ドイツ連邦政府は，有害な影響が存在する可能性があるとして，職場や自宅で無線LANを避けることを推奨し，有線ケーブルを用いるよう指導している[30]。

また，米国においてもいくつかの自治体が携帯電話中継塔敷設制限条例を設置してきている。

さらに，欧州各国では小児や妊婦に対して，携帯電話の取り扱いに注意を勧告している。英国では「16歳以下は使用を制限すべき」という勧告をし，フランスでは「12歳以下の子供向けの携帯電話の広告はすべて禁止」とし，イスラエルやカナダの公衆衛生局は10歳代の携帯電話使用に「10分」などの使用制限を勧告している[31]。

また，裁判所も対応を始めている。イタリアやフランスでは，電波塔の出力禁止や携帯電話による電磁波被害の損害賠償の判決が下されている[32]。

フランスでは，携帯電話中継塔撤去2判決が下された。携帯電話中継塔を操業する会社に対し，近隣に住む住民が，間接強制付きで中継塔の撤去と自宅の資産価値の低下を理由とする損害賠償を求めた事案である。予防原則の適用を認めたその判決の内容は，以下のようなものである。

・ナンテール大審裁判所判決： 中継塔から放射される電磁波による健康リスクに関する科学的議論は，なお開かれているとしながらも，リスクが存在する場合に，予防原則の適用を国内外の当局が推奨している。会社は，リスクの不存在も予防原則を遵守していることも立証していない。隣人をその意思に反して予防措置なく健康上の確実なリスクにさらすことは，「異常近隣妨害」に該

当し，これを除去するには中継塔の撤去を認めるほかないとして，原告の請求を認容した．

・ベルサイユ高等裁判所判決： 大審裁判所で確実とされた健康に関するリスクが，現実の損害になるかどうかは依然不確実であるとしながらも，「電磁波の無害性に関する不確実性は残存し，この不確実性は根拠のある合理的なものである」．一方で，会社は技術的に実施可能であり，一部市町村との間で約束した回避措置（フランスの現行基準を下回る放射基準の設定，中継塔を居住地区から遠ざける）を実施していない．この状況では，住民側が，「中継塔による健康リスクの不在の保証」を得ることはできず，異常近隣妨害の構成要件である「正当な危惧」を抱くのが順当として，原審である大審裁判所を上回る金額の損害賠償を認容しつつ撤去を命じた[33]．

電磁波の健康影響への懸念や被害訴えが相次ぎ，欧州各国の政府，裁判所は，携帯電話などの高周波電磁波と電力線による低周波磁界に対して，予防原則に基づき，対応を真摯にする姿勢をみせている．

電磁波に対する健康障害への懸念を認める各国の判決に対して，近年日本で下された下記判決は，時代に遅れたものであるといえよう．

携帯電話中継塔から放出される電磁波で耳鳴りや頭痛などの健康被害を受けているとして，宮崎県延岡市の住民30人がKDDI（東京）に中継塔の操業差し止めを求めた訴訟の判決（宮崎地裁延岡支部）である．携帯電話中継塔が同市大貫町の3階建てアパート屋上に設置され，2006年10月に運用を開始したが，その後間もなく健康被害を訴える住民が相次ぎ，2009年に提訴がなされた．本件裁判長は「電磁波による健康被害とは認定できない」として住民側の請求を棄却し，「住民の証言などから耳鳴りなどの症状が発生したことは認めたが，電磁波が住民の症状を引き起こすことは，WHOなどの研究や調査では裏付けられていない」とし，電磁波の強さは国の電波防護基準値を大幅に下回っており，「健康被害を生じさせるほどではない」，また，住民3人の電磁波による「愁訴の出現（症状）の可能性が高い」とする医師の所見書についても問診結果が主な根拠で，医学的意見としての価値を認められないとしたものである[34]．

前述のいくつかの例に限らず，電磁波と種々の健康障害との関係についての研究は近年急増しているが，医科学的に証明されている領域はいまだ少ない．

しかし今日，自覚症状を訴える人々は確実に存在するのであり，自覚がない人々も将来の重篤な障害に向かっているかもしれない。

欧州の文脈の中で，予防とは人あるいは環境に害を与える可能性のある物質が存在するが，有害な影響についての決定的な証拠が（いまだ）入手できない状況にあって，規制行為が行えることを意味する。本件にみられるように，日本では冒頭の問題提起のように予防原則について，いまだ行政や法実務の現場での認識が乏しく，「限られた条件においてしか証明されない科学的因果関係」にのみ頼り，科学によっていまだ証明されていないことについても判断しなければならないという，政策，法実務の責任を全うできていない傾向にある。科学的に問題が証明されていないことは，「問題がないことを意味するのではない」。判断結果の如何が問題なのではなく，そのプロセスにおける諸関係の顧慮において不十分であることが問題なのである。

以上，電磁波という，目には見えない，嗅ぐこともできない人工生成物による健康障害について考察してきた。

『クロス・カレント』の著者ベッカー（Robert O. Becker）は，「低周波の人体安全規制値 0.1 mG 以下説」をとっている。高周波については，ウォリック大学のハイランド教授は「理想的な電力密度は $0.001\,\mu W/cm^2$ 以下でなければならない」と独自に提唱する[35]。今日まで煙草の受動喫煙が問題となってきたが，高周波電磁波は空間を飛び交い，人体に吸収される。また，低周波電磁波も，人体に吸収され，誘導電流を体内に発生させ，または帯電させる。日本においても，これらはそれを望まない人々の身体的自由権を侵害しているという法的評価が可能かどうかの議論を早急に検討しなければならないであろう。このことは電磁波過敏症のみならず，その影響で種々の疾患をこうむっている（可能性のある）人々にとっては危急の問題であるし，そうでない健常者にとっても，電磁波によって行動の能率を自ら知らぬ間に下げられ，生活の質（quality of life : QOL）を下げられている，とすれば関係のないことではない[36]。

「危険性が証明されるまでは安全だ」と考えるのではなく，「危険な可能性があるときは，安全性が立証されるまでできる限り予防原則で対処しよう」との考え方がEUを中心として広がっている[37]。予防原則は科学の「政治化ではな

く，ゼロリスクの受容でもなく，科学が明白な解答を与えることができないときに，行動の基礎を提供するものである」[38]という。

ヒューマン・セキュリティ（人間の安全保障）の侵害を判断する際には，その要件である，「人間の安全の質的下降からの救済」というメルクマールがある。これは「今日ある選択肢が明日失われないことへの信頼」に基づく。ヒューマン・セキュリティは「他の自由権などの基本的権利と同じく，あることよりも失われることによってより容易に認識」される。これは「人々に本能的に感知される」ところであるとされている[39]。今日，放射線や電磁波の影響による種々の疾患の可能性は，身体の安全保障，環境の安全保障というヒューマン・セキュリティに対する脅威となっている。すでに罹患している人々の健康回復のためのみならず，新たな健康障害の発生を防ぐ意味においても，予防的措置への可能な限りの配慮が行政，法的判断において必要となっている。

注・文献

1) UNDP：*Human Development Report 1994*, published for the United Nations Development Programme, Oxford University Press, pp. 22-24.
2) 予防原則の源泉は1970年代のドイツにあり，Vorsorgeprinzipの名で環境政策に明記された。初めて国際的枠組みで予防原則が表されたのは1987年のモントリオール議定書であり，その後，1992年の環境と開発に関するリオ宣言がその後の予防原則の出発点となった。同年のマーストリヒト条約でも環境政策上の基本原理として「予防原則」の概念が導入された。
村木正義：予防原則の概念と実践的意義に関する研究．経済論叢，京都大学，2006，pp. 33-40．
体系的著書として，以下の文献を参照。
大竹千代子ほか：予防原則，合同出版，2005．
3) 予防原則に関する委員会からのコミュニケーション（COMMUNICATION FROM THE COMMISSION on the precautionary principle, 2000（http://www.env.go.jp/policy/report/h16-03/mat03.pdf）（翻訳：高村ゆかり）．
予防原則については，その解釈をめぐって種々の議論があるが，ここではそれに踏み込まない。これらについては，以下の文献を参照。
松王政浩：予防原則に合理的根拠はあるか．21世紀倫理創生研究（*Journal of Innovative Ethics*），No. 1，北海道大学，2008，pp. 109-128；http://hdl.handle.net/2115/42706
同研究は，予防原則を「強い予防原則」と「弱い予防原則」に分け，挙証責任の転換に対する考え方の違いなどの分析を行い，予防原則は科学者や為政者だけではなく一般市民の参加を要請することによる民主主義的価値があることを評価する。
4) http://www.eea.europa.eu/publications/environmental_issue_report_2001_22（欧州環境庁レポートより）．
米国における「予防」に関する考え方については，米国行政管理予算局（Office of Management & Budget）のグラハム（D. Graham）長官が，2002年1月に行われた「リスク評価とリスク管理における予防の役割——米国の考え方」（The Role of Precaution in Risk Assessment and Manage-

ment：An American's view）と題する講演の中で，基本的な考え方を明らかにしている。米国政府としては「予防」ないしは「予防的方策」（precautionary approach）を支持することを明らかにした上で，「予防に一部立脚したリスク管理の決定には，科学的および手続的なセーフガードが組み込まれる必要がある」（経済産業省資料を参照。http://www.meti.go.jp/report/download-files/g20514e23j.pdf）としている。

以下の文献によれば，「現在，遺伝子組換食品の表示問題が米国と EU の間で大きな紛争となっている。遺伝子組換食品の表示については，製品の組成や栄養価等が異なる場合のみ表示義務を課す米国，これに加え，組替えられた DNA やたんぱく質が残存する場合も表示義務を課す日本，遺伝子組換食品全てに表示義務を課す EU の 3 つのタイプに分かれている。大豆製品を例にとると，日本では，組替えられた DNA やたんぱく質が残存する豆腐，納豆には表示義務が課されるが，残存しない醤油，食用油には表示義務が課されていない。遺伝子組換農産物の一大生産国である米国は EU の表示規制は不当に貿易制限的であるとしている。BSE の発生等により食品安全性への関心の高い EU では消費者サイドに立った厳しい規制を要求するのに対し，遺伝子組換農産物の普及した米国では生産者サイドに立った緩やかな規制でよいとする」。

山下一仁：食品の安全性と貿易について考える。RIETI Policy Discussion Paper Series 04-P-006, 経済産業研究所（http://www.rieti.go.jp/jp/）

EU は安全性が科学的に明確でないときには「予防原則」を基本に安全性を審査するのに対し，米国は科学的な根拠に強く傾倒する傾向がある。しかし，米国のこの傾向に対しては，科学で解明されない状況における懸念を解決する手法と措定されている「予防原則」の趣旨を骨抜きにするという批判がある。

5) アスベスト，PCB，ハロカーボン，オゾン層，抗生物質，DES，MTBE，TBT，環境ホルモン，BSE，ベンゼンなどがその対象となってきたが，これらは拡大傾向にある。

6) Twenty-five Years after Chernobyl Accident：Safety for the Future, National Report of Ukraine, 2011；http://www.kavlinge.se/download/18.2b99484f12f775c8dae80001245/25_Chornobyl_angl.pdf

7) 放射性物質は，空気や水，食物を通して人体に吸引された後，特定部位に蓄積され，放射線を発し続ける性質をもつ。

以下の文献によれば，「大学病院で死亡した多数の患者を解剖し，心臓，腎臓，肝臓などに蓄積したセシウム 137 の量と各臓器の細胞組織の変化の関係を調べ，（中略）体内のセシウム 137 による被曝は低線量でも危険であるとの結論に達し」たという。

Y. バンダジェフスキー（久保田護訳）：放射性セシウムが人体に与える医学的生物学的影響——チェルノブイリ原発事故被曝の病理データ，合同出版，2011，pp. 46-50。

以下は，その内容である。

1976 年と比較した，チェルノブイリ事故後の 1995 年のベラルーシ共和国内の調査によれば，腎臓の悪性新生物の発生率は男性 4 倍，女性 2.8 倍となり，膀胱の悪性新生物が男性 2 倍，女性 1.9 倍，直腸の悪性新生物は男性 2.1 倍，女性 1.4 倍になったという。また，肺の悪性新生物は男性 2 倍，甲状線の悪性新生物は男性 3.4 倍，女性 5.6 倍であり，結腸の悪性新生物は男女とも 2.1 倍以上になったという。

また，同国ゴメリ州では腎臓がんの症例数が男性 5 倍，女性 3.76 倍となり，直腸がんの症例数は男性 2.1 倍，女性 1.4 倍，甲状線がんは男性 5 倍，女性 10 倍となったという。

1998 年のゴメリ州では，妊娠初期における胎児の死亡率がかなり高く，放射性セシウム汚染地の住民の先天的進化欠損が増大したという。

8) 時事通信出版局ウェブサイト「家庭の医学」：最新医療情報「電磁波過敏症〜急増する電磁波障害と，その対策〜」，2012（http://book.jiji.com/igaku2006/info/health_17.html）

9) 毎日新聞，2007 年 6 月 19 日。また，従前より WHO は，「身近な発癌要素の煙草の煙や放射線，

アスベストで犯したような過ちは繰り返すべきではない」と指摘してきた（朝日新聞，2002年8月24日）．

10) Beniashvili, D., Avinoach, I., Baazov, D., Zusman, I.：Household electromagnetic fields and breast cancer in elderly women. *In Vivo*, **19**(3), 563-566, 2005；http://iv.iiarjournals.org/content/19/3.toc
11) Li, De-Kun, Neutra, R. R.：Magnetic fields and miscarriage. *Epidemiology*, **13**(2), 237-238, Lippincott Williams & Wilkins, 2002.
12) Neutra, R. R., DelPizzo, V., Lee, G. M.：An evaluation of the possible risks from electric and magnetic fields (EMFs) from power lines, internal wiring, electrical occupations and appliances. Carifornia EMF Program；http://www.ehib.org/emf/RiskEvaluation/riskeval.html
13) Teepen, J. C., van Dijck, J. A. A. M.：Impact of high electromagnetic field levels on childhood leukemia incidence. *Int. J. Cancer*, **131**(4), 769-778, 2012；http://onlinelibrary.wiley.com/doi/10.1002/ijc.27542/abstract
14) Qin, C.：*Epidemiology*, **15**(6), 687-694, 2004.
15) 朝日新聞，2003年8月28日；日本子孫基金：食品と暮らしの安全，No. 173, 2003.
16) http://www.express.co.uk/posts/view/5301
http://www.ct.gov/dph/lib/dph/environmental_health/eoha/pdf/emf_fact_sheet_-_2008.pdf
17) http://www.shugiin.go.jp/itdb_shitsumon.nsf/html/shitsumon/a156126.htm
18) 標　宣男：予防原則の現状とその問題点，聖学院大学論叢，p. 101, 2003；http://www.seigakuin-univ.ac.jp/scr/lib/lib_ronso/contents/doc/08.pdf
19) 坂部　貢，羽根邦夫，宮田幹夫：生体と電磁波，丸善出版，2012, pp. 141-143.
ただし米国においては，Houston Lighting & Power Co. vs. Klein Independent School District 事件判決で，学校近くの高圧電線が生徒の安全，健康を損ないうるとして建設中止を認めた場合のほか，高圧線設置に対する差し止めは認められない傾向が強い．以下の文献を参照．
永野秀雄：電磁波訴訟の判例と理論，三和書籍，2008.
20) たとえば，千葉県柏市の学校保健課が，学校の電磁波測定結果を公表した．豊四季中学校校庭 14.8 mG（＝1.48 μT），教室 7.7 mG（＝0.77 μT），富勢中学校教室 5.7 mG（＝0.57 μT）であったというが，公的機関からのなんらの対処指導はない（http://www.city.kashiwa.lg.jp：80/soshiki/270200/p007386.html）．
21) IARC classifies radiofrequency electromagnetic fields as possibly carcinogenic to humans, 31 May 2011；http://www.iarc.fr/en/media-centre/pr/2011/pdfs/pr208_E.pdf；http://www.who.int/en/
22) 使用時の被曝強度は，一般にコードレス電話，PHS，携帯電話の順で弱くなるとされるが，家庭用コードレス電話の親機や家屋セキュリティ会社の家庭内無線からの強度は 2000 μW/m^2（筑波大学研究班調査）を超える場合が多く，家屋内のアンテナ付近では，この高周波に継続してさらされていることとなる．
23) 1999年5月27日，共同通信．関連論文は以下を参照．
Hyland, G. J.：How exposure to base-station radiation can adversely affect humans. Department of Physics, International Institute of Biophysics University of Warwick；Neuss-Holzheim, Coventry, UK, Germany, 2002；http://emrstop.org/index.php?option=com_docman&task=doc_download&gid=45&Itemid=18
24) Cherry, N. J.：Human intelligence：The brain, an electromagnetic system synchronised by the Schumann Resonance signal (Short Survey). *Med. Hypotheses*, **60**(6), 843-844, 2003；http://www.medical-hypotheses.com/article/S0306-9877(03)00027-6/abstract
以下の文献も参照．

坂部ほか：前掲, p. 153.
25) Divan, H. A., Kheifets, L., Obel, C., Olsen, J.：*J. Epidemiol. Community Health*, No. 6, 524-529, 2012；http://www.ncbi.nlm.nih.gov/pubmed/21138897
26) http://www.reuters.com/article/2009/11/03/idUS134872 + 03-Nov-2009 + BW20091103
以下の文献も参照。
Public Health SOS：The Shadow Side of the Wireless Revolution（http://sn.im/szxq8）
27) Collingwood, Ontario, Aug. 15（2010年8月15日 UPI 報道）による。
28) http://www.next-up.org/pdf/GigaherzSuisseLaTentativePiloteDuDeploiementWiMaxStoppeeJuridiquement31072007.pdf
29) http://videos.next-up.org/France3/DesactivationHotSpotWifi/Paris08122007.html（パリ図書館は無線 LAN を使用停止というビデオ）
30) http://www.next-up.org/pdf/PressetextLeGouvernementFederalAllemandMetEnGardeContreLesWlan01082007.pdf
日本ではこれに逆行するかのように「フューチャースクール推進事業」の実証研究に関わる請負先と実証校を決定し，無線 LAN を用いた教育を全国的に推し進めようとしている（http://www.soumu.go.jp/menu_news/s-news/01ryutsu05_01000001.html）。大学においても慶應義塾大学や早稲田大学など，広域 LAN を取り入れるところや公共スペースが増えている。
31) 坂部ほか：前掲, p. 142.
他方，日本においては一般に欧米のような制限はない。数少ない例外として，佐賀市や盛岡市の条例では，携帯電話中継塔の設置の際には，「近隣住民への事前説明」を課すなどしているが，法的禁止条項などがない点で，米国の携帯電話中継塔設置制限条例などと比べて，実質性に乏しいといえよう。
32) イタリアでの事案は下記のとおり。
・イタリア最高裁携帯電話の職業被曝に賠償判決：　12 October 2012. The Italian Supreme Court affirmed a previous ruling that the Insurance Body for Work (INAIL) must grant worker's compensation to a businessman who had used wireless phones for 12 years and developed a neuroma in the brain.
・バチカンへのイタリア最高裁判決：　Vatican Radio is told to pay out over cancer risk scare Tuesday, 1 March 2011 (http://www.independent.co.uk/news/world/europe/vatican-radio-is-told-to-pay-out-over-cancer-risk-scare-2228541.html)
33) 本件を紹介した中村多美子弁護士は，次のように報告している。
予防原則が何らかの法的効果を直接に導くような実定法があるのではなく，従前から存在する民法を含む各種実体法の解釈指針となっている。その後もフランスでは，同種の判決が続いている。本差し止め判決の背景について原告の担当弁護士は，こうした問題の解決は，科学至上主義ではできないということを主張した。すなわち，科学が未知や不確実を含んでいる中で，科学的知見についてのコンセンサスが得られない場合に，「法」としてどうするのか，という問題であると。社会が壊れるようなリスクがあっても，科学のコンセンサスが形成されるまで待つのか，何らかの予防的な措置を要求するのか，それを決めるのが法の役割ではないか，その中で，本判決は，現状として認められるリスクは，アクセプトできないと判断したものである，という（http://ine-saiban.com/saiban/siryo/X/kou119Nakamura.pdf）。
34) 読売新聞，2012年10月19日。「携帯電話基地局操業差止請求事件」。宮崎地方裁判所延岡支部平成21年（ワ）第446号，平成24年10月17日判決。
35) 総務省は，2000年10月から1.5 GHz以上は総電力束密度を「$1\,\mathrm{mW/cm^2}$」，300 MHz〜1.5 GHzの領域の電力束密度は「周波数/1500」の計算式で算出されるとし，800 MHzの携帯電話の電力束密度基準は「$0.53\,\mathrm{mW/cm^2}$」とした。また，総務省は電磁波の熱作用を安全の根拠にしているが，

非熱作用による健康障害の研究の成果をいまだ取り入れてはいない（http://www.tele.soumu.go.jp/resource/j/material/dwn/guide89.pdf）．

36) 「いわゆる電磁波過敏症の人と健常者に，新型の携帯と同じ周波数の電磁波をかけると，過敏の人だけでなく健常者も作業効率が悪くなる」という報告があるが，そうだとすれば，たとえば，電磁波を知らぬ間に街中から被曝しつつ自動車を運転することは，「酒気帯び」ならぬ「電磁波帯び」運転となり，法的取り締まりの対象ともしなければならないこととなる（http://www.kihodo.com/denjiha/mag09.html）．
37) 荻野晃也：電磁波問題と予防原則．物性研究（京都大学基礎物理学研究所報告書），**82**(1)，116-122，2004；http://repository.kulib.kyoto-u.ac.jp/dspace/bitstream/2433/97787/1/KJ00004705755.pdf
38) 村木：前掲，p.36．
39) アマルティア・セン：人間の安全保障，集英社新書，2010，pp.40-42．

10 化学物質・電磁波と疾病
——疫学調査の限界と予防的政策の必要性

増茂正泰

10.1 化学物質はヒトの疾病発症抑制機構を構造的に阻害する

　化学物質と電磁波への曝露が原因で起こる病気は，化学物質過敏症や電磁波過敏症だけではない。先天異常，永久歯欠損，自閉症やアスペルガー症候群や注意欠陥・多動性障害（ADHD）などの発達障害，不妊，子宮内膜異常，甲状腺機能低下症や糖尿病などの内分泌異常，精神疾患，腎障害，リウマチや多発性硬化症や潰瘍性大腸炎などの自己免疫疾患，喘息やアトピーなどのアレルギー，悪性腫瘍，心臓や脳の血管障害など，あらゆる病気のリスク因子となりうる。本章ではそのことについて，医学的機序の説明を試みたい。

　私たちヒトの体と精神が皆ほぼ同じように長期間健康な状態を保持できるのは，ヒトの体内に多種多様な機能を担う蛋白質分子がまんべんなく適材適所で存在するからである。ヒトに限らず，あらゆる生物の体で重要な機能を担っているのはほとんど蛋白質分子である。

　多くの蛋白質はナノメートル（nm）単位の大きさの小さな分子であり，その立体構造が厳密に整えられている。なぜ厳密に立体構造を整える必要があるかというと，その蛋白質の標的分子（他の蛋白質や DNA，病原体，イオンなどいろいろ）の形に結合して作用できるような立体的な形である必要があるからだ。

　ヒトの体が受精卵から発生し，皆ほぼ同じような形の体になっていくのは，受精卵の中の遺伝子にそうなるような設計図が組み込まれていて，細胞分裂するたびにその情報がきわめて正確にコピーされて体中の細胞に配布されるためである。DNA の立体的な形を認識して遺伝子をコピーするのも蛋白質分子の

仕事である。母胎内で何らかの障害因子が加わってうまく遺伝子がコピーされないと，その個体の体は他と同じような形や機能が失われてしまう。また，生まれた後であっても，遺伝子をうまくコピーできないと，癌遺伝子が活性化したり癌抑制遺伝子が不活性化したりして癌細胞ができる。さまざまな蛋白質がコピーミスしたDNAの異常な立体構造を認識して修復処理するおかげでヒトのDNAコピーの精度はきわめて高くなっており，ミスコピーの確率は約10億分の1である[1]。とはいえ，10億分の1の確率のミスであっても，ヒトの体は数十兆個の細胞でできているので，毎日かなりの個数の細胞において癌遺伝子や癌抑制遺伝子にミスコピーが起きて，細胞が癌化する。その数は1日に数百とも数千ともいわれている。免疫機構が正常であれば，その程度の癌細胞はうまく駆逐できることが多い。

　免疫細胞が癌細胞と正常細胞を区別するときに利用するのも蛋白質分子である。免疫細胞の表面には，標的となる細胞表面に突き出ている蛋白質（MHCクラスⅠ/Ⅱ，CD86など）の立体構造を認識する蛋白質分子（TCR, CD28, CD3, CD4など）が付いている。標的細胞の表面の蛋白質の立体構造が正常であると認識されれば，免疫細胞は何もせずに去っていくが，標的細胞表面の蛋白質の立体構造が癌細胞やウイルス感染細胞に特徴的なものである場合は，攻撃して標的細胞を退治する。また，標的細胞表面の蛋白質に病原菌の断片が付いているのを発見した場合，体中の他の免疫細胞を活性化・増殖させてその病原菌を退治するための免疫応答が始まる。遺伝子のコピーが完全無欠ではないように，この免疫細胞の蛋白質の立体構造認識も完璧ではなく，これをミスすると本来攻撃すべきでない正常細胞や食べ物や花粉などを攻撃するような免疫応答が起き，さまざまな自己免疫疾患やアレルギー疾患などが引き起こされる。

　このように，蛋白質分子が決まった機能をもつためには標的分子の立体構造を認識するために，自らの立体構造も一定であることが必須である。

　ここまでしつこく蛋白質の立体構造について説明したのにはもちろん理由がある。蛋白質は体の中のほとんどの機能を担う分子であり，その機能発揮のためには蛋白質の立体構造を一定の状態に保つことが非常に重要だ，ということをご理解いただくためである。

　蛋白質の立体構造が少しでも違ってしまうと，その蛋白質はほとんど機能を

果たさなくなることが珍しくない。たとえば，お酒に弱い人はアルコールやアセトアルデヒドの分解酵素の蛋白質をもっていないわけではなく，その蛋白質の構成アミノ酸にわずかな変異が加わっているために立体構造が変化し，標的分子を認識しにくくなって機能がかなり低下しているのである[2]。

これほどまでに重要な蛋白質の立体構造だが，実は非常に簡単に変化してしまう（つまり機能しなくなってしまう）のだ。

一番わかりやすい例が，ゆで卵である。生卵にはリゾチームなど，さまざまな機能性蛋白質がたくさん含まれているが，少し熱を加えただけで簡単に機能喪失して固まってしまう。ゆで卵が固まっているのは，機能発揮できるようにうまく折り畳まれて立体構造を形成していた蛋白質の鎖が温度上昇によってほどけて，互いに絡まってしまったからである。これを蛋白質の変性という。蛋白質の変性は，不可逆的な立体構造の変化のことである。

一方，蛋白質の可逆的な立体構造の変化については，「変性」に呼応するような名前がない。このことにより，あたかも可逆的な立体構造変化など存在しないかのように考えられがちである。

しかし，実際には蛋白質の立体構造はその周囲の環境条件に応じていとも簡単に変容していく。たとえば，温度だけでなく，溶液のpH，他の溶質の量，浸透圧や溶媒の成分，圧力，蛋白質周囲の特殊環境など，環境変化によって容易に立体構造が変化する。筆者は核磁気共鳴（NMR）を利用して蛋白質の動的立体構造を測定する研究に従事していたことがある[3]が，この研究で測定した蛋白質の試料作成の際には，蛋白質周囲の環境（溶液の温度，pH，電解質バランスなど）をきわめて厳密に一定に保たねばならなかった。さもないと，NMRシグナルのインテンシティマップが微妙に変化する，つまり蛋白質の動的立体構造が変化するからである。

一般に蛋白質などの生体高分子は，アミノ酸同士の共有結合の分子式だけではその構造は決定されず，水素結合，疎水結合，静電気力，分子間力などの弱い結合によってその巨体の各部分をどのように立体的に配置するかが決まり，それらの弱い結合は上記のような周囲の環境因子により大きな影響を受けることが，蛋白質の構造が環境の微細な変化により大きく変わってしまう理由となる。蛋白質の構造が変われば，たとえば抗体は抗原を認識しにくくなり，酵素

は触媒活性が落ちる。ヒトの体内の蛋白質は 37℃, pH 7.4, 生理的浸透圧・電解質量という自然な環境において最大の機能を発揮できるように設計されているので、そこから条件がずれると体の恒常性を維持するための機能が失われていくのである。とはいえ、ヒトはこれまでの億年単位の進化の歴史の中で、飢えや渇き、暑さや寒さ、低酸素やある程度の pH の変化、水圧の変化などは経験済みであり、それらに対してはある程度適応できるように進化してきたはずである。つまり、それらの環境変化によってもたらされる蛋白質の立体構造変化・機能変化には何とか耐えうるように進化してきた。しかし、ここ数十年で爆発的な種類・量が環境中にあふれることになった人工合成の化学物質については、これまでの億年単位の経験が役に立たず（つまり蛋白質の立体構造変化が「想定外」なものになるため）、ヒトの体はさまざまな機能不全・機能異常に陥る。これを応用したものが薬物や毒物であり、これらの多くは蛋白質周囲に結合あるいは会合して本来の機能を損ねることにより、有用あるいは有害な生体作用を引き起こすのである。

　勘の鋭い読者諸兄はすでにお気づきかもしれないが、自然な環境でのみきちんとした機能を発揮できる蛋白質が、薬物・毒物などによりその機能をまっとうできないことがあるのであれば、本来自然環境に存在しなかった人工合成の化学物質を摂取することによってヒトの恒常性を保つ機能が損なわれ、癌だけでなくあらゆる病気を発症しうることは容易に想像がつく[注(1)]。

　おそらく、化学物質過敏症はいったん感作したら半永久的に脱感作しないことや微量の物質によって局所症状・全身症状が正確に再現されることから考えて、免疫機構が関与しているのはほぼ間違いないだろう。化学物質の多量あるいは長期の摂取によって、精度は高いが完全無欠ではない免疫細胞の蛋白質立体構造の認識にミスが起こってしまったのだと考えられる。アレルギー疾患ではアレルゲン自体への免疫応答となるが、化学物質過敏症においては、きわめて多種多様な化学物質によって似たような症状が引き起こされることから、おそらく化学物質の存在により微妙に構造変化した自分の蛋白質に対する免疫応答（金属アレルギーに似た免疫異常）ではないかと推測している。このことに関しては、低分子量の化学物質の蛋白質構造への影響のみに言及している論文[4]もあるが、蛋白質が周囲の環境変化により容易に構造変化することを考え

れば，分子量の大小によらずどんな化学物質でも蛋白質との組み合わせによって十分に構造変化の原因となりうる。自分の蛋白質を化学物質が構造変化させたものすべてに免疫異常反応が起こるわけではなく，おのおの患者によって免疫応答する蛋白質の種類が異なる注(2)ことと，惹起される免疫異常の種類が異なるために，患者によって訴える症状も重症度も異なるのだろう。

以上のような理由から，筆者は化学物質過敏症の診断材料として単一の生体マーカーを定めようとしない方がいいのではないかと考えている。患者間で免疫応答が引き起こされる構造異常蛋白質の種類や免疫異常の種類が異なれば，診断に適するマーカーも異なることが予測されるからである。

化学物質の害は化学物質過敏症にとどまらず，体のあらゆる部位の正常な機能を少しずつ阻害するので，あらゆる病気や病名の付いていない体調不良の原因になることが予測される注(3)。たとえば，化学物質によって免疫機能が乱されれば，化学物質過敏症だけでなく喘息やアトピーなどのアレルギー疾患や種々の自己免疫疾患の原因になる。ここ数十年の間に生活環境で使用されるようになった化学物質は爆発的に増加しているが，それと並行して，子供の喘息やアトピーの患者数は 10 倍以上になり[6,17]，乳幼児のアレルギー性鼻炎も珍しくなくなっている注(4)。多発性硬化症など，本来少なかった自己免疫の難病や，身体・知的・精神障害児もじわじわと増加し続けている。化学物質によって DNA や細胞の複製が阻害されて不妊や先天異常や不育症や子宮内膜症（子宮内膜の前腫瘍性変化）が増え，細胞の健全な発生や発達が阻害されて発達障害や永久歯欠損が増え，神経細胞の DNA のメチル化の制御や神経伝達に必要な蛋白質の機能が阻害されるなどしてうつ病などの精神疾患が増える。化学物質が濃縮されやすい腎臓で機能障害が起こりやすいことは容易に想像でき，やはりこの数十年間で急速に増え続けている「原因不明の新規透析導入患者数」のかなりの部分が説明できそうだ注(5)。また，乳幼児のそばでタバコを吸う人がいると乳幼児突然死症候群のリスクが上がる[7]のも，タバコに含まれる化学物質のせいだろう。タバコには数百種類の化学物質が添加されていることはあまり知られていない。

2011 年から日本で行われている「エコチル調査」は化学物質がそれらの病気と相関しているかどうかを確かめる大規模疫学調査だが，それは結果が出るま

でに何年も待たねばならない。待っている間に化学物質に曝露した人たちが次々と発病することになるだろう。さらに，こういう調査は社会的配慮の影響を受けることが多い。たとえば，高圧送電線や変電所の近くに住むと発癌率が増加すると報告されている[8-10]にもかかわらず，その理由からそういうふうには報道されない。携帯電話の発癌性[11]もしかりである。「エコチル調査」も十分気をつけていないと，社会的配慮の影響が大きくなりすぎて，「化学物質は無害」という誤った結論が出されかねない。ただ，そうなった場合は，地球環境の破壊は不可逆的なほど深刻化するのを避けられなくなるだろう。現在国内に100万人存在するといわれている化学物質過敏症患者[12]は爆発的に増加中であり，他のあらゆる病気もますます増加して労働力が低下し，産業の生産性は極端に低下して，人類の営みはやがて維持困難なまでの状態に陥るだろう。さらにいえば，エコチル調査は疫学調査の一種である。環境汚染一般の健康への影響を調べる疫学調査の結果は，少し解釈に注意が必要である。このことについては10.3節で解説する。

　化学物質の有害性の証明のための疫学調査は，考えうる限りあらゆるリスク因子について研究対象に含めるべきだが，実際の研究ではそれは非常に困難であるため，リスクの検出力が低下する。毎年新規に数万〜数百万種類，環境中に導入される物質すべてについて有害性を実証していくことは実質的に不可能だからだ。また，あまりにさまざまな物や場所に化学物質が混ぜられ，排出され，さらにそれが隠蔽されることもあり，一般環境が化学物質で汚染されつくしてしまった現状[注(6)]では，曝露群・非曝露群を正確に区別することができず，一部の疫学論文の手法には有害性の十分な検出力が期待できない。たとえば，「ビスフェノールAにどれだけ曝露しているかを尿中ビスフェノールAの濃度で調べて，種々の疾患の発症頻度に有意な傾向があるかどうか調べる研究」[13-15]などは，環境汚染一般の有害性を調査する研究としてはあまり適切なデザインとは思えない。確かにビスフェノールAはある程度，これまでに個人が化学物質に曝露した程度の総合的な指標にはなるかもしれないが，有害性が疑われる化学物質はビスフェノールAだけではなく，億単位の種類の物質が環境中にあふれているからである。ビスフェノールAを多く含むプラスチック製品をあまり使わないが，化学工場の近隣に居住していたり，鉛の水道管を使っ

ていたり，残留農薬や小売店で添加された食品添加物のたくさん入った肉や魚，卵，野菜などを常用していたり，原材料表示の過誤，虚偽，不実などによって知らず知らずに化学物質の含まれている食品や飲料を摂取したり，香水や化粧品や消臭剤，防虫剤，殺虫剤やホルムアルデヒドなどの揮発性有機溶剤に職場や学校，保育施設などで接触していたり，母親の体内にそれまでの人生で蓄積した脂溶性化学物質の胎児や母乳への移行があったり，粉ミルクの原材料に表示されない乳牛への投与薬物のミルクへの移行があったり，化学物質と類似の有害作用のある電磁波に曝露している人などは，尿中ビスフェノールA濃度の尺度では測りきれない化学物質曝露があるといえる。つまり，環境汚染の疫学研究においては，曝露群と非曝露群を区別することは非常に困難であり，有害性の検出力がきわめて低下することが予測されるのだ。しかも，10.3節に述べる理由により，明らかな発癌性などではなく微妙な有害性をもつ特徴を備えている多くの化学物質の有害性を疫学調査で検出しようとすることは，利益がないばかりかむしろミスリーディングな側面があり，有害であることさえあるといえる。

　化学物質が生体機能を攪乱させる医学的理由（と疫学による有害性検出力の限界）についてここまで説明してきた。では，電磁波はなぜ化学物質と同じような障害を引き起こすのだろうか。理由は簡単だ。電磁波も蛋白質の立体構造を変化させるからである。病院でMRIを撮ったことのある人もいるかもしれないが，あの機械で画像がみえるのは，電磁波を生体に当てて生体分子を構成する原子の原子核の構造を変化させるからである。人工的に変化させた原子核の状態が自然な状態に戻っていく過程を観察して，それを画像に変換しているのだ。電磁波によって原子核の構造を変えられるのであれば，蛋白質分子の立体構造をも変えることができることは容易に想像がつく。一般に，物質がエネルギーを吸収するときは必ず構造の変化を起こす。一見変わっていないようにみえても，必ず分子レベル・原子レベルで構造が変化する。現在環境中にあふれている電磁波の多くは人体に吸収される性質が大きい。電磁波が人体に吸収されるときは，そこにエネルギーを与える。そして人体を構成する物質の構造を変化させる。電磁波によって変化させられたヒト由来の蛋白質が，免疫システムによって異物や腫瘍や外敵であるように認識されて，間違った免疫応答が

始まれば電磁波過敏症を発症するだろう。同様に，電磁波が蛋白質やDNAの分子構造を変化させることでその発癌性が説明できる（もちろん，DNAの直接傷害作用やフリーラジカルの発生も問題となる）。電磁波による環境汚染も，今後解決されていくべき重大懸案事項である。

10.2 世界を「ナウシカ」化させる化学物質汚染

　化学物質関連の政策で重要な原則は，疫学調査を待たずに「疑わしきものは罰する」ことである。科学哲学者ポッパー（Karl Raimund Popper）の反証主義「すべてのものごとは正しいことを証明することは不可能。1つでも反例があれば正しさが崩壊するから」を応用すると，世の中の物質はすべて，安全であるかどうか証明が不可能であることがわかる。なぜなら，石綿（アスベスト）のように優れた性質をたくさんもっていて「夢の鉱物」と呼ばれていたような物質でさえ，後から1つでも有害性が判明すればただちにその安全性が崩壊するからである。いわんや，安全が保証されているどころかここまで書いたような理由により有害性が高い確率で見込まれる新規の化学物質群を環境中に導入すべきではない。この原則を守らなければ，日本どころか世界においても化学物質の汚染が進んで住むところがなくなってしまい，やがて人々は汚染されていない食べ物・水・居住環境を奪い合い，世界規模の混乱や紛争によりさらに環境汚染が極度なまでに深刻化するだろう。そして人間はその個体数を激減させ，世界にほとんど存在しなくなった汚染の少ない地域に散り散りになって細々と自給自足の生活を送ることしかできなくなり，22世紀の世界は，映画「風の谷のナウシカ」のようになっていることだろう。同作品では海は「酸の海」になっているが，未来の海はpHの変化もさることながら，固体・液体のプラスチック類・シリコン類のゴミであふれ，重金属や発癌性物質や生理機能阻害物質や放射能で汚染された死の海になっていると考えられる。さらに，22世紀の地球に実現した「ナウシカの世界」では，ほとんどの人はそれぞれ深刻な環境汚染による病気を多数抱えていて，元気に動ける人などはほとんどいないだろう。「老老介護」ならぬ「病病看護」である。極度の体調不良と心身の大きな障害を抱えて，何の治療も受けられず，もちろん飢えや渇きは当然のように常在して，

人類の歴史は静かに終焉へ向かうであろう。このヒトがいなくなった世界を支配するのはおそらく汚染に強い虫類や菌類だろう。世界を「ナウシカ」化させるような高度の混乱と困窮が，化学物質の汚染によって促進されることは十分考えられる。ここまで述べたように，健康への有害作用が強く疑われる人工合成の化学物質の使用や拡散に対して実効性をもつ規制を加えない限り，この傾向はますます強くなっていくだろう。

10.3 環境汚染一般の健康への影響を調べる疫学調査の解釈には注意が必要である

　前世紀よりの地球環境汚染は深刻化の一途をたどっており，一方でいろいろな疾患や難病がじわりと増え続けている。2011 年より，世界各国の動向にならい，日本の環境省も環境汚染物質（化学物質）といくつかの病気罹患との相関を調べる大規模な疫学調査「エコチル調査」を開始している。エコチル調査はサンプル 10 万人に及ぶ規模のコホート研究であり，化学物質曝露と発病との相関の検出力に優れていることが期待されている。

　現在は，各国で同様の大規模コホート研究が行われているところだが，化学物質曝露と発病との相関を調べるこれまでの疫学調査は比較的小規模である上に，単一あるいは少数の曝露因子（たとえば，尿中ビスフェノール A 濃度や毛髪中重金属濃度など）について有害性を検証していく姿勢のものが多かったので，必ずしも統一的な見解を与えるに十分な結果が得られていなかった。化学物質の有害性を暴くためには，こうした小規模かつ限定的な曝露因子を調査する疫学調査はあまり有用ではない注(7)。

　第一の理由として，毎年新規に数万〜数百万種類，環境中に導入される物質すべてについて有害性を実証していくためには，疫学研究のための物的・人的・時間的資源が圧倒的に不足しており，そんな研究群を完成させていくことは実質的に不可能だからだ。

　第二に，有害性の顕著な化学物質は，有能な疫学者によって早期にその有害性が検出されることが見込まれるが，現在環境中にあふれている化学物質は単体ではそれほど有害性が顕著でないことも多いようであるので，単一あるいは

10.3 環境汚染一般の健康への影響を調べる疫学調査の解釈には注意が必要である

少数の物質群について発病との相関を検証したところで，実現可能な最大規模の母数の研究を用いたとしても，その有害性を検出できないことも少なくないと考えられるからである。

また，現在地球環境中には毎年数万〜数百万種類の新規の化学物質が導入されるといわれており，数十年前から海底の汚泥からライブラリにも載ってないような大量の未知の化学物質が検出されている。種々の化学物質から環境放出後の物理・化学・生物的作用などに基づいて生成される派生化学物質も含めると，現在の地球環境中には，産業革命以前には存在しなかったような化学物質が，おそらく億単位あるいはそれ以上の種類存在することが類推される。第二の理由で述べたように，有害性が実質的に検出不可能なほど軽微であるような化学物質であっても，それが億単位の相加効果を伴えば，十分に検出可能なほど（つまり，目にみえるほど）の有害性となって現れることが予測されるのが第三の理由である。

以下に，第二，第三の理由について具体的な統計を想定し，示してみる。

ヒトの分子生物学レベルの生理活動のサイクルは，1日より長いものも短いものもあるが，平均として1日とする。つまり人間の細胞は，全体として1日行った同じことを1年を通して繰り返すと仮定する。この仮定の下で，表10.1 (a) のように，ある病気 A の年間罹患率 a_1 からその病気 A の1日あたりの罹患率 a_4 を求めてみる。

たとえば，病気 A をいろいろな部位の癌の総数（日本では，10万人あたり300〜400人程度，ここでは365人とする）として計算すると，表10.1 (b) のようになる。ヒトの体はさまざまな発癌因子に毎日継続的にさらされ続けているが，癌抑制のための蛋白質などの生体高分子の生理機能の働きは，1日あたりの癌抑制失敗率（癌の1日あたり罹患率）0.00100182%と，約10万分の1という失敗率の低さを誇っている。1日の罹患率が年間罹患率の1/365よりわずかに大きくなるのは，この計算方法では重複癌を「罹患数1人」として数えるからである。

さて，ではある発癌因子に曝露した群において，癌の10万人あたりの年間罹患数が1.5倍の548人に増幅された場合を想定して再計算してみると，表10.1 (c) のようになる。癌の1日あたりの罹患率も約1.5倍になっているが，それ

表 10.1 疾患の年間罹患率から 1 日あたりの罹患率,罹患防止成功率の計算

(a) a0 に年間罹患数を代入し,下段から上段へ順次計算していく。(b) a0 に日本人の癌の年間罹患数 10 万人あたり 365 人を代入して計算する。(c) a0 に通常の 1.5 倍の癌の年間罹患数 10 万人あたり 548 人を代入して計算する。

(a)
病気 A の 1 日あたり罹患率	a4	a4 = 1 − a3
病気 A の 1 日あたり罹患防止成功率	a3	a3 = power(a2, 1/365)[a2 の 365 乗根]
病気 A の年間罹患防止成功率	a2	a2 = 1 − a1
病気 A の年間罹患率	a1	a1 = a0/100000
病気 A の 10 万人あたり年間罹患数	a0	a0 に任意の数を入力

(b)
癌の 1 日あたり罹患率	1.00182E−05
癌の 1 日あたり罹患防止成功率	0.999989982
癌の年間罹患防止成功率	0.99635
癌の年間罹患率	0.00365
癌の 10 万人あたり年間罹患数	365

(c)
癌の 1 日あたり罹患率	1.50549E−05
癌の 1 日あたり罹患防止成功率	0.999984945
癌の年間罹患防止成功率	0.99452
癌の年間罹患率	0.00548
癌の 10 万人あたり年間罹患数	548

は年間の累計であることを忘れてはならない。先に述べたように,分子生物学的スケールの世界においては癌抑制のための生体高分子の働きは毎日毎日繰り返されている。何度も繰り返される働きにおいて,それを総計でくくって係数を掛けると本質を見失う危険がある。生体高分子がその働きを毎日繰り返すが,その働きのひとかたまり(たとえば 1 日間というスパンでの働きの総和)が失敗すれば癌が発症すると考えると,環境汚染曝露のような継続して存在する発癌因子の発癌抑制生理機能の阻害作用については,年間の係数を考えるのではなく,働きのひとかたまり(たとえば 1 日間)について考える必要がある。具体的には,表 10.1 (a) の a4 ではなく a3 レベルにおける生理機能阻害作用を考える必要があるのである。つまり,年間発癌リスクを 50%増加させるような発癌因子は生体高分子による生理的な発癌抑制機能を 1 日あたり 0.999984945/

0.999989982 = 0.999994963 倍に落とす，と言い換えることができる．これはわずかに 0.0005％ の生体高分子作用の阻害ということである．

ここでいわんとすることは，発癌の確率を 1.5 倍に高めるためにはそれを促進するための生体機能を 50％ 亢進させる必要があると考えられがちであり，そのような大きな機能変化を達成することはヒト体内の生理的条件を保っている状態ではなかなか難しいことが予測されるが，実は発癌を 1.5 倍に増やすためにはわずか 0.0005％ 程度の発癌抑制生体高分子機能低下で十分であり，それはヒトの生命維持に即座に影響しない程度の濃度であってもかなり多くの化学物質にとって容易だということである．さらに，0.0005％ 程度の発癌抑制生体高分子機能障害作用であれば，以下に述べるとおり，1000 人規模の小規模コホート研究で検出できるかどうかのギリギリの水準であり，それを少しだけ下回る阻害作用をもつ莫大な種類の化学物質に関しては，単一あるいは少数の曝露素因だけを研究しても有害性を検出できない．「有害性を検出できない」というのは，「有害ではない」とは全く意味が違う．たとえば 0.0001％ 程度の発癌抑制生体高分子機能障害作用をもつ化学物質群は，1 つの化学物質の有害性を検出しようとすると不可能になるが，その障害作用が相加的効果をもつ場合，わずか 5〜6 種類の重複曝露によって，簡単に検出可能なほどの大きな有害性が露呈されるからである．検出不可能だからといって有害でないわけではない．

1000 人規模の小規模コホート研究でどれくらいのリスクが検出可能かを簡単な計算で表 10.2 に示す．

表 10.2 (a) におけるサンプル数は nb1，nb2 ともに 1000 人とする．癌の年間罹患率を 365/100000，観察年数を 10 年，曝露による発癌数の増幅率（仮定リスク比）を 1.5 倍と仮定すると，表 10.2 (b) のようになる．このような疫学調査の結果が得られた場合，この表から表計算ソフトを利用して χ^2 分布の値を求めると，約 0.05469 となり，5％ の有意水準でギリギリ有害性を検出できないことになる．年間罹患率の大きい疾患ほど，また，観察年数が長いほど，また，サンプル数が大きいほど，より小さなリスクを検出できるようにはなる．リスク比 1.5 倍というのは，ヒトの分子生物学的機能のサイクルを 1 日と仮定した場合，0.0005％ 程度の発癌抑制生体高分子機能障害作用に相当することは上に述べた．ここまで述べた計算を実際に表計算ソフトで試してみると理解できる

表10.2 コホート研究を想定した場合に得られる2×2表

(a) 非曝露群と曝露群のサンプル数，年間罹患率，観察年数，仮定リスク比を設定し計算する．(b) 2000人規模，10年観察のコホート研究で年間罹患数10万人あたり365人の癌について，リスク比1.5となる曝露因子に関して調査して得られる2×2表．(c) 20万人規模，10年観察のコホート研究で年間罹患数10万人あたり3.65人の難病について，リスク比1.5となる曝露因子に関して調査して得られる2×2表．

(a)

	未発症	発症	サンプル数
非曝露	b11（＝nb1−b12）	b12（＝nb1＊年間罹患率＊観察年数）	nb1
曝露	b21（＝nb2−b22）	b22（＝b12＊仮定リスク比）	nb2

(b)

	未発症	発症	サンプル数
非曝露	963	37	1000
曝露	945	55	1000

(c)

	未発症	発症	サンプル数
非曝露	(b11)99963	(b12)37	(nb1)100000
曝露	(b21)99945	(b22)55	(nb2)100000

が，10年間の10万人規模のコホート研究であっても，単一あるいは少数の発癌因子についてしか検討しない場合，0.00004％以下の発癌抑制生体高分子機能障害作用では有害性を検出することができなくなる．その程度の有害性であっても，相加作用をもつ発癌因子を何種類か集めて検討すれば，誰がみても明らかな有害性となる素質をもっているのだ．

これまで，病気Aを全部位の癌として話を進めてきたが，ここに述べた考え方は，病気Aは癌以外のあらゆる疾患に置換可能である．どんな疾患でも，研究規模・様式に応じた発症リスクの検出限界があり，ある水準以下の疾患発症抑制生体高分子機能障害作用をもつ化学物質群などの疾患発症因子の有害性は検出できないことになる．そして研究規模には物理的な制約があり，発症因子の有害性の検出限界はある程度の水準以下で絶対的なものとなるのである．

さて，次に，癌よりも罹患率の低い難病について考えてみよう．

一般に難病は，癌のおおよそ1/100前後の年間罹患率である．コホート研究では罹患率が低いと有害性の検出頻度が落ちるので，表10.2(a)において，サンプル数はnb1，nb2ともに10万人とする．年間罹患率を3.65/100000，観察

10.3 環境汚染一般の健康への影響を調べる疫学調査の解釈には注意が必要である　171

年数を10年，曝露による発症数の増幅率（仮定リスク比）を1.5倍と仮定すると，以下のようになる。

　実際には罹患頻度の低い疾患に関してはコホート研究ではなく症例対照研究が行われることが多いので，このようなデザインの研究が行われることはあまりないが，エコチル調査では可能であり，話を進める都合もあり，計算してみると，表10.2（c）のような2×2表が得られる。χ^2分布値を求めると，約0.0605となり，5％の有意水準で有害性を検出できないことになる。このように，まれな疾患に対するコホート研究は，苦労の割に成果が少ないのであまり行われない。

　次に，頻度の低い難病に対して実際に行われることが多い症例対照研究を想定して計算してみる。このような頻度の低い難病は症例（患者）を見つけるのが大変であり，100例程度集められることが多いので，症例数100人とする。対照は多いほど有害性の検出力が増すが，あまりに症例数と掛け離れていると，よい研究とは見なされないので，対照数1000人とする。症例対照研究を想定するには，集団全体の疾患の年間罹患率（3.65/100000）だけでなく，集団全体のリスク因子への曝露率を設定する必要がある。これを0.3（30％）と仮定し，非曝露・曝露比をコホート研究の表10.2（c）の上段の非曝露群の行に乗じれば，その表の4マスが母集団からの無作為抽出とほぼ同値となることを利用して，表10.3（a）のように計算する。

　実際に値を代入して計算すると，表10.3（b）のような2×2表が得られる。χ^2分布値を求めると約0.0631となり，5％の有意水準でギリギリ有害性を検出できないことになる。以下の議論で上と同様の部分は省略する。それ以外に，症例対照研究においてはコホート研究ではあまり考える必要のなかったことを考慮しなければならなくなる。すなわち，発症群のサンプル数 nc2 が小さいため，c12 と c22 の値も同様に小さくなり，わずか1人の非曝露・曝露の割り振り間違いによって，χ^2分布値が大きく上下し，本来検出すべきものが検出できなくなる事態が想定されるのである。実際に，表10.3（b）で c12：c22 が 61：39 ではなく，何らかの過誤により 60：40 としてしまうと，χ^2分布値は0.0388となり，5％の有意水準で有害性を検出できることになる。本来検出限界以下のものが検出できるようになる間違いならばまだいいのだが，リスク検出力の低い

表 10.3 症例対照研究を想定した場合に得られる 2×2 表

(a) まず，母集団全体の曝露率 c_3 を設定し，母集団の非曝露・曝露比 c_4 ($c_4 = (1-c_3)/c_3$) を計算する．その他の設定条件が表 10.2 (c) と同一である母集団を想定する場合，表 10.2 (c) の 2×2 表の上段 (非曝露群) の各マスに c_4 を乗じればその 2×2 表は母集団からの無作為抽出とほぼ同値となる．言い換えると，表 10.2 (c) の 2×2 表では横方向の各マスの比は母集団の未発症・発症比を反映したものであったが，上段に c_4 を乗じることによってできた 2×2 表は縦方向の各マスの比も母集団の非曝露・曝露比を反映したものとなる．つまり，表 10.2 (c) の 2×2 表が得られるような年間罹患率，観察年数 (曝露の平均経過年数に置換して考える)，仮定リスク比の母集団において，発症者 (症例) と未発症者 (対照) を無作為抽出した際の非曝露・曝露比を知ることができる．このことを利用して表 10.3 (a) の各マスは以下のように計算する．

nc_2, nc_1：それぞれ発症者 (症例) と未発症者 (対照) を任意に設定

$c_{11} = \text{round}(b_{11} * c_4 / (b_{11} * c_4 + b_{21}) * nc_1, 0)$

[round(x, 0)：x の小数点以下 1 桁目を四捨五入]

$c_{21} = nc_1 - c_{11}$

$c_{12} = \text{round}(b_{12} * c_4 / (b_{12} * c_4 + b_{22}) * nc_2, 0)$

$c_{22} = nc_2 - c_{12}$

(b) 症例数 100 人，対照数 1000 人規模の症例対照研究で年間罹患数 10 万人あたり 3.65 人の難病について，リスク比 1.5 となる曝露因子の曝露率 0.3，曝露の平均経過年数 10 年である母集団に関して調査して得られる 2×2 表．

(a)

	未発症	発症
非曝露	c_{11}	c_{12}
曝露	c_{21}	c_{22}
サンプル数	nc_1	nc_2

(b)

症例対照	未発症	発症
非曝露	700	61
曝露	300	39
サンプル数	1000	100

研究デザインにより，リスクを統計学的有意差をもって示せなかった場合，「そのリスク因子はリスクといえない」というような間違った解釈がなされる危険性がある．

　エコチル調査はかつてないほどの大きさの母集団によるコホート研究なので，検出力の大きさはある程度期待できるだろう．しかし，エコチル調査では，非曝露群のサンプルについて，過去の化学物質への曝露の蓄積をどれだけ明らかにできるかは不明であり，検出力が低下する影響が懸念される．なぜなら，

エコチル調査の非曝露群のように，日ごろから化学物質や電磁波の曝露を避ける習慣のある人たちは，これまでの人生で少なからず化学物質に曝露して体内に化学物質が蓄積していることにより過敏性が上昇しているためにそうしていることが少なくないからである。また，母体に蓄積した脂溶性化学物質は，臍帯や母乳を通して胎児や乳児に移行する性質が強い。エコチル調査の観察期間は約10年であり，女性の出生後出産するまでの経年である20～30年より短く，妊娠・出産以降の摂取と比べて，母体からの蓄積化学物質の移行による経路の方が，影響は大きいことが予測される。実際に，ある農薬への曝露による精神衛生への悪影響は，農薬への曝露が終わって少なくとも3世代後までも残ることが動物実験で示されている[16]。多くの脂溶性の高い化学物質はいったん体内に入るとほとんど排出されず，母親の体が代謝されて胎児の体の原料となる際に化学物質も継続的に切り出されて血中に移行し，血液・胎盤関門は防御機構としてはあまり機能せずに，簡単に胎児の体内に取り込まれてしまう。化学物質への曝露が終わっていてさえ，後の世代に悪影響が残る。いわんや，化学物質への曝露が終わるどころか，次々に大量の化学物質に曝露し続けている現代のヒトへの悪影響は計り知れない。

　以上，環境汚染一般の健康への影響を調べる疫学調査においては，汚染化学物質の有害性の検出力に限界があり，本来有害であるものを「健康障害と相関が認められない」という結論としてしまう危険性が潜んでいることを示した。こうした調査の結論の解釈には注意が必要である。すなわち，このような疫学調査で「化学物質曝露と健康障害との相関を認める」という結論に達すれば，それは信用できる可能性が高いが，逆に「相関を認めない」という結論は，かえってミスリーディングな影響をもたらす可能性があるということに留意すべきなのである。

注
(1) ヒトは，自分のもとになった精子や卵子の生成過程から出生後死に至るまで四六時中，常に何らかの病気を新規に発症するリスクにさらされ続けている。それらのあらゆる発病を抑制し続けているのが，ヒトの恒常性の維持機構であり，そのほとんどが蛋白質分子の機能の組み合わせにより成り立っている。

(2) たとえばA氏はミトコンドリアのa蛋白質と細胞Xの細胞質のb蛋白質，B氏は細胞Yの細胞膜のc蛋白質と血清のd蛋白質，という具合に．
(3) 筆者の臨床経験に照らし合わせて，化学物質による健康被害は病名の付いた病気だけではなく，病名の付いていないあらゆる体調不良にわたると確信している．化学物質と似た健康被害をもたらす電磁波については，化学物質過敏症支援センターの資料や「ビッグイシュー日本版」[5]に掲載されていたある実験結果が，電磁波による健康被害は病名の付けられる病気だけではなく広汎に及ぶものであることを強く示唆している．すなわち，その実験とは，電磁波過敏症の症状が明らかに出る患者群と電磁波に過敏反応を起こさない健常者群とに分け，それぞれ小さな部屋に入れて，電磁波を浴びせて作業効率の低下にどれだけ差が出るかを調べたものである．驚くべきことに，健常者群においても患者群と同様に電磁波による作業効率低下が観測されたのである．自分が電磁波に過敏でないと思っているのは自分だけ（つまり鈍感なだけ）で，実際には大きな生理機能障害を受けていたのである．あなた，あるいはあなたの周囲の人が，もし普通の人より不眠がちであったり，動作が緩慢であったり，手先が不器用であったり，思考の回転や記憶力が低下することがあったり，乗り物に酔いやすかったり，いらいらしがちでキレやすかったり，ときどき一時的な吐き気を認めたり，あるいは自分でもよくわからないがとにかく以前のように健康でない気がして体調が万全でない状態が続いている，というのであれば，それはあなたやその人を取り囲む電磁環境に問題があるか，または摂取（飲食する，吸う，肌につける）している化学物質が原因である可能性を考える必要がある．そして，それらを身のまわりから排除して，適切な治療をすることによってある程度の回復をみることも少なくないと考えられる．人々の体と心の具合が悪いのは，食品添加物や農薬，ポストハーベストや洗剤，殺虫剤や消臭剤，タバコなどに含まれている，有害な化学物質のせいかもしれない，または，携帯電話や電波搭や変電所や高圧送電線などからの電磁波のせいかもしれない．キレやすい人は必ずしもその人の脳そのものに問題があるとは限らず，化学物質（や電磁波）を排除することによって治ることもあると考えられる．ただ，胎児期や幼小児期に摂取（飲食する，吸う，肌につける）した化学物質（や電磁波）に曝露した人は，脳の発生や発達の重要な過程が損なわれているためにある程度不可逆的になっている部分もあると思われ，その場合は治療がより困難になることが予測される．
(4) これらのアレルギー疾患の統計やグラフをみるときに注意すべき重要な点が1つある．それは，どれだけ長い期間の統計であるかということである．「患者数が最近10年で1.5～2倍になった」などという統計は，化学物質の有害性を過小評価してしまうかもしれない．少なくとも，多くの農薬や消毒，添加物などの化学物質が生活環境に蔓延するようになった昭和30（1955）年ごろからの統計を使用すべきである．そのころと比べると，現在のアレルギー患者数の多さがいかに異常なことであるかが実感できる．「10年で2倍」とすると，問題の大きさを見誤る．
(5) 2012年現在，「原因不明」は新規透析導入原因の第4位．
(6) たとえば最近は薬臭くない食べ物を探すのにとても苦労する．
(7) もしこうしたあまり有用でない（検出力の低い）疫学調査で有害性が証明されれば，それはきわめて高い有害性であることが示唆される．

文　献

1) Cooper, D. N., Krawczak, M., Antonorakis, S. E.：The nature and mechanisms of human gene mutation. *In*：*Metabolic and Molecular Bases of Inherited Disease*, 7th ed., McGraw-Hill, 1995, pp. 259-291.
2) Bosron, W. F., Li, T. K.：Genetic polymorphism of human liver alcohol and aldehyde dehydrogenases, and their relationship to alcohol metabolism and alcoholism. *Hepatology*, **6**(3), 502-510, 1986.

3) Nakasako, M., Oka, T., Mashumo, M., Takahashi, H., Shimada, I., Yamaguchi, Y., Kato, K., Arata, Y.: Conformational dynamics of complementarity-determining region H3 of an anti-dansyl Fv fragment in the presence of its hapten. *J. Mol. Biol.*, **351**(3), 627-640, 2005.
4) Agius, R. M., Nee, J., McGovern, B., Robertson, A.: Structure activity hypotheses in occupational asthma caused by low molecular weight substances. *Ann. Occup. Hyg.*, **35**(2), 129-137, 1991.
5) 宮田幹夫：ごく微弱な電気で動く身体の細胞—電磁波の影響を受けないわけがない—. *THE BIG ISSUE JAPAN*, 142号, 2010.
6) 須貝哲郎：皮膚生理と洗浄剤のありかたを考える. フレグランスジャーナル, **29**(9), 13-21, 2001.
7) Bergman, A. B., Wiesner, L. A.: Relationship of passive cigarette-smoking to sudden infant death syndrome. *Pediatrics*, **58**(5), 665-668, 1976.
8) Sohrabi, M. R., Tarjoman, T., Abadi, A., Yavari, P.: Living near overhead high voltage transmission power lines as a risk factor for childhood acute lymphoblastic leukemia: a case-control study. *Asian Pac. J. Cancer Prev.*, **11**(2), 423-427, 2010.
9) Malagoli, C., Fabbi, S., Teggi, S., Calzari, M., Poli, M., Ballotti, E., Notari, B., Bruni, M., Palazzi, G., Paolucci, P., Vinceti, M.: Risk of hematological malignancies associated with magnetic fields exposure from power lines: a case-control study in two municipalities of northern Italy. *Environ. Health*, **9**, 16, 2010.
10) Feychting, M., Ahlbom, A.: Magnetic fields and cancer in children residing near Swedish high-voltage power lines. *Am. J. Epidemiol.*, **138**(7), 467-481, 1993.
11) Davis, D. L., Miller, A. B., Philips, A.: Association of mobile phone use with adult brain cancer remains plausible. *BMJ*, **344**, e3083, 2012.
12) 内山巌雄, 村山留美子：QEESI 調査票を用いた化学物質過敏症の全国調査. 大気環境学会年会講演要旨集, No. 44, 246-247. 2003.
13) Melzer, D., Osborne, N. J., Henley, W. E., Cipelli, R., Young, A., Money, C., McCormack, P., Luben, R., Khaw, K. T., Wareham, N. J., Galloway, T. S.: Urinary bisphenol A concentration and risk of future coronary artery disease in apparently healthy men and women. *Circulation*, **125**(12), 1482-1490, 2012；Epub. 2012 Feb 21.
14) Shankar, A., Teppala, S.: Urinary bisphenol A and hypertension in a multiethnic sample of US adults. *J. Environ. Public Health*, **2012**, 481641, 2012；Epub. 2012 Jan 27.
15) Lang, I. A., Galloway, T. S., Scarlett, A., Henley, W. E., Depledge, M., Wallace, R. B., Melzer, D.: Association of urinary bisphenol A concentration with medical disorders and laboratory abnormalities in adults. *JAMA*, **300**(11), 1303-1310, 2008；Epub. 2008 Sep 16.
16) Crews, D., Gillette, R., Scarpino, S. V., Manikkam, M., Savenkova, M. I., Skinner, M. K.: Epigenetic transgenerational inheritance of altered stress responses. *Proc. Natl. Acad. Sci. USA*, **109**(23), 9143-9148, 2012；Epub. 2012 May 21.
17) 文部科学省：平成23年度学校保健統計調査2調査結果の概要.

11 バイオ・食セキュリティと人間安全保障
——生命・生活を護るこれからの医・農・食・環境の戦略

松延洋平

11.1 いま，わが国の「人間安全保障」に求められる課題とは

① わが国において，かつてないほど「国家安全保障」の論議と関心が盛り上がってきている。中国・韓国など近隣諸国との領土問題に端を発する紛争と緊張がこの盛り上がりに拍車をかけていることは間違いない。それだけに，国家安全保障と相互補完的関係に立つ人間安全保障への国民的関心を深めるとともに，各層で幅広い議論を展開し，柔軟で強靭さに富む世論が形成されるように諸々の壁を越える努力がいまほど緊要な時はない。

② グローバル化が激しく進展する中で，多くのアジア諸国は経済の発展・産業の育成を図りつつ，いのちと生活・保健・福祉を護り，自然・社会環境などのインフラ整備に取り組まなければならない。すでに情報・金融の領域でグローバリゼーションの大波を経験し乗り越えつつある中国や韓国でも，SARSや鳥・豚インフルエンザ，口蹄疫など人獣（畜）共通感染症の発生と蔓延，環境悪化の防止，農・食の安全などの諸課題に取り組んでいる。

③ かつては「人間安全保障」は発展途上国への援助の意味合いが強かったが，最近は先進国と発展途上国とで境界のない共通課題に取り組む必要性が高まってきた。

わが国では，人間安全保障が特に対外政策上の課題であるとの文脈で語られることが多かったが，最近は国内政策としてもその重要性が論じられてきている。現状ではむしろ，少子高齢化が進み，既得権との調整などに格段の努力が必要なわが国特有の困難に留意しなければならない。

すなわち，地方自治体の基盤が弱くNGOの歴史も浅いわが国では，既存の共同体意識が崩れてきている。一方で，防災や福祉などで新しく求められるコミュニティの形成には至っていない。特に人間安全保障を担うべき生命・生物・生活関連諸分野にかかわる科学技術研究と教育，さらに学際・国際連帯はいまだに弱体であり，これらを早く克服する必要がある。

④ そもそも現今の食の安全保障は，3つの大きな柱で支えられる。

まず，11.3節で論じるフードセキュリティ（food security：食糧安全保障），食物の量的な確保の問題として，世界，特に発展途上国などでは広く用いられる。

第2には，食品衛生や自然的に発生する感染症問題，すなわちフードセイフティ（food safety：食品安全）。

そして最後に強調したいことは，11.6節で論じる食テロ，すなわちフードディフェンス（food defense：食品防衛）の問題であり，この3つはいずれも食の安全保障には欠かせない課題である。

⑤ わが国の場合，米国と中国への食料・食品の依存度が高まってきているだけに，特に食糧安全保障問題は重要である。さらに，科学技術や感染症，環境保全，テロ対策などとの関連性も高まっており，安全保障に関連する諸動向——対立と相互依存・協調の諸局面に時系列的にも空間地政学的にも視野を広げ，短・中・長期にわたって主体的な対応ができるよう努力する必要がある。

1994年の国連開発計画（UNDP）による『人間開発報告書』で提唱された「人間安全保障」の中で，食糧安全保障は健康の安全保障，環境の安全保障などと並んで重要な要素と位置づけられているので，まずこの課題に焦点を当てて論じる。これは，環太平洋戦略的経済連携協定（TPP）論議にもきわめて関連性が深い課題である。

最近，アジアにおけるテロ対策として，情報分野ではサイバーテロの破壊的な影響力が現れつつある。実はそれ以上に，バイオ・食テロの分野でも，国際機関や先進国で対策を強化する必要が訴えられてきている。しかし，わが国では動きが鈍く，その遅れを取り戻すことは容易なことではない。

11.2 多面化する「食糧安全保障」——低い自給率,食物の確保と「安全保障」のかかわり

● a. 懸念が高まる世界の食料需給と経済成長,そして貧困層の問題

　世界全体でみると,1960年からの約50年間に人口は約30億から約70億へと2倍以上に増加した。さらに複雑な問題が同時に派生している。急速な経済成長をみせる新興諸国を中心に,都市生活者が増大し,それに伴い食生活も大きく変化してきている。経済成長著しい中国だけをとっても,深刻な都市と農村間の経済格差問題が指摘されながら,この半世紀の間に食肉の消費量は約4倍に拡大している。

　一方,家畜の飼料となる穀物の生産の将来は,楽観を許さない。食料生産に大きな懸念を与える問題として気象変動があるが,水資源の問題もあげられる。2012年には50年ぶりといわれる米国の干ばつでトウモロコシと大豆の生産が減少し,国際価格の高騰をもたらして,小麦価格の上昇にも波及した。また,2007〜2008年の世界的な食料危機は,長期にわたって穀物価格を上昇させ,都市住民,特に中低所得層に影響を与えた。その結果,アジア,中米に政情不安が発生し,インド,中国,ベトナム,ロシア,ウクライナ等がとった穀物輸出禁止・制限措置が新しい形の食料問題を提起した。そのため,情報管理など食糧安全保障にかかわるガバナンスに改善の動きが出てきている。米国のバイオ燃料政策,特にトウモロコシの燃料への利用はこの面からも批判の的となっているが,今後の展望は不透明である。

　その中で,多国籍商社や穀物メジャーの農産物貿易における対応の変化の姿が注目されている。1970年には世界の大豆生産の7割を占めていた米国のシェアは,2012年には3割以下まで低下した。これに対し2012年にはブラジルが米国を抜き,世界生産の3割を超えるトップの地位に立っている。世界的に食肉の需要は増加しているが,肉の消費大国である中国の豚の消費量はすでに世界の半分を超えているといわれる。

　ブラジルが輸出する大豆の大半は中国向けのものであるが,これは飼料として旺盛な肉消費に向けられている。一方,ブラジルにとっても購買者としての中国の存在があまりに巨大になっていることに,安全保障上から警戒感が出て

きている。

● b. 世界的視野の国際戦略のあり方

　農業大国ブラジルの急成長の背景には，かつて耕作不適地といわれた中部のセラードと呼ばれる地域における大豆生産など，土壌改良などで20年以上も支援してきた日本の国際協力機構（JICA）の貢献があり，これは米国やブラジル，さらに中国でも強く意識されている。しかし肝心の日本では，その意義を食糧安全保障と関連づけて語る人は少ない。

　日本がセラード地域の開発に支援を始めた経緯をしっかり踏まえた上で，日本・ブラジルの共同プロジェクトはさらなる農地開発を通じて世界の需給緩和へ大きく貢献するものと期待したい。

　かつて，ニクソン大統領は，米国産の大豆に対する旧ソ連の予測を超える大量買い入れで米国内の大豆価格が急騰するという事態を受けて，輸出禁止措置を発動した。その結果，大豆供給の大半を米国に依存していた日本では，豆腐などの原材料が足りなくなり，全国各地でパニック状況が発生した。

　この事態に懲りた日本政府は，米国にのみ依存する体制を改革するために，それまでほとんど生産能力をもたないとされたセラード地域に対する資金援助や品種改良などの研究支援に，当時の田中首相が自ら乗り出した。この支援が今日の農業大国ブラジルの基盤を築いたといっても過言ではなかろう。

　戦略的作物の代表的存在であった大豆の独占状況を崩すこの日本の動きに当時，米国は強く反発した。

　一方，このような事態の展開を招いた農産物輸出禁止措置は，米国貿易政策の歴史の中で最大失政の一つと位置づけられている。

● c. 食料海外依存と貿易の厳しい課題——かつて絶大であった日本の購買力の現状

　これ以後も世界貿易機関（WTO）など国際交渉の場で，輸出規制の禁止・抑制は日本の一貫した主張となっている。穀物価格高騰の再来へのおそれが高まる中で，2012年9月にウラジオストックで開催されたアジア太平洋経済協力（APEC）会議において，日本をはじめとする輸入国の強い要請を受け，穀物輸

出禁止措置のあり方が討議された。

　しかし穀物生産国でも，いったん国内価格が高騰すると，輸出を停止すべきだという国内世論が盛り上がることは当然予想される。先進国・発展途上国を問わず，国内の声に抗して輸出を続けることははたして可能であろうか。

　穀物需給の状況を見通し，わが国の大手商社も現地の大型農業経営や米国の大手穀物商社等の買収を行っている。

　世界最大の穀物商社カーギルは，ブラジルでも大きな存在感を示し始めているが，このような穀物メジャーは，世界的な情報力，金融・マーケティング力に加え，種苗開発をはじめとする研究開発力，肥料資源などを保有しているため，経験豊かな日本の商社にとっても，穀物メジャーに対抗していくことは決して容易なことではない。

● d．食のパニックを防ぐ防衛論の鍵とは──求められる消費サイドの理解力と柔軟さ

　中国をはじめとする新興国が台頭し，その購買力（buying power）はますます高まっている。かつて日本だけが飛び抜けた購買力を誇示できた時代とは全く異なり，わが国の商社が海外の食料資源を確保し供給するには，複雑かつ困難な時代になってきている。食品加工・流通小売産業など需要者はもとより，マスコミ・学界，さらに消費者の理解が重要な鍵となる。かつてわが国が最重要の切り札としてきた「供給源の多面化」は輝きを失った。

　穀物価格の上昇が予測される中で，厳しい規格を求めがちな国民，消費者の理解と受容をいかに得るかが課題である。

　自給率が40％以下という環境の中で，いったん食料の供給に不安や懸念が発生した場合に，消費者がパニックに陥らないか，あるいは事業者が売り渋りなどをせずに冷静・公正な対応ができるのか，という点も重要な課題である。

　中央官庁の縦割り行政は変化への対応力を損なっているが，それに替わるべき新しい自治体制は構築されていない。つまり，ガバナンスの基盤が流動的な状況にある。上記の豆腐などの不足事件，石油ショックの際のトイレットペーパー買い占め事件，冷害米不作事件，さらに2011年3月11日発生の東日本大震災時の食品買い占め事件などにおけるわが国民の消費購買行動を分析し，自

11.2 多面化する「食糧安全保障」——低い自給率，食物の確保と「安全保障」のかかわり　　181

給率はどの程度が必要なのか，掘り下げた討議が必要であろう．

● e．緊急時の危機管理と生命・生活を守る自助と共助・公助

　自給率の低さ自体が明らかにパニックを拡大する要因の一つであることには間違いがない．しかしそうだとしても，パニック拡大のメカニズムは明らかではないし，多様である．一方，このようなパニック発生が日本の大きな弱点であると海外から受け止められれば，それだけ日本の交渉力は弱まり，危機は種々の形で高まる．国際市場で特定の国の比重が高まったり，農産物貿易で供給地が限られた国に集中したりすれば，リスクは増大する．また，気象変動や生物多様性の脆弱性の上昇，あるいは遺伝資源の基盤の狭小化など，潜在して派生するリスクも多様化している．

　災害や危機の複合化した発生は現代的な特徴であり，特にグローバル化時代には普通の現象であるといわれている．自然災害の発生時に生活基盤や社会インフラ・環境が破壊され，集団感染症などで犠牲者が多発することは，災害に伴う必然的な現象として備えが必要である．また，防衛・防備の間隙や人心の動揺・不安に乗じて，バイオ・食テロなどが行われる可能性は確実に高まる．食料は日々の生活を支える必需品であるだけに，新型感染症大流行時などにおける食料・飲料の確保から戸別配送まで，耐災害弾力性を高める「事業継続計画」（BCP）の一環として民間企業間で広く議論され始めている．もし市民個々のレベルで食の供給への信頼が低下すれば，事態はさらに複雑化し，悪化しかねない．

　わが国でも，石油ショック時や冷害時などに買い占めが起きた事例は少なくない．「3.11」後に，地域住民や消費者の我慢強さという国民性が世界で賞賛されたが，これも危機時にどれだけ長期にわたって期待できるかは不明である．

　世界でも日本でも社会基盤は年々大きく変質し，格差の拡大という現象も社会の連帯と秩序の崩壊に拍車をかけている．災害に強いコミュニティを築くために，確かに一部の先進的な自治体は国と連携して自助・共助・公助精神を涵養するとともに，現実的な体制づくりを始めている．しかし，日本では戦後長く続いた平安の後，多くの場面で衰退の気運が高まっている．そのような中で，強靱な安全保障意識を養成し，予想を超えるような緊急事態にも対処できる体

制をつくることは容易なことではない。

● f ．急激に進展する生物諸科学と今後のバイオ種苗問題の課題――食糧安全保障の「もう一つの中国問題」とは

　日本の食糧安全保障にとって，遺伝子組み換え食品（GMO）をどう考えるかという問題は避けて通れなくなっている。世界の穀物生産の中でGMOの比重が年々高まってきているからである。日本ではこれからも農業・植物バイオに対する態度は消費者・市民レベルでは不透明のままで続くであろうが，産政官学レベルでの日本の戦略も依然，みえてこない。

　EUの動向をみると，今後とも従来の路線を大きく変更することはないだろうが，EU域内ではむしろ有機・自然農業を強化する地域・消費者の意識的努力が目立つ。一方，日本ではむしろ，バイオ以外の新テクノロジー――IT活用の植物工場や品質管理，種苗にかかわる知的財産権制度，食品安全性の向上など――を開発，活用して成果を上げていく方向を産業・社会が強く志向していく可能性が高い。

　アジア，特に中国では，生物科学研究の重要性が強く認識され，日本よりはるかに戦略性に富んでいる。中国は米国で長年にわたり遺伝子組み換え研究に従事してきた豊富な人材をもち，豊かな遺伝子資源の蓄積を誇る。また，欧米の多国籍企業をしのぐ膨大な投資資源に恵まれる中で世界に冠たるリーダーへと台頭している。

　しかし，中国にも問題がないわけではない。日本では消費者のバイオテクノロジーへの消極的抵抗感は根強いが，中国でも同様に抵抗感が強まる可能性をはらんでいる。しかし，食糧安全保障への懸念が高まれば，消費者の抵抗感が急激に一掃される可能性もある。

　一方，日本にとって逆転する優位性がないわけではない。ただし，中国に欠けている科学研究運営に必要な国際的信頼性を維持向上し，安全性への信頼とその実績をさらに高めることが重要である。さらに，特許や植物新品種保護制度などの知的財産権制度――特に「東アジア植物品種庁」の設立などで指導力を発揮する決意と戦略とが求められる。

　農業の生産の原点は種苗である。国内の野菜生産では種苗を毎年種苗会社か

ら購入しているが，主要種苗会社の海外採種率は 8～9 割であり，国内の採種は全体の 1～2 割と，食料自給率よりはるかに低い状況に急落している。トマトのように原産地が海外の品種が多いことを考慮しても，海外採種は中国，北南米，欧州など世界 20 か国にわたっている。このことは，弱体化する国内労働力の欠陥を補い，産地の多角化を図るという利点がある反面，どの国，どこの地域で種取りが行われているかは企業秘密であり，種子伝染病などが疑われるような事態が起きた際にはリスクが大きい。このリスクは食の安全にかかわるため，問題視する消費者も増えている。伝統野菜などに食文化を守る意義を結びつけ，農業者や種苗業者などが在来種の保護と活用を進めている。消費者団体や地域食品産業，自治体などは，地域に選択肢を増やすことにつながると主張している事例も少なからず報道されている。

TPP では，経済的側面のみならず，政治・社会，文化，知的財産権，医療，サービス産業などについて幅広く検討していくとされている。その論議の中で，日本農業の中心課題の一つとして生産性向上とアジア知識基盤型国際連帯が取り上げられている。その状況の中で，知的財産権戦略・「東アジア植物品種庁」構想が 2012 年 9 月のウラジオストックの APEC 会合の場において輸出規制問題と並んで議論された。アジアの中では，わが国の植物新品種保護制度は格段に進んだ状況にあるので，このような機関を日本に設置することの意義はきわめて高い。しかしここでも中国や韓国政府の戦略的行動が大きな影を投げかけている。

世界の穀物・牧草種子の研究開発において，欧米の多国籍企業の実力は絶大であり，その生産・貿易などでの寡占率は圧倒的に高くなっている。遺伝子組み換え・バイオテクノロジーなどの技術開発力が金融・情報力などと相まって力強く支えているからである。したがって，わが国の安全保障の見地から常にその動向を真剣に見続けていく必要がある。

11.3　わが国の食の安全を脅かすもの——遅れるわが国の食品防御

● a．食の安全と食品防衛——オバマ政権の最重要政策：食の安全とテロ対策

オバマ政権はスタート以来，70 年ぶりに食安全体制の抜本的強化を図り，手

始めに米国連邦食品安全向上法とバイオテロ法の改正を行った。政権第2期に入り，懸案の本格実施が一段と加速されるものと予想されている。

　このように，米国で食安全システムの大改造が行われている背景には，生活や健康をめぐる環境が多様化し，安全な食を求める国民の要請が強まってきていることがある。国際基準であるHACCP等の導入普及によりフードチェーン全体の食品衛生管理のレベルが向上してきたところで，袋入りホウレンソウによる数千人のO-157菌中毒患者が発生し，またつい最近もピーナッツバター加工製品がサルモネラ菌に汚染されるという事件が発生したように，広域にわたって加工食品・生鮮食品での食中毒が多発している。従来型の自然発生による食中毒事件もこのように依然として多発して生活の脅威になっていることから，食の安全体制に取り組み，法律を大改正することになった。

　一方，グローバル化が急速に進む中で，海外，特に中国からの輸入食品における事故が多発し，メラミン入りのペット食品により大量のペットが死亡する事件が国民を震撼させた。そこで，食の安全と並んで，このような人為的な毒物混入に対しては食品防衛として厳しい特別な体系を真剣に組み立てざるをえなくなった。大変革の背景の概略を以下，要約したい。

●b．食品防衛の意味するものは何か

　食品への意図的な毒物の混入が，食品防衛あるいは食と農へのテロの脅威として盛んに論じられるようになったのは，2001年9月11日発生の米国同時多発テロ事件（9.11事件）以来のことである。

　9.11事件に大衝撃を受けた米国政府・議会は，産業・社会・生活を守るための重要インフラとは何かを徹底的に分析・点検した。その結果，食品・農業・水，その他情報，金融，運輸・交通などの10数分野を認定して，徹底的な防衛対策を講じることとした。意図的な毒物混入事件に備え，いままで対策の範疇に入らなかった毒物や毒性生物などへの防御に取り組まざるをえなくなり，食品企業の製造・加工・流通過程などにもいままでとは異なるシステムを構築し，より厳しい視点から厳重な安全対策を講ずる必要性に迫られた。米国の消費者も，この官・民の努力を強く支持した。

　世界保健機関（WHO）などでも同時並行的にこの課題に取り組み，ガイドラ

インを発表した。そこでは，農産物貿易が拡大している現代では，食の安全や食品衛生にかかわる分野でも，従来型の発想や対策ではとても間に合わない事態が起きつつあること，特に食品・農業に対する悪意ある汚染・テロの脅威が現実化する可能性を強く指摘している。さらに，その被害は想像を超える甚大さとなることを指摘し，これに対応する難しさも認識する必要性を強調している。

以来，国際的に食品の安全性を確保する方法は，「フードセキュリティ」(食糧安全保障)，「フードセイフティ」(食品安全)，「フードディフェンス」(食品防衛)の3つの概念に大別されている。

● c．これから必要な水際を越えての番犬役

食安全にかかわる制度を抜本的に改革することを公約し誕生したオバマ政権は，自然発生する食品中毒問題への対処という課題と併せて，食テロ対策も重要課題とし，海外からの輸入食品・農産品の増大に対処する検査制度を厳格化したため，日本その他の諸国にも大きな影響が現れ始めている。すでに食品医薬品局（FDA）などの検査官が，中国やアジア諸国はもとより，日本の数十を超える食品工場等にも乗り込んできている。

食料の海外依存度の高いわが国は，このような米国の海外での安全検査制度に重大な関心をもたざるをえない。海外への検査官の派遣には紛争発生に備える必要があり，複雑な技術的・制度的な困難さが伴うからである。

わが国を取り巻く周辺国や輸送海域の事情も厳しくなり，海外からの強い要請に対応した港湾施設の管理・警備にも配慮する必要性が増している。食安全の重要な柱である食品防衛については，情報手段などの急激な変化を考慮しつつ，上流から川下まで従来にはなかった幅広い視点で，物流の現場などを詳しく点検・検討する必要がある。冷凍餃子への毒物混入事件は，中国からの輸入食品の安全性に対する消費者の強い不信感を植えつけた。われわれはその過程をたえず想起し，その教訓を生かし続ける必要がある。

● d．境界を越えて広げよ！　確かな監視の目と防御の実行体制

食品防衛では，諸作業の現場で存在する部門別の壁や企業間の障壁を乗り越

えて，安全向上のために連帯することが求められる。たとえば原料生産から製造，流通，輸送まで，異業種企業間における連帯が積極的に奨励されている。

わが国では，アウトソーシング先や委託先も含めた総合管理の面では，理解も経験も十分ではない。しかし，無防備な状況が放置され，それをみた部外者が誘発される事例も指摘されている。トップが率先して安全の確保を組織全員に動機づけることが必要である。

一方，わが国の技術開発部門や研究機関・教育機関などでの研究管理や監視体制の不十分さも，国際的に頻繁に指摘されている。

食品防衛と関連して，米国では農業テロの脅威が最も警戒されている。その代表例として，口蹄疫ウイルスが家畜や牧場などに散布された場合の巨大な経済被害・社会的衝撃が指摘されている。

また，情報技術の発展の成果は，農業の現場や地域への地理情報システム（GIS）の導入や，穀物や食料の輸送時における分別生産流通管理（IPハンドリング）など，国境を越える食と農への安全対策としてすでに実用化されている。

● e．食料輸送など国際物流の場面でのセキュリティの重要性

欧米でもアジアでも，港湾などでの施設管理は安全保障の根幹をなす国際物流の拠点としての意味が高まり，特にその警備はますます厳格さを増している。コンテナに混入された病害微生物などの存在を探知する電子機器の開発利用が，港湾管理当局や関税当局間の国際連帯の中で進められている。

船舶港湾など輸送施設とシステムにおける技術革新や国際安全ネットづくりなどの対策は進んでいるが，わが国の安全意識は遅れがちであるため，食安全への対応が世界の流れに追いついていくには，相当の決意と実行への努力が必要である。

11.4　いま，世界で盛り上がる"one world, one health"への動き
　　　──問われるわが国の食・農と医療と環境保全への連帯

●a．人と動物と環境（水と土壌）の相互連環の生態系戦略──多発する人獣共通感染症の脅威が問いかけるもの

　「食の安全」は先進国・発展途上国を問わず世界共通の課題としてますます重要性を高めてきている．近年，牛海綿状脳症（BSE，狂牛病）など，動物を経由した健康への脅威が高まってきた．20世紀後半から21世紀に入り，動物由来のウイルスによる人の感染がきわめて頻繁に発生して，SARS，鳥・豚インフルエンザなど，国際経済・政治などに大きな社会的衝撃を与えている．森林開発，急激な都市化，人・動物・物品の激しい移動，過密社会などの環境変化がその背後にある．このような事態は人獣共通感染症への対応に医学と獣医学，さらに環境諸科学の連帯の必要性があることを示している．

　欧米では医学界と獣医学界が緊密に連帯・共同して人獣共通感染症に立ち向かおうとする動きが活発化し，それが国際的な機関WHOや国連食糧農業機関（FAO），国際獣疫事務局（OIE）などで，"one world, one health"というスローガンのもとに進んでいる．人，動物，植物環境，土壌，水環境など，これらがどこかで不健康で歪んだ状態であれば，その影響は必ず別のどこかに現れるという考えである．動物や環境などの健全さを確保する努力を続けなければ，人間の健康もありえないという，生態的関連性を重視した考え方である．日本でも，北里大学などが，農と環境学と医学（そして獣医学）の連帯という形で打ち出している．

●b．日本の動きは？

　この連帯は，数年前からの欧米の医学界と獣医学会の提携（特にウイルス学）に始まり，獣医学の教育水準向上への国際的要請をどう実行するかの段階にまで発展している．食の安全や公衆衛生のために，また，バイオ・食・農のセキュリティに対して獣医師が果たす役割が強調されてきている．日本でも国際的な環境変化に対応できる獣医学教育の量と質の向上に対して内外からの要請が高まり，さらにアジアでの国際標準づくりへの指導力を期待されている．しかし，

まだ目立った動きにはなっていない。むしろ，獣医師確保という深刻な課題に頭を痛めている自治体が多い。

日本では獣医学分野へ若い優秀な女性が進出しているが，その多くが人気のある小動物の専門医になる。そして大きな問題として，男性の獣医学部卒業生の絶対数が増えることがなく，大動物を扱える体力のある男性獣医師が減少し，保健所などの重要な仕事を担う職員が高齢化していくことがあげられる。

● c．危険地域に接している日本の役割とは

中国やインドネシアなどの東南アジアでは，新しいウイルスが出現する可能性が高いと考えられている。これは，獣医学にかかわる学際・国際協力が必要とされる問題である。世界では人獣共通感染症が数多く出現し，バイオ・食・農セキュリティの横断的なネットを構築するために，米国では獣医学部卒業生を数倍に増やし，検定・観測の施設も大きく革新する目標を掲げている。

米国の獣医学の発祥の地といわれるコーネル大学などでは，アジアの有力大学，特に日本の大学との連帯を強く望んでいるが，日本では獣医学関連の諸分野で学の連帯への前向きの取り組みには至っていない。

日本では宮崎の口蹄疫の発生で30万頭を，ほぼ同時期に韓国では半年の間に350万頭を殺処分したと報道されている。この問題では，地域の経済・社会・住民心理に与える影響に想像を超えるものがあった。中国では口蹄疫の実態は依然，不明である。

今後，このような家畜感染症が数多く出現する可能性があるが，中でも人と動物とが共生するアジア発が多い。以前から予測はされていたものの，実際に，多発状態になったのは2000年に入ってからで，鳥・豚インフルエンザ問題は，有効なワクチン開発が期待されつつも，ますます脅威が高まりつつある。

● d．海外の大事件の教訓は必ず生かせ！――国際対応からIT活用の地域システム化への動きまで

欧米では，食の安全やバイオ・食・農のテロ対策に加え，予防，予知，観察・監視と事後対策までを含め，地域ごとに総合的な施策のGIS化が進められている。日本では産官学とも縦割りの伝統が強く，事件が実際に発生するまで待つ

受身的行政体質の中で先手を打っていく総合的な施策は進んでいない。グローバル化の流れの中で，独り「想定外であったとすれば許される」特別な体系で動いていくことは不可能である。

2001年に英国を中心に口蹄疫が広域発生したが，この事件の産業・社会への影響と社会行動・心理インパクトはあまりに大きかった。400万頭を超える殺処分が行われ，産業と地域への打撃，屠殺死体の焼却・埋葬による環境衛生に対する影響，地域内対立，広範に発生したメンタルヘルスの問題など，多くの教訓が残った。さらに急激に拡大する食肉貿易を支える大規模開発と大規模経営のあり方が問われ，パンデミックへの対処とアグロテロリズムすなわち農のテロ対策が連結し，大きな制度変革を産んでいる。

11.5 世界の中の「水資源」問題――これからの日本の戦略的資源：都市と農村格差是正・産業と環境・生活基盤整備の鍵

●a．膨張・飛躍する大都市と忘れられる農村・農業

グローバル競争とは，大都市間競争でもある。アジアの中でも東京は，上海，香港，シンガポール，ソウルなどの大都市との激しい競争にさらされている。大都市を評価する基準は金融，情報，通信，交通だけでなく，医療，教育研究，安全，防災，メディアの自由度など，多岐にわたる。

さらに，都市と農村間の格差が中国などでは最大の政治課題となっているが，競争は必然的に農村間の比較にまで広がっていく傾向にある。農村の評価基準は，農業生産力，女性の地位など近代的なコミュニティ力，水質などの環境保全，上下水道などの生活環境，新興感染症などの公衆衛生，食安全，防災，文化，交通など，都市と比べてもさらに多面的なものとならざるをえない。

都市と農村間の格差是正には多大の財政資金が必要であり，きわめて深刻な状況にある大気・水環境保護に取り組むとなれば，軍事力強化に向けられてきた財政構造支出にも影響が生じざるをえない。

環境・衛生・安全といった問題は，都市や農村の生活基盤を揺るがせ，また，産業・農業などの生産活動の将来にも暗い影を投げかけている。このような側面を犠牲にしてきたことにはもはや限界が来ている。国内インフラの質的向上

に焦点を当てる人間安全保障の要請が，いままでの中国のひたすらなる国家安全保障重視の傾向にどのような影響を及ぼすのか，複眼的戦略的視点をもった考察が必要となろう．

アジアでも，民生の改善にいままで以上に力が注がれる傾向がある中で，わが国が率先して農業の競争力に加えて，農村の基盤整備を比較しうる指標を提唱する必要がある．それがさまざまな産業・都市と農村社会にわたる総合的な国力，すなわち，人と国土の健全な競争につながる途となろう．

●b．世界を覆うウォーター・クライシス──深刻化する中国の水問題

地球的規模の水の危機は，経済成長を妨げ，食糧危機を深刻化し，水をめぐる国家・地域間紛争を激化させ，公衆衛生や自然・社会環境の安定を妨げている．これは，人間安全保障の中核と直結する大きな課題である．

世界的な水不足が顕在化している一方，水環境汚染の深刻化は，特に中国を中心にして限界に達している．水資源の枯渇と水質汚染は都市基盤を揺るがし，安全な食料生産をも脅かすまでに深刻化している．量的な制約もあり，表流水の汚染は常態化している．生活廃水や工業排水，産業廃棄物や農薬・化学肥料などにより，湖沼や地下水深層部でも汚染が拡大しつつあり，回復にはきわめて長い期間を要するため，農産物の品質や安全性にも深刻な影響が懸念されている．

世界各地で水不足が表面化してきているが，特にアジアでは急増する食料需要をまかなうための農業用の灌漑用水は，絶対的に不足することが指摘されている．

一方，中国資本等によるわが国の山林の買収が頻繁に報じられている．事実関係の把握には困難さが伴う．買収の目的も将来の水資源確保などのためではないかと推測されているが，森林保全や安全保障上の観点からも規制を強化する案が国会や地方議会に次々と提起されている．

●c．問われる日本の水戦略

日本はこれまで，多様な気候と厳しい国土条件の中で，風水災害から国土を保全管理し，灌漑により稲作文化を育ててきた．日本は資源小国といわれてい

るが，豊かな森林に育てられた水資源と水を畏敬する文化・伝統，関連した管理技術と社会システムの蓄積をもっている。水は日本の豊かな生活文化の底流をなし，民族性の形成に大きく寄与しているのである。酒などの醸造食品はもとより，地域食文化の形成にも多大な影響を与えてきている。わが国の皇太子が，世界の水資源問題を議論する「世界水フォーラム」の名誉総裁，国連「水と衛生に関する諮問委員会」の名誉総裁として資源と歴史・文化の重要性を世界に訴えてこられていることは，まさにその象徴的な事柄である。

アジア，アフリカ，中近東などで大規模な水ビジネスの需要が高まってきている。日本はかつて水俣病など工場廃水により深刻な健康被害を発生させたが，下水道整備などにより都市河川の浄化は大きく改善が図られている。日本は汚水の浄化，節水，淡水化膜の技術などでは最高水準の機器や部分的なシステムをもちながら，パーツの供給業者の位置に甘んじている。欧米の水メジャーは長年の実績と規模の優位性を梃子に，上下水道事業を含むあらゆる水処理事業に総合システム力を発揮している。

水に関する日本の政府開発援助（ODA）はそれなりの実績があるものの，民間企業・商社などの国際的な総合システム開発力を活用した多様な水処理技術と，東京都，横浜市，大阪府などの自治体が保有する上下水道の管理技術の提供などにより，今後は官民挙げての国際貢献が求められている。

海外から大量の食料を輸入している日本は，「食料生産に不可欠な水＝バーチャル・ウォーター」の形で，間接的に大量の水を輸入しているという指摘がなされている。日本への食料輸出国である米国，中国，オーストラリアなどは，いずれも水資源問題で大きく深刻な悩みを抱えており，食糧安全保障の観点からも展開を見守る必要がある。

11.6 生物の種の壁を越えて，地域を越えて，国境を越えて拡大する感染症——バイオ・食テロの脅威，日本のセキュリティの備えは

● a．国家安全保障から人間安全保障への足場の転換——SARS事件にみる国際機関WHO強化をめぐる中国の対応

第二次世界大戦後のグローバル化による貿易・人の交流の高まり，開発の進

展などに伴い，感染症の脅威は年を追って国境を越える規模となり，深刻度も高まったが，国際交通や流通を制限すべき緊急事態となっても，国際機関であるWHOは，主権国家の壁に絶えず直面していた。19世紀以来のウェストファリア体制からポストウェストファリア体制への飛躍を，という掛け声が上がり，政府間の作業は繰り返し行われたが，この壁は厳然と立ちふさがっていた。

最大の転機はSARSの発生である。SARS事件は太平洋地域における貿易・人の交流に大打撃をもたらす結果となり，発生地の中国では，国家体制を揺るがしかねないほどの大事件となった。そのため，長年主権の制約にこだわってきた中国が大きく方針を転換せざるをえなくなり，新「国際保健規則」（IHR）が2005年に制定され，2007年に発効した。この国家主権の制約の過程は，人間安全保障の今後の諸動向に大きな影響を与える出来事である。

特に公衆衛生にかかわる国際的緊急事態に際しては，その原因が何であろうとも，また，情報源が公式であろうと非公式であろうとすべての情報を積極的に活用し，さらに報告から照会・検証まで行うことを加盟国に義務づけた。このことからもわかるように，感染症やテロ対策は本質的に国家主権と情報の闘いと位置づけることができる。

その後もWHOは，人獣共通感染症（鳥・豚インフルエンザなど）や，広く食品安全や化学物資，放射線などについて，危険因子として評価している。

今後の課題は，科学技術を中心とした実行能力を強化することであり，主要国間で世界的な健康危機管理の向上およびテロリズムに対する準備と対応にかかわる連帯を討議するため，「世界健康安全保障イニシアティブ」（GHSI）が設置された。

● b．高まるバイオテロの脅威

9.11以後，直ちにWHOとFAOは，バイオ・食テロは先進国・発展途上国を問わず国際社会に対する最大の脅威であると宣言し，農産物・食品貿易が急速に拡大している現状を踏まえて，対策のガイドラインを作成した。米国などでは，爆発物やサリンなどの毒性物質・放射性物質の散布よりもはるかに大きい規模の犠牲者を伴う脅威と受け止められている。その理由は多数あるが，原料が容易に手に入り，少量で人から人へと広範囲に広がる，発症までタイムラ

グがあり，実行しても感染経路の特定が困難で捕まりがたい，等の特徴があげられる．さらに，社会的不安を起こすだけで，経済活動への影響が生じてテロの目標を達成してしまう．

1975 年に生物兵器禁止条約が発効してからすでに久しい．わが国には無縁の兵器という間違った感覚が戦後の日本に定着している．戦前には日本が他の数か国と並んで生物兵器の大規模な研究を展開し，製造・生産したことは世界に広く知られた事実であり，そのマイナス影響は，戦後長らく，現在に至るまで根強く残っている．

オウム真理教信者らが 1990 年ごろからボツリヌス菌や炭疽菌を都内で数回も噴霧していることから，この事件は，海外では世界最初の都市バイオテロ事件と位置づけられている．

● c．飛躍するバイオの科学技術に海外からの警告が続く――ワクチン開発かテロの手段か：「デュアル・ユース」論

バイオテロ対策がなかなか立ち上がらない日本と比較して，海外，特に米国では目を見張るような速度で対策が進められている．バイオテクノロジーは農業の研究・教育から食品や医薬品開発の現場まですでに普及，利用が進んでいるが，現状では，パンデミックへの対応に必要な先端科学の研究開発や振興に際しても，同時にテロへの配慮・対応が厳しく求められている．鳥・豚インフルエンザ対策のための医薬品の研究は，同時にテロへの対抗という面ももつが，また一歩間違えばテロの手段にも使われうるという，諸刃の剣――デュアル・ユース――の矛盾が発生する．

バイオテロの脅威は，オウム真理教事件で使われた散布型のものから，すでに前提として遺伝子操作された病原体が使用されるという，新しい世代へ移行している．炭疽菌郵便事件の犯人が研究者であったことが判明してから数年が経過した段階で，日本は研究者の管理に向けて踏み出しているのか，と海外から厳しい目が向けられた．最近，米国で日本人・オランダ人の科学者などによるウイルス遺伝子操作の開発が成功し，その成果の公表をめぐって激しい論争が展開された．実は 2005 年にも，牛乳に毒物を混入するシステムの公表の是非をめぐって，学会と産業界・官庁が激しく論争を展開している．

先端科学の急速な発展に伴い、その裏に潜在するリスクが想定外の思いがけない形で発現し、あるいは悪用されるケースが発生する可能性がある。わが国では学術会議などで討議が始まっているが、まだまだ心もとない状況にある。政治・行政、さらに産業界でも1日も早い取り組みが国際的に求められている。

● d．予兆把握と検知の難しさ

　バイオテロ攻撃では、生命科学技術が発展するにつれて、どのようなウイルスや細菌等が使われるかの予測は不可能である。いままで存在しなかったウイルスなどが散布された場合、それを判定することも容易ではない。できるだけ早く検知するには、公衆衛生システムの中でも遺伝子レベルでのモニタリング体制が整備される必要がある。原因不明の食中毒や感染症や異常な発病現象が突如として発生した場合、それが自然発生の原因による新型感染症なのか、あるいはバイオテロ攻撃によるのかを、できるだけ早急に判定する必要がある。すでに散布が広範囲に行われてしまっているか、感染が広がっている可能性があるからだ。

　バイオテロ攻撃の恐ろしさは、感染から発症までにタイムラグがあり、また、検体を培養し確定判断を行うまでに時間がかかり、また、特定の能力をもつ施設に運搬しなければならないこともあるので、その間に被害が爆発的に広がる可能性があることである。犠牲者の規模は爆弾や化学物質、あるいは放射性物質によるものよりはるかに大きく、時には数百万人単位になりうる。そのため欧米では、最大級の脅威とされており、バイオテロと新興感染症の両方に対応した予兆からの監視を行い、小学校や病院・薬局、清掃事務所などの最末端から情報収集してインターネットなどで情報交流網をつくり、常時から緊急医療を考えるなど、地方から国までの緊密なソフト・ハードのインフラ整備が進行している。まず事前の対応体制がGISなどで細かくかつ具体的に地域で整備されてきているが、常時シミュレーションや異職種が参加する訓練などで実効性を高める努力も払われてきていることに注目する必要がある。

● e．あらゆる災害から国民を守る！　危機管理と緊急対応——事前対応から事後・復旧までのシステムの強化

　米国では，生命健康から自然災害まで包括的に危機に対応する「パンデミック・オールハザード事前準備法」が2006年に制定され，ただちに生物医学先端研究開発局が創設された。さらに，「地域の復元力の定着」と「保健および緊急対応システムの強化・維持」を二大目標に掲げる「米国健康安全保障戦略」が4年ごとに策定されている。

　事前準備として，人間への直接的な攻撃だけでなく，食品や畜産動物，農産物などを対象にした事態も視野に入れており，特に食品システムへの監視は海外からの供給ルートまで含めてますます厳重になっている。

　わが国では東日本大震災の復興のテンポにもみられるように，対応の立ち遅れがすっかり常態化している。国レベルでは各国家行政機関——内閣，警察，厚生労働，外務，農林水産，文部科学，防衛等——や職種間の縦割りの弊害が大きく，消極性と混迷が複雑に絡み合っている。ここからの脱却は容易ではないとするならば，連邦緊急事態管理庁（FEMA）のような組織を新設する議論を再活性化すべきである。

　欧米では地域コミュニテイレベルでも，保健所，病院，警察，学校，交通機関などを中心として，危機管理と事後対応の体制づくりが，地域の特性を色濃く反映させながら具体的なレベルで展開されている。

　この人間安全保障の論議を通じて国民や地域住民のレベルでの意識が高まることを期待したい．

11.7　わが国の「国家安全保障と人間安全保障論議」の政策課題

　①「人間安全保障」と「国家安全保障」とは決して対立するものでなく，また，一方が他方の代替となるものでもない．むしろ相互補完的なもの，あるいは相互に同等かつ不可欠なものと認識すべきである．

　日本を含むアジア太平洋地域は，地震，津波，台風など，自然災害が多発する地域である．しかも，その被害規模がますます大きくなってきている．また，開発が急速に進み人畜の接近する機会の多い農村地帯では，SARS，口蹄疫，

鳥・豚インフルエンザなどの人獣共通感染症が20世紀末から多発している。

　これの地域では，多くの民族・文化・宗教が共存し，紛争・対立も多発している。また，バイオテクノロジー等の先端的研究が急速に進展し，その応用普及も急速だが，その反面，テロの脅威がますます高まってきている。このような「デュアル・ユース」の論議と管理の徹底が国際的に急激に求められてきているが，わが国の対応はこれからである。

　②「国家安全保障」と「人間安全保障」とはどちらも利害損失があり，また，矛盾点もあるが，二律背反のテーマではない。国家安全保障は国土防衛の軍事力を含めて，安全保障問題の基本をなすものではあるが，周辺国は軍事力を過大に評価し，脅威・侵害と受け取る。そのため，エスカレーションの連鎖からの脱却は難しい。

　「人間安全保障」の戦略性はいままで議論されることが少なかったが，今後はより幅広い見地から研究・論議される必要がある。

　③災害に対する予防はもとより，災害時の緊急対応，復興支援などで国境を越えた連帯が必要になってきている。東日本大震災でこのことが立証された。大災害が発生すると，国際機関はもとより各国政府，地域の行政，企業，NGOやNPOが各組織の壁を越えて連帯する。それぞれの組織のもつ情報，経験，資金，人的資源，モノなどを共有・活用し，あるいは能力構築を行うために，相互支援型の連帯やネットワークを事前に構築する気運が醸成され始めてきた。加えて原発事故は新たな次元の問題を提起している。

　本書の刊行が，国民・地域住民の間で，厚くかつバランスのとれた論議が盛り上がるきっかけとなることを期待したい。

あとがき

　筑波大学大学院人間総合科学研究科ヒューマン・ケア科学専攻は，2001（平成13）年に発足した比較的新しい学際系の専攻である。その基本的概念は，人の内面の種々の課題に関する分析やその解決に必要とされる学術分野である教育学，心理学，福祉学，保健学，看護学，医学が緊密に連携し，1つの学問としての融合を目指すものである。今まで同種の課題に対して，それぞれの学問分野の視点から別々にアプローチされてきたが，これらの学問の融合により総合的なアプローチがなされ，より質の高い研究や効果な対応が可能となる。国内はもとより国際的にも非常にユニークな存在である。発足から多少の変更はあったものの，基本的に9つの分野で構成されてきた。その9分野に2010年から新たに寄附講座として「人間安全保障」が追加され，専攻として新たな出発を迎えた。

　今回，「人間安全保障」講座の企画として，また同時にヒューマン・ケア科学専攻のFD（ファカルティ・ディベロップメント）として，人間の安全保障をテーマとした特別講演（福島安紀子氏，田瀬和夫氏）と専攻内の教員・院生によるシンポジウムを開催した。その成果をまとめるとともに，学内外に発信し，人間の安全保障をより多くの方に理解してもらうことを目的に，関係する課題の専門家（増茂正泰氏，松延洋平氏）からの論文を追加して，その成果を1冊の本として編集した。

　私自身，人間の安全保障についてほとんど知識はなかった。しかし，今回の講演会等の企画や本書の編集に参加して多くのことを学ぶことができた。このような機会を得られたことを，多くの関係者に感謝したい。本専攻のような学際系の組織では，日々他の分野から新鮮な刺激を受けることができ，自己研鑽する上で非常によい環境である。

　本書を通じて私が学んだことを誤解を恐れずに述べると，人間の安全保障にはマクロとミクロの側面がある。後者は，ヒューマン・ケア科学としては非常

に馴染みのある，人の心身の健康を扱うものである。この場合の健康は，世界保健機関（WHO）が定義するところの広い概念である。前者は，この健康を確保するための制度を扱うものである。この制度には国際的な取り組みや国内の取り組みもあり，そこにはまた政治的駆け引きや思惑も存在する。これらの2つの側面が車の両輪のようにうまく機能しなければ，人間の安全保障は達成されないことになる。

福島安紀子氏（第1章）は，「人間の安全保障」という視点が生まれた経緯や背景を国際的な視点や外交上の視点から述べている。マクロ的な側面である。人間の安全保障の分野における日本の外交上のプレゼンスをどのように示すか，本件の議論に直接関与した人ならではの生き生きとした表現が印象的である。

田瀬和夫氏（第2章）からは，「人間の安全保障」とは何かといった，基本的な問いが投げかけられた。"security"という語の訳語の中から「安心」・「安寧」という概念を取り出し，人間の安全保障にとっての，「心の安心」・「心の安寧」の重要性が強調された。これはまさしくヒューマン・ケア科学専攻の基本概念と共通するものである。さらに「パキスタンの酸攻撃」を事例として取り上げ，参加者と一緒にその課題や対策についてブレーンストーミングを行った。この中にはミクロレベル・マクロレベル，長期・短期といった視点で，多面的な議論が展開され，人間の安全保障の課題を具体的に考えるよい機会であった。

武田文，市川政雄，森田展彰，松田ひとみ，田宮菜奈子氏らからは，専攻の教員として通常の研究活動における成果について，人間の安全保障を意識した視点からの研究が紹介されている。また，柏木志保，岩浅昌幸の両氏からは，「人間安全保障」講座の教員としてこの数年間の成果の一部が示された。さらに学外の専門家として，増茂正泰氏が疫学調査の限界と予防政策の必要性を，松延洋平氏が食品の安全保障について述べ，人間の安全保障に関して，学内外の専門家による重層的な考察で構成されている。

武田文氏ら（第3章）によっては，健康社会学の立場から，身体障害者施設の職員の仕事満足感に影響を与える労働要因を解明し，身体障害者ケアワーカーのウェルビーイング保持増進のあり方が検討された。主にミクロでの視点

であるが，その対策にはマクロ的なアプローチの必要性が示された。

　市川政雄氏ら（第4章）によっては，福祉医療学の立場から，難民が日本で生活する上での課題，難民の健康問題や医療に対する日本の社会保障制度の課題について報告された。ミクロの課題を通じて制度上の欠点が強調され，主にマクロ的な対応の必要性が浮き彫りとなった。

　森田展彰氏（第5章）によっては，社会精神保健学の立場から，ドメスティックバイオレンスの現状や課題の分析およびその対応に関する研究が報告された。「心の安寧」という観点からきわめて重要なものである。主にミクロ的な視点であるが，この課題の解決には制度的なマクロ的な対応が重要であることがここでも示されている。

　柏木志保氏（第6章）は，「人間安全保障」講座の教員として，フィリピンの労働者の調査から，フィリピンの医療や健康問題を明らかにすることを試みた。特に発展途上国では制度の整備等，マクロの対策が必要となるが，その必要性を説くためのミクロの分析を行っている。

　松田ひとみ氏ら（第7章）からは，高齢者ケアリング学の立場より，日本の高齢者の自殺の概念を整理し，自殺予防の背景となるうつ症状や不眠の実態を，日本，台湾，フィリピンの3か国，および中国吉林省における2民族でそれぞれ比較した研究が紹介された。自殺は「心の安寧」が得られず望みを失ったときの究極の選択であり，人間の安全保障上，最も避けるべき事項と考えられる。このような課題について，睡眠の質という切り口によるミクロの視点からの分析となっている。

　田宮菜奈子氏ら（第8章）からは，ヘルスサービスリサーチの立場より，アジア諸国の高齢化の現状や特徴を公的な統計資料を用いて概観し，高齢化のリーディングカントリーとして，高齢化対策においてわが国の果たすべき役割についての分析がなされた。結論として，介護保険制度を評価することが，日本の役割として重要であることを述べ，マクロ的な視点となっている。

　岩浅昌幸氏（第9章）は，「人間安全保障」講座の教員として，人間の安全保障は予防の発動により最も効果が期待できると考え，予防原則との連携について，放射線や電磁波の健康被害を例示として取り上げ，その分析を試みた。健康被害というミクロの課題ではあるが，国や政治は危険性が科学的に証明され

るまでは安全という立場ではなく，安全性が実証されるまではそのリスクを避けるべきとの主張であり，マクロの視点からの意思決定の重要性を述べている。

　増茂正泰氏（第10章）は，医師の立場から，化学物質や電磁波の健康被害についての疫学調査の限界を述べた。非常に発症率の低い疾患を対象とする疫学調査では，膨大な数の対象者を必要とするため，実際のリスクを検出することができないことがある。この場合，危険性を実証することができないとの結論となるが，この結論の解釈には注意を要し，これを安全であると解釈するならば大きな過ちとなる。このような判断を政策決定者が行うと，人間の安全保障上，大きなミスリーディングを招くことが示された。この視点は岩浅氏の主張とも共通するものである。健康被害というミクロ的な視点であるが，マクロとしての行政・政策判断の重要性を示すものである。

　松延洋平氏（第11章）は，元農水官僚として，また，現在の学者としての立場から，人間の安全保障における食品の安全保障について考察した。食品の安全保障には，食品の量的な確保である food security，病原菌や化学物質の混入のない食品の安全性の確保である food safety，そして食品テロ対策である food defense の3要素が紹介された。2つ目は保健医療関係者にとっては食品衛生という観点から馴染みがある。また，3つ目の食品テロに関しては日本がその対策に遅れていることが紹介され，日本政府にとって大きな課題であることが示された。マクロの視点からの重要性が強調された。

　正しく理解できたか否か不安であるが，各著者の要諦を整理してみた。私自身は保健医療政策学を専門とし制度や政策に関心を有しているので，マクロの視点に大変興味をもつことができた。

　最後に，ヒューマン・ケア科学専攻には，寄附講座である「人間安全保障」以外に，共生教育学，発達臨床心理学，臨床心理学，生活支援学，高齢者ケアリング学，健康社会学・ストレスマネジメント，社会精神保健学，福祉医療学，保健医療政策学，ヘルスサービスリサーチの分野があり，本書の執筆には「人間安全保障」を含めて6分野が参加した。残りの4分野もこの6分野と同等以上に，人間の安全保障の各要素と深く関連している。

　今回，人間の安全保障についてヒューマン・ケア科学の視点から，種々の課

題についてのアプローチがなされ，ヒューマン・ケア科学の本領域における役割の大きさを実感することができた。この成果を1冊の書籍として刊行したが，1人でも多くの方が人間の安全保障の諸課題に触れ，さらに進んでヒューマン・ケア科学に関心をもっていただければ幸いである。

 2013年2月

大久保一郎

ヒューマン・セキュリティ
――ヒューマン・ケアの視点から

定価はカバーに表示

2013年3月29日　初版第1刷発行

編　者　　松田ひとみ
　　　　　大久保一郎
　　　　　岩浅　昌幸
　　　　　柏木　志保

発　行　　株式会社 医学評論社
　　　　　〒169-0073
　　　　　東京都新宿区百人町 1-22-23　新宿ノモスビル 2F
　　　　　TEL：03-5330-2441（代）　　FAX：03-5389-6452
　　　　　http://www.igakuhyoronsha.co.jp/

印刷・製本：三報社印刷　／　装丁：安孫子正浩

ISBN 978-4-86399-172-9 C3047